考试大师 EXAM MASTER 系列丛书

初中数学解题技巧

简化答题文化(山东)有限公司　编

山东大学出版社
SHANDONG UNIVERSITY PRESS
·济南·

图书在版编目(CIP)数据

初中数学解题技巧 / 简化答题文化（山东）有限公司编. -- 济南 ：山东大学出版社，2025. 1. -- ISBN 978-7-5607-8591-2

Ⅰ. G634.603

中国国家版本馆 CIP 数据核字第 2025LU9159 号

图书策划　张兴文

责任编辑　宋亚卿　蒋新政

封面设计　宋壮壮

初中数学解题技巧

CHUZHONG SHUXUE JIETI JIQIAO

出版发行　山东大学出版社

社　　址　山东省济南市山大南路 20 号

邮政编码　250100

发行热线　(0531)88363008

经　　销　新华书店

印　　刷　济南乾丰云印刷科技有限公司

规　　格　787 毫米×1092 毫米　1/16

　　　　　14.25 印张　225 千字

版　　次　2025 年 1 月第 1 版

印　　次　2025 年 1 月第 1 次印刷

定　　价　69.80 元

前　言

亲爱的同学们：

数学是一门充满惊喜和挑战的学科. 它不仅是一种工具，帮助你们解决现实生活中的问题，更是一种思维方式，培养你们的逻辑思维和分析能力. 初中数学作为未来数学学习的基础，学好它，不仅能使你们在中考数学中取得优异成绩，还能为你们通向更广阔的知识领域和更灿烂的人生道路提供助力. 因此，我们很高兴能为你们编写这本书.

编写这本书的目的不仅是帮助你们掌握数学的基本知识，更重要的是帮助你们掌握数学的思维模式和解题技巧. 书中将分享我们多年来教学和研究数学的经验，以及许多有趣的数学问题和解题方法.

书中每一个专题都会以易懂的语言和清晰的示例展示数学概念，并提供大量的练习题目，帮助你们巩固所学知识. 此外，我们还会特别强调一些常见的解题技巧和策略，使你们在解决问题时更加灵活和高效.

希望通过这本书，你们不仅能够提高数学成绩，更能够培养出对数学的兴趣和自信心. 记住，数学学习是一场充满乐趣的探索之旅，让我们一起享受这段旅程吧！

本书分两部分深入讲解初中数学的解题技巧：第一部分是基础知识的梳理以及对应技巧的讲解；第二部分是初中数学题目的解题技巧讲解，这是我们通过研究近年来全国各地中考的命题规律而总结出的解题模板. 希望你们在认真学完本书后能够灵活使用这些技巧，冲刺高分.

考试大师教研部

2024 年 11 月

目　录

专题一

通用技巧

通用技巧指的是在学习和解题过程中，适用于多种题型或情境，能够提高准确性、解题效率和理解深度的普遍性方法和策略. 初中数学中常用的通用技巧有以下 8 个：①特值法；②排除法；③换元法；④度量法；⑤公式法；⑥数形结合思想；⑦分类讨论思想；⑧函数与方程思想.

第一讲 特值法

知识的习得过程通常可以划分为逻辑上相互补充的两条路径，它们分别是：①从特殊到一般；②从一般到特殊.

特值法的逻辑依据是：对于一般性成立的结论，特殊值必然成立；而当特殊值成立时，一般性的结果未必成立. 虽然“特殊情形”只是“一般性结论”的必要条件，但若题目要求从若干结论中选取一种时，特值法仍然不失为一种有效的方法.

特值法多用于解选择题，有时也用于解填空题，但需要更加慎重——首先必须判断这是一个“一般性的结论”，即与题目所给的参数无关. 运用该法能有效避免“小题大做”. 特值法的实质是从满足题目所给条件的众多情形中选择一种，以最小的时间成本投入实现解题成功的最大化收益.

【技巧说明】 特值法体现了动静结合的思想，其中“动”指的是动态的条件（不确定的数值），“静”指的是静态的结果（确定的数值）.

示例：已知 $\frac{x}{y}=\frac{3}{2}$，那么 $\frac{y}{x+y}=$________.

由于题目中 x 和 y 的数值不确定，故是动态的条件；另外，无论 x 和 y 取什么值，最终的结果一定是确定的，故为静态的结果. 因此我们可以利用特值法进行求解.

【技巧应用】从知识体系的构成来分析,代数问题与几何问题往往是这类现象频现的领域;而从题目设置的难度等级来审视,这类现象则更常见于作为挑战性测试标志的压轴问题之中.

一、知识体系的构成

(一)代数问题

例 1　若$\frac{1}{m}+\frac{1}{n}=2$,则分式$\frac{5m+5n-2mn}{-m-n}$的值为________.

【答案】-4

【传统解法】

【解析】$\because \frac{1}{m}+\frac{1}{n}=2$,

$\therefore \frac{n+m}{mn}=2$,则 $n+m=2mn$,

$\therefore \frac{5m+5n-2mn}{-m-n}=\frac{10mn-2mn}{-2mn}=\frac{8mn}{-2mn}=-4$.

【特值法】

【解析】取 $m=1,n=1$,

代入原式,则$\frac{5m+5n-2mn}{-m-n}=\frac{5+5-2}{-1-1}=-4$.

例 2　如果 $m+n=1$,那么$\left(\frac{2m+n}{m^2-mn}+\frac{1}{m}\right)(m^2-n^2)$的值为________.

【答案】3

【解析】令 $m=1,n=0$,则$\left(\frac{2m+n}{m^2-mn}+\frac{1}{m}\right)(m^2-n^2)=3$.

例 3　已知$\frac{a}{b}=\frac{c}{d}=\frac{e}{f}=\frac{2}{3}$,那么$\frac{a-2c+3e}{b-2d+3f}=$________.

【答案】$\frac{2}{3}$

【解析】令 $a=c=e=2,b=d=f=3$,则$\frac{a-2c+3e}{b-2d+3f}=\frac{2}{3}$.

(二)几何问题

例 4　如图 1-1-1,在矩形 $ABCD$ 中,已知$AD=4$,$AB=3$,P 是 AD 边上

任意一点，$PE\perp BD$，$PF\perp AC$，E，F 分别是垂足，则 $PE+PF=$（　　）.

A. 5　　B. 2.5

C. 2.4　　D. 3

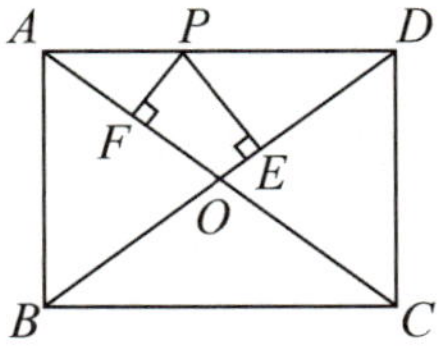

图 1-1-1

【答案】C

【传统解法】

【解析】连接 OP，如图 1-1-2.

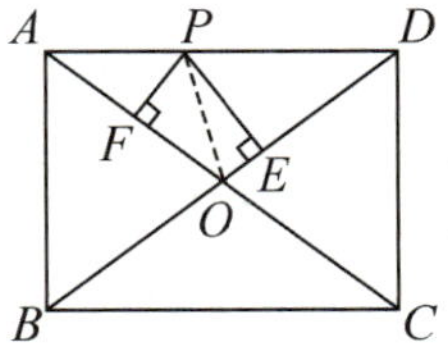

图 1-1-2

∵四边形 $ABCD$ 是矩形，

$\therefore \angle ABC=90°$，$OA=\frac{1}{2}AC$，$OD=\frac{1}{2}BD$，$AC=BD$.

$\therefore OA=OD$，$BD=\sqrt{AB^2+AD^2}=\sqrt{3^2+4^2}=5$，$OA=OD=\frac{5}{2}$.

∵$\triangle OAP$ 的面积$+\triangle ODP$ 的面积$=\triangle AOD$ 的面积$=\frac{1}{4}$矩形 $ABCD$ 的面积，即$\frac{1}{2}OA\cdot PF+\frac{1}{2}OD\cdot PE=\frac{1}{2}OA(PF+PE)=\frac{1}{4}AB\cdot AD=\frac{1}{4}\times4\times3=3$，

$\therefore \frac{5}{2}(PE+PF)=6$，得 $PE+PF=\frac{12}{5}=2.4$.

【特值法】

【解析】若点 A，P，F 重合，如图 1-1-3，则 $PF=0$.

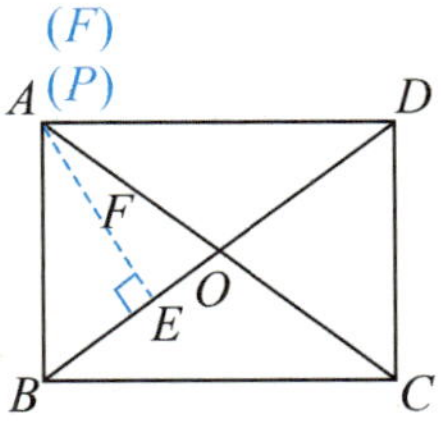

图 1-1-3

∵$BD\cdot PE=AB\cdot AD$，

$\therefore PE=\frac{3\times4}{5}=2.4$.

例 5　如图 1-1-4，在等边$\triangle ABC$ 中，M，N 分别是边 AB，AC 的中点，D 为 MN 上任意一点，BD，CD 的延长线分别交 AC，AB 于点 E，F. 若 $\frac{1}{CE}+\frac{1}{BF}=6$，则$\triangle ABC$ 的边长为（　　）.

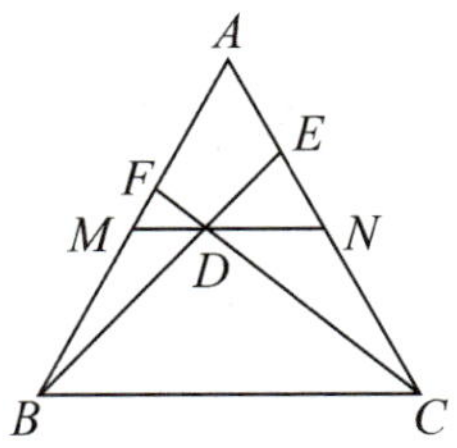

图 1-1-4

A. $\frac{1}{8}$　　B. $\frac{1}{4}$　　C. $\frac{1}{2}$　　D. 1

【答案】C

【传统解法】

【解析】过点 A 作直线 $PQ \parallel BC$，延长 BD 交 PQ 于点 P，延长 CD 交 PQ 于点 Q，如图 1-1-5.

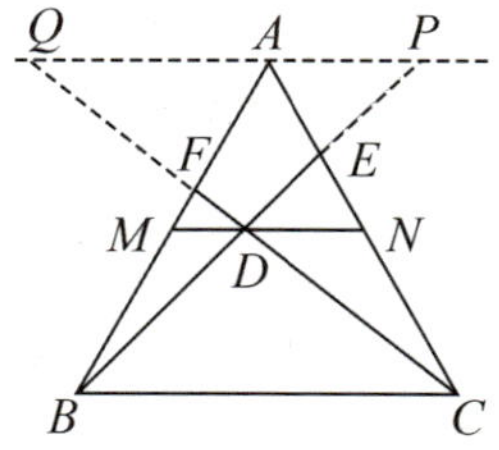

图 1-1-5

$\because PQ \parallel BC$,

$\therefore \triangle PQD \backsim \triangle BCD$.

$\because$ 点 D 在 $\triangle ABC$ 的中位线上，

$\therefore \triangle PQD$ 与 $\triangle BCD$ 的高相等.

$\therefore \triangle PQD \cong \triangle BCD$,

$\therefore PQ = BC$.

$\because AE = AC - CE, AF = AB - BF$,

在 $\triangle BCE$ 与 $\triangle PAE$ 中，$\angle PAE = \angle ACB$，$\angle APE = \angle CBE$，

$\therefore \triangle BCE \backsim \triangle PAE, \dfrac{AE}{CE} = \dfrac{AP}{BC}$ ①.

同理，$\triangle CBF \backsim \triangle QAF, \dfrac{AF}{BF} = \dfrac{AQ}{BC}$ ②.

①+②，得 $\dfrac{AC - CE}{CE} + \dfrac{AB - BF}{BF} = \dfrac{AP + AQ}{BC}$,

$\therefore \dfrac{AC}{CE} + \dfrac{AB}{BF} = 3$.

又 $\because \dfrac{1}{CE} + \dfrac{1}{BF} = 6, AC = AB$,

$\therefore \triangle ABC$ 的边长为 $\dfrac{1}{2}$.

【特值法】

【解析】若点 D 与点 M 重合，则点 E 与点 A 重合，如图 1-1-6. 设 $\triangle ABC$ 的边长为 x，则 $CE = x, BF = \dfrac{1}{2}x$，所以 $\dfrac{1}{CE} + \dfrac{1}{BF} = \dfrac{1}{x} + \dfrac{1}{\frac{x}{2}} = 6$，即 $\dfrac{3}{x} = 6$，解得 $x = \dfrac{1}{2}$，即 $\triangle ABC$ 的边长为 $\dfrac{1}{2}$.

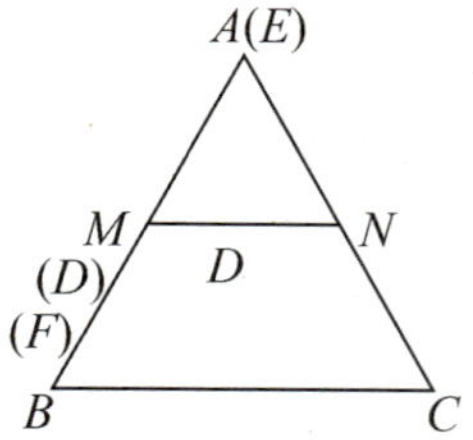

图 1-1-6

二、挑战性题目——压轴问题

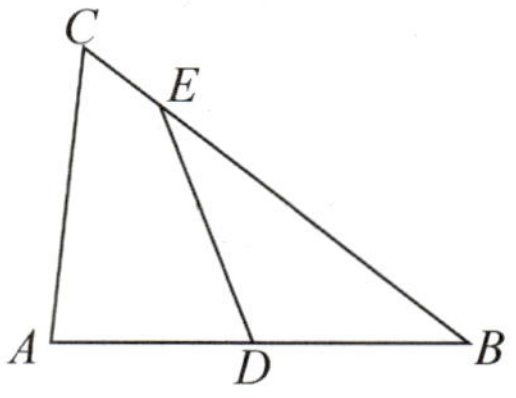

图 1-1-7

例 6 如图 1-1-7，在△ABC 中，已知∠$ACB=60°$，$AC=1$，D 是边 AB 的中点，E 是边 BC 上一点. 若 DE 平分△ABC 的周长，则 DE 的长是________.

【答案】$\frac{\sqrt{3}}{2}$

【解析】由题我们发现，仅靠"∠$ACB=60°$，$AC=1$"这两个条件是无法确定三角形的，但是题中却要我们去求"DE 的长"这个确定的值. 这就说明 DE 的长和三角形的形状没有太大的关系，只要一个三角形满足"∠$ACB=60°$，$AC=1$"这两个条件就可以了. 所以我们在解决这道题时，不妨自己重新画一个特殊的三角形，只需使三角形满足"∠$ACB=60°$，$AC=1$"这两个条件即可. 比如，图 1-1-8 中的两个三角形——一个是等边三角形，一个是有一个角是 60°的直角三角形，即是可满足这两个条件的特殊三角形.

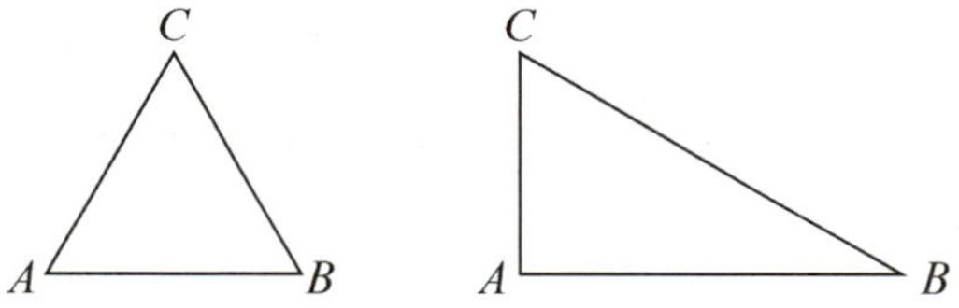

图 1-1-8

如图 1-1-9，过 AB 的中点 D 作 DE 平分△ACB 的周长，我们会发现等边三角形的情况算起来更简单. 因为等边三角形中的点 C 与点 E 重合，DE 的长就是等边三角形的高，而等边三角形的边长为 1，所以答案瞬间就可得出.

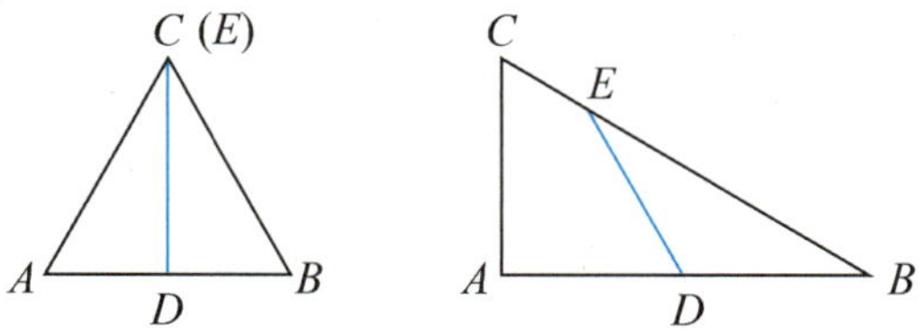

图 1-1-9

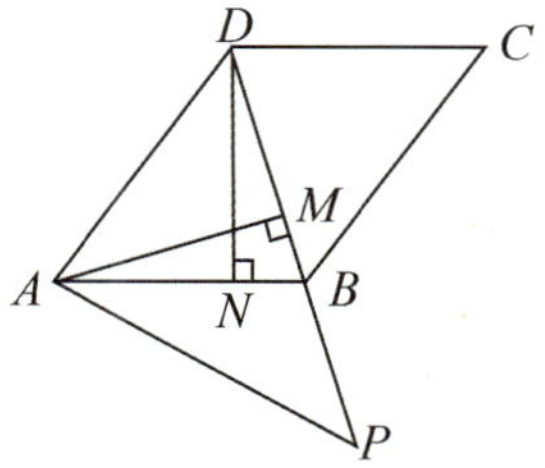

图 1-1-10

例 7 如图 1-1-10，在平行四边形 $ABCD$ 中，连接 BD，且 $BD=CD$，过点 A 作 $AM\perp BD$ 于点 M，过点 D 作 $DN\perp AB$ 于点 N，且 $DN=3\sqrt{2}$，在 DB 的延长线上取一点 P，满足∠ABD = ∠MAP +

$\angle PAB$,则 $AP=$________.

【答案】6

【特值法】

【解析】将平行四边形 $ABCD$ 特殊化,使得 $\angle BDC=90°$,此时 B,M,N 三点重合,如图 1-1-11.

$\because \angle ABD=\angle MAP+\angle PAB$,

$\therefore \angle MAP=\angle APB=45°$,

则 $AP=\sqrt{2}\times AB=\sqrt{2}\times 3\sqrt{2}=6$.

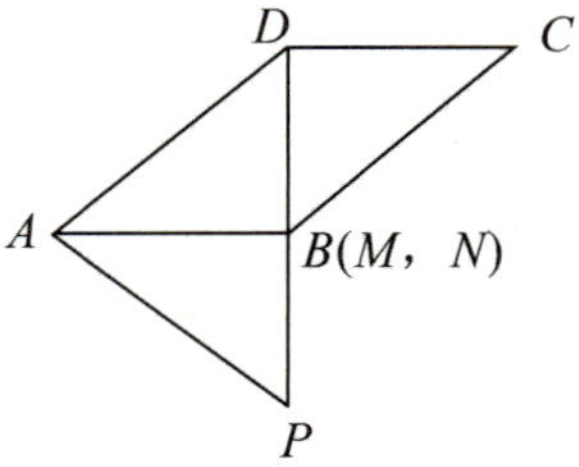

图 1-1-11

第二讲 排除法

选择题是历年中考必考题型,主要考查学生对基本知识和基本技能的掌握情况,但解题方法越来越灵活. 解数学选择题常常可以从选项出发进行思考,充分利用选项所提供的信息与"只有一个正确答案"的方向,改变解题策略,充分发挥直观的作用,发现其特殊的数量关系和图形的位置特征,从而迅速解题.

排除法的定义是:利用一些基本概念、定理和简单的运算,通过排除容易发现错误的选项,从而推断出正确答案的方法. 常见的排除法有以下三种类别:①结论排除法;②逐步排除法;③特殊值法.

一、结论排除法

结论排除法是指将题目所给的四个结论逐一代回原题中进行检验,通过逐一排查,剔除错误的选项,直至最终确定正确的答案.

例 1 方程组 $\begin{cases}2x-y=3,\\3x+4y=10\end{cases}$ 的解是( ).

A. $\begin{cases}x=1,\\y=-1\end{cases}$　　B. $\begin{cases}x=2,\\y=1\end{cases}$　　C. $\begin{cases}x=4,\\y=5\end{cases}$　　D. $\begin{cases}x=-2,\\y=4\end{cases}$

【答案】B

【解析】本题适合采用结论排除法. 把 A. $\begin{cases}x=1,\\y=-1,\end{cases}$ B. $\begin{cases}x=2,\\y=1,\end{cases}$ C. $\begin{cases}x=4,\\y=5,\end{cases}$

D. $\begin{cases}x=-2,\\y=4\end{cases}$ 四个选项分别代入原方程组中的每一个方程，哪个解能够同时使每个方程左右两边的值相等，这个解就是原方程组的解. 经过检验，本题应选 B.

例 2　把多项式 $2x^2-8x+8$ 分解因式，结果正确的是(　　).

A. $(2x-4)^2$　　B. $2(x-4)^2$　　C. $2(x-2)^2$　　D. $2(x+2)^2$

【答案】C

【解析】观察选项，不难发现 A,B 两个答案的式子展开后的常数项分别是 16 和 32，答案 D 的式子展开后的一次项符号为正，所以 A,B,D 与原式的形式不符，应排除.

例 3　已知一次函数 $y=ax+c$ 与二次函数 $y=ax^2+bx+c$，则它们在同一坐标系内的大致图象是(　　).

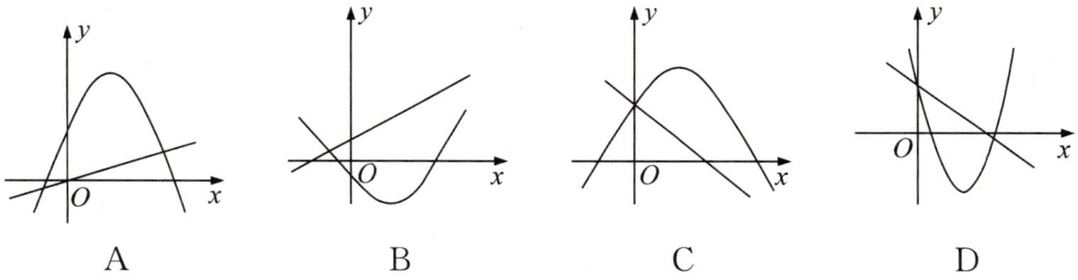

【答案】C

【解析】A 选项：对抛物线来讲，$a<0$；对直线来讲，$a>0$，相矛盾. 故 A 错. B 选项：当 $x=0$ 时，一次函数与二次函数的值都等于 c，所以两个图象应交于 y 轴上的同一点. 故 B 错，应在 C,D 选项中选一个. D 选项：对抛物线来讲，$a>0$；对直线来讲，$a<0$，相矛盾. 故 D 错.

二、逐步排除法

如果我们在计算或推导的过程中不是一步到位，而是逐步进行，即采用“走一走，瞧一瞧”的办法，每走一步都与四个结论比较一次，排除掉不可能的，这样也许走不到最后一步，三个错误的结论就全被排除掉了. 这种方法即逐步排除法.

例 4　在下列四边形中，是轴对称图形而不是中心对称图形的是(　　).

A. 矩形　　B. 菱形

C. 等腰梯形　　D. 一般平行四边形

【答案】C

【解析】由于此题要做出双重判断，因此可以先判断出轴对称图形，再排除掉其中不是中心对称图形的. 显然一般平行四边形不是轴对称图形，故应排除D；而在A，B，C中，A，B是中心对称图形，故也应排除. 剩下的C符合是轴对称图形而不是中心对称图形，故应选择C.

例5　下列图形中，既是中心对称图形，又是轴对称图形的是(　　).

A. 线段　　B. 正三角形

C. 一般平行四边形　　D. 等腰梯形

【答案】A

【解析】同例4，先判断出中心对称图形，排除B，D，再判断出轴对称图形，排除C.

例6　已知二次函数 $y=ax^2+bx+c$ 的图象如图1-2-1，则反比例函数 $y=\frac{a}{x}$ 与正比例函数 $y=(b+c)x$ 在同一坐标系中的大致图象可能是(　　).

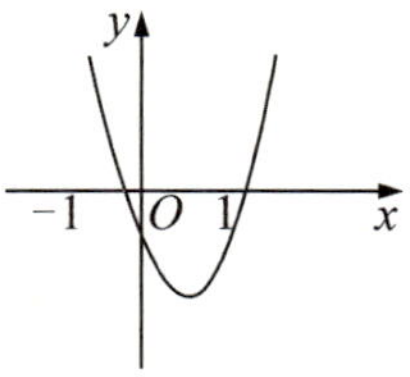

图1-2-1

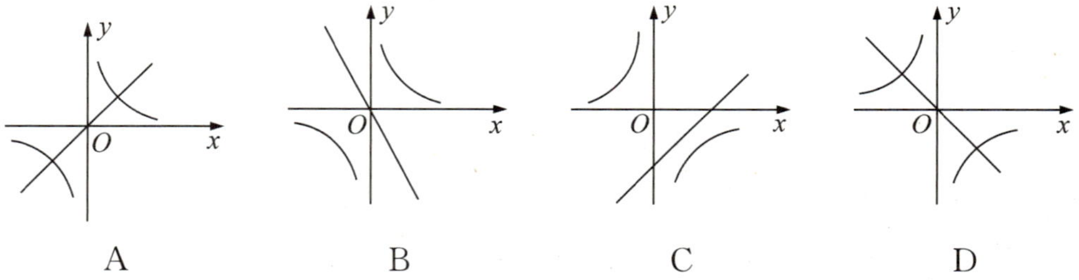

【答案】B

【解析】根据二次函数的图象可知 $a>0$，所以反比例函数应该过第一、三象限，排除C，D. 再观察发现二次函数的对称轴在 y 轴右侧，且与 y 轴的交点在负半轴，可知 $b<0$，$c<0$，排除A.

三、特殊值法

有些选择题所涉及的数学命题与字母的取值范围有关，在求解这类题目时，可以考虑从取值范围内选取某几个特殊的值，代入原命题进行验证，然后排除错误的，保留正确的，这种方法称为特殊值法.

例 7 若 $0<x<1$，则 $x,\frac{1}{x},x^2$ 的大小关系是（　　）.

A. $\frac{1}{x}<x<x^2$　　B. $x<\frac{1}{x}<x^2$　　C. $x^2<x<\frac{1}{x}$　　D. $\frac{1}{x}<x^2<x$

【答案】C

【解析】由于 $0<x<1$，取 $x=0.5$，不难发现答案应选 C.

例 8 若 $a<0,-1<b<0$，则（　　）.

A. $ab^2<ab<a$　　B. $a<ab<ab^2$　　C. $ab^2<a<ab$　　D. $a<ab^2<ab$

【答案】D

【解析】取 $a=-1,b=-\frac{1}{2}$，很容易得到答案为 D.

例 9 根据如图 1-2-2 所示的(1)、(2)、(3)三个图所表示的规律，依次下去，第 n 个图中平行四边形的个数是（　　）.

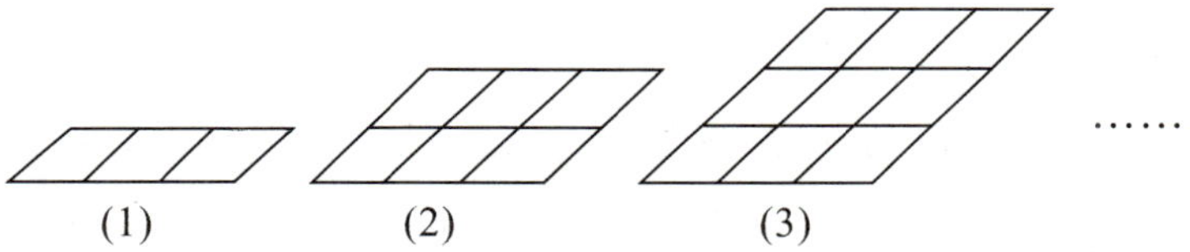

图 1-2-2

A. $3n$　　B. $3n(n+1)$　　C. $6n$　　D. $6(n+1)$

【答案】B

【解析】数出第一个图形中有 6 个平行四边形，第二个图形中有 18 个平行四边形，取 $n=1$，分别代入 A,B,C,D 的代数式，排除 A,D；再取 $n=2$，分别代入 B,C 的两个代数式，发现只有 B 符合.

第三讲 换元法

一、换元法概述

在数学问题中，无论是已知条件还是未知条件，经常会出现某个代数式在题目中多次出现的情况. 此时，若用一个简洁的字母来代替那个反复出现的复杂的代数式，则可以使问题变得更加简单，但有时要通过变形才能发现那个代数式. 通过换元法可以把一些形式复杂的方程变成一元二次方程，从而达到降次的目的.

二、换元法的功能

换元法又称变量替换法，是我们解题常用的方法之一. 利用换元法，可以化繁为简、化难为易，从而找到解决问题的捷径.

用换元法解一元二次方程的关键是构造元和设元，理论依据是等量代换，目的是变换研究对象，将问题移至新对象的知识背景中去研究，从而使非标准型问题标准化，复杂问题简单化，这也体现了转化思想的运用.

类型 1：求解与一元二次方程有联系的复杂方程

例 1 用换元法解方程$\frac{x+1}{x^2}+\frac{x^2}{x+1}=2$时，若设$\frac{x+1}{x^2}=y$，则原方程可化为关于 y 的方程式(　　).

A. $y^2-2y+1=0$　　B. $y^2+2y+1=0$

C. $y^2+y+2=0$　　D. $y^2+y-2=0$

【答案】A

【解析】本题考查用换元法解分式方程，换元法是解分式方程的常用方法之一，它能够把一些分式方程化繁为简、化难为易. 对此应注意总结能用换元法求解的分式方程的特点，寻找解题技巧. 把$\frac{x+1}{x^2}=y$代入原方程，可得$y+\frac{1}{y}=2$，转化为整式方程为 $y^2-2y+1=0$.

例 2 用换元法解方程 $x^2+3x-\frac{20}{x^2+3x}=8$ 时，若设 $x^2+3x=y$，则原方程可化为关于 y 的整式方程为________.

【答案】$y^2-8y-20=0$

【解析】设 $x^2+3x=y$，变形可得 $y-\frac{20}{y}=8$.

例 3 方程$(x^2+5x)^2+10(x^2+5x)+24=0$的解有(　　)个.

A. 0　　B. 2　　C. 3　　D. 4

【答案】D

【解析】运用换元法解方程. 设 $y=x^2+5x$，则原方程变为 $y^2+10y+24=0$，解方程得 $y_1=-4$，$y_2=-6$.

当 $y_1=-4$ 时，则 $x^2+5x=-4$，即 $x^2+5x+4=0$. 因为 $\Delta=5^2-4\times1\times4=9>0$，所以此方程有两个不相等的实数根，即 $x_{1,2}=\frac{-5\pm\sqrt{9}}{2}=\frac{-5\pm3}{2}$.

当 $y_2=-6$ 时，则 $x^2+5x=-6$，即 $x^2+5x+6=0$. 因为 $\Delta=5^2-4\times1\times6=1>0$，所以此方程有两个不相等的实数根，即 $x_{3,4}=\frac{-5\pm\sqrt{1}}{2}=\frac{-5\pm1}{2}$.

所以原方程有 4 个解，分别为：$x_1=-4$，$x_2=-1$，$x_3=-3$，$x_4=-2$.

类型 2：求解与一元二次方程有联系的代数式的值

例 4　已知实数 a，b 满足 $(a^2+b^2)^2-2(a^2+b^2)=8$，则 a^2+b^2 的值为________.

【答案】 4

【解析】 设 $y=a^2+b^2$，则原式可变形为 $y^2-2y-8=0$，即 $(y-4)(y+2)=0$，从而可得 $y-4=0$ 或 $y+2=0$，解得 $y_1=4$，$y_2=-2$.

$\because y=a^2+b^2\geqslant0$，

$\therefore a^2+b^2=4$.

【点睛】 本题考查用换元法解一元二次方程，在做题时应注意 a^2+b^2 的值为非负数.

例 5　若 $(x+y)^2-2x-2y+1=0$，则 $(x+y)^{999}=$________.

【答案】 1

【解析】 将 $(x+y)^2-2x-2y+1=0$ 提公因式，可得 $(x+y)^2-2(x+y)+1=0$.

设 $x+y=a$，则原式可变形为 $a^2-2a+1=0$，解得 $a_1=a_2=1$，即 $x+y=1$.

所以 $(x+y)^{999}=1$.

【点睛】 本题考查用换元法解一元二次方程，解题的关键是要将原式变形，即设 $x+y=a$，得到一元二次方程.

例 6　若 x 为实数，且 $x^2+\frac{1}{x^2}+3\left(x+\frac{1}{x}\right)=2$，则 $x+\frac{1}{x}$ 的值为（　　）.

A. -4　　B. 4　　C. -4 或 1　　D. 4 或 -1

【答案】 A

【解析】 由题意，得 $x^2+\frac{1}{x^2}+3\left(x+\frac{1}{x}\right)-2=0$，

所以$\left(x+\frac{1}{x}\right)^2+3\left(x+\frac{1}{x}\right)-4=0$.

变形可得$\left[\left(x+\frac{1}{x}\right)+4\right]\left[\left(x+\frac{1}{x}\right)-1\right]=0$,

所以$x+\frac{1}{x}=-4$,$x+\frac{1}{x}=1$(舍).

类型3:求解与一元二次方程有联系的其他问题

例7 为解方程$(x^2-1)^2-5(x^2-1)+4=0$,我们可以将x^2-1视为一个整体,然后设$x^2-1=y$,则$(x^2-1)^2=y^2$,原方程可化为$y^2-5y+4=0$(*),解此方程得$y_1=1$,$y_2=4$.

当$y=1$时,$x^2-1=1$,所以$x=\pm\sqrt{2}$;

当$y=4$时,$x^2-1=4$,所以$x=\pm\sqrt{5}$.

所以原方程的解为$x_1=\sqrt{2}$,$x_2=-\sqrt{2}$,$x_3=\sqrt{5}$,$x_4=-\sqrt{5}$.

(1)填空:在由原方程得到方程(*)的过程中,利用________达到了降次的目的,体现了________的数学思想.

(2)解方程:$(x^2-x)^2-8(x^2-x)+12=0$.

【答案】(1)换元法 转化;(2)$x_1=-1$,$x_2=2$,$x_3=-2$,$x_4=3$

【解析】(1)在由原方程得到方程$y^2-5y+4=0$的过程中,利用换元法达到了降次的目的,体现了转化的数学思想.

(2)设$x^2-x=y$,则原方程可变形为$y^2-8y+12=0$,解得$y_1=2$,$y_2=6$.

当$y_1=2$时,$x^2-x=2$,解得$x=-1$或$x=2$;

当$y_2=6$时,$x^2-x=6$,解得$x=-2$或$x=3$.

所以原方程的解为$x_1=-1$,$x_2=2$,$x_3=-2$,$x_4=3$.

例8 阅读下面的文字,并回答问题.

解方程:$x^4-5x^2+4=0$.

解:令$x^2=y$,则原方程可变形为$y^2-5y+4=0$(*),即$(y-1)(y-4)=0$,解得$y_1=1$,$y_2=4$.

当$y_1=1$时,$x^2=1$,所以$x=\pm1$;

当$y_2=4$时,$x^2=4$,所以$x=\pm2$.

问题:(1)在上述解题过程中,将原方程化成(*)式的形式用到的数学思想是(　　).

A. 数形结合思想　　B. 整体思想　　C. 分类讨论思想

(2)上述解一元二次方程的过程中,用到了什么方法?

(3)上述解题过程是否完整?若不完整,请补充.

(4)用上面的解法解方程:$(2x+1)^2-4(2x+1)+3=0$.

【答案】(1)B;(2)换元法;(3)见解析;(4)见解析

【解析】(1)B　(2)换元法

(3)不完整.应补充:所以原方程的解为 $x_1=1$,$x_2=-1$,$x_3=2$,$x_4=-2$.

(4)设 $2x+1=y$,则原方程可变形为 $y^2-4y+3=0$,即 $(y-1)(y-3)=0$,解得 $y_1=1$,$y_2=3$.

当 $y_1=1$ 时,$2x+1=1$,所以 $x=0$;

当 $y_2=3$ 时,$2x+1=3$,所以 $x=1$.

所以原方程的解为 $x_1=0$,$x_2=1$.

第四讲　度量法

度量法一般用于求解选择题或填空题中的角度、线段长度、线段比例、三角函数值等问题.

度量法的常用工具有带刻度的直尺、三角板.其使用依据如下:

①一般中考的图形都是标准图形;

②标准图形与放缩图形相似,角度相等,线段成比例;

③三角板可组合出如下特殊角:15°的倍数角,包括 15°,30°,45°,60°,75°,90°,105°,120°,135°,150°,165°,180°;

④可用于估算特殊直角三角形的度数,缩小范围,如图 1-4-1,$\angle CAB\approx37°$,$\angle CBA\approx53°$.

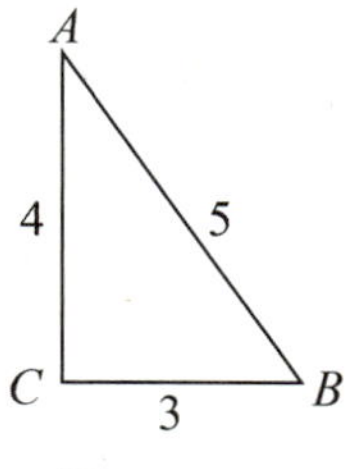

图 1-4-1

例 1　如图 1-4-2,在等腰△ABC 中,$AC=BC$,$\angle ACB=90°$,O 为斜边 AB 上一点,且 $BO:OA=1:\sqrt{3}$.将△BOC 绕点 C 沿顺时针方向旋转到△AQC 的位置,则 $\angle AQC$ =________.

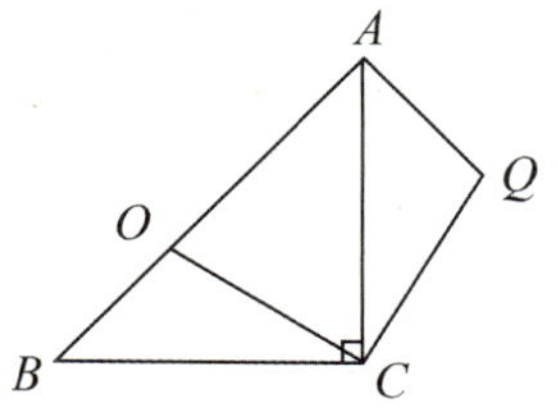

图 1-4-2

【答案】105°

【传统解法】

【解析】连接 OQ，如图 1-4-3.

由旋转性质可得，$\triangle AQC \cong \triangle BOC$，$AQ=BO$，$CQ=CO$，$\angle QAC=\angle B=45°$，$\angle ACQ=\angle BCO$，

$\therefore \angle QAO=90°$，$\angle OCQ=90°$，$\angle CQO=45°$.

又$\because BO:OA=1:\sqrt{3}$，则 $AQ:OA=1:\sqrt{3}$，

$\therefore \angle AQO=60°$，$\angle AQC=105°$.

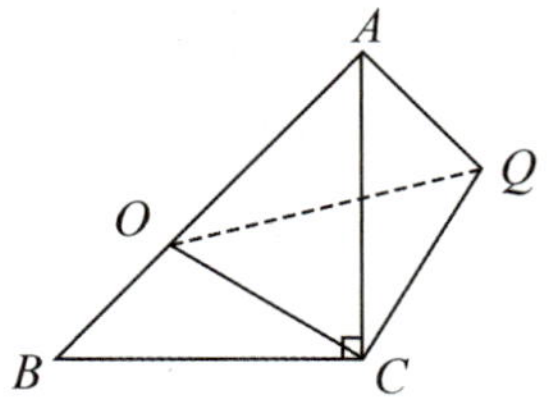

图 1-4-3

【度量法】

【解析】$\because 90°<\angle AQC<120°$，而在中考中涉及 15°的倍数角时，一般可以判断$\angle AQC$ 是特殊角，

$\therefore \angle AQC=105°$.

例 2　如图 1-4-4，在四边形 $ABCD$ 中，$A(1,1)$，$B(8,2)$，$C(6,6)$，$D(3,5)$，$E(5,3)$在四边形内，以下结论正确的是________(填写编号).

①$AE\perp BC$；②$\angle ADC=135°$；③$\tan\angle EBA=\frac{1}{2}$.

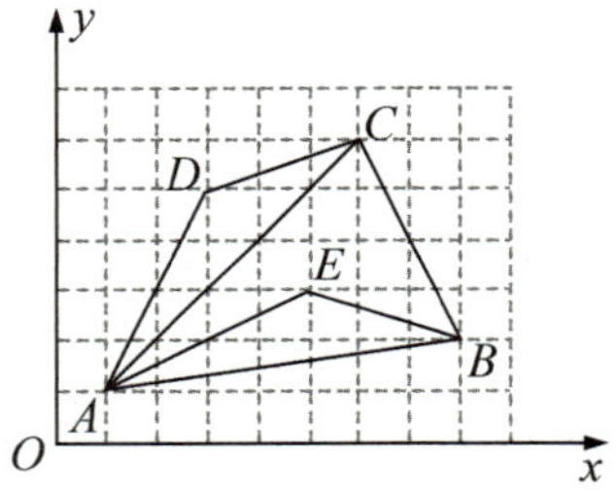

图 1-4-4

【答案】①②③

【传统解法】

【解析】①$\because AB=\sqrt{49+1}=5\sqrt{2}$，$AE=\sqrt{16+4}=2\sqrt{5}$，

$BE=\sqrt{9+1}=\sqrt{10}$，$AC=\sqrt{25+25}=5\sqrt{2}$，

$AD=\sqrt{16+4}=2\sqrt{5}$，$CD=\sqrt{9+1}=\sqrt{10}$，

$\therefore AB=AC$，$AE=AD$，$BE=CD$，

$\therefore \triangle ABE\cong\triangle ACD$.

如图 1-4-5，连接 CE.

$\because CE=\sqrt{9+1}=\sqrt{10}$，

$\therefore BE=CE$，

$\therefore AE\perp BC$，故①正确.

②$\because BC^2=16+4=20$，

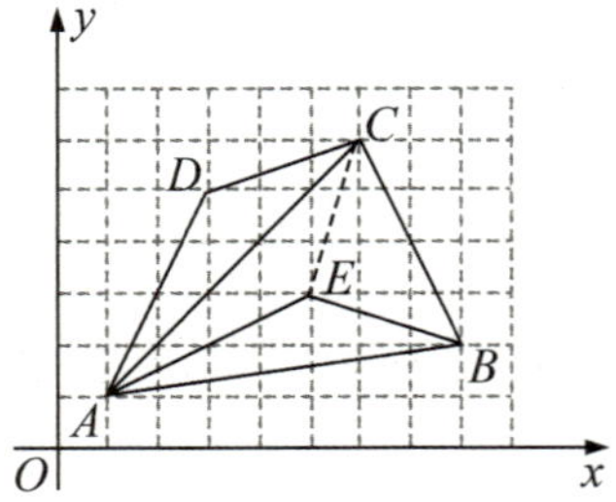

图 1-4-5

$\therefore BE^2+CE^2=10+10=20=BC^2$,

$\therefore \angle BEC=90°$,

$\therefore \angle AEB=\dfrac{360°-90°}{2}=135°$.

$\because \triangle ABE\cong\triangle ACD$,

$\therefore \angle ADC=\angle AEB=135°$,故②正确.

③延长 CD 与 y 轴交于点 F,连接 AF,如图 1-4-6,则 $AF=\sqrt{10}$,$CF=2\sqrt{10}$.

$\therefore AF^2+CF^2=10+40=50=AC^2$,

$\therefore \angle AFC=90°$,

$\therefore \tan\angle ABE=\tan\angle ACD=\dfrac{AF}{CF}=\dfrac{1}{2}$.

故③正确.

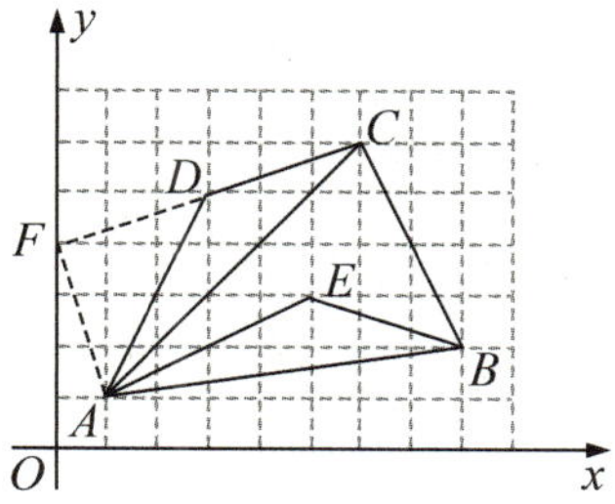

图 1-4-6

【度量法】

【解析】 如图 1-4-7,①延长 AE 交 CB 于点 N,测量$\angle ANB=90°$;

②三角板特殊角组合测量,$\angle ADC=135°$;

③作 $EM\perp BM$,估测$\dfrac{EM}{BM}\approx\dfrac{1}{2}$,$\tan\angle EBA=\dfrac{EM}{BM}=\dfrac{1}{2}$.

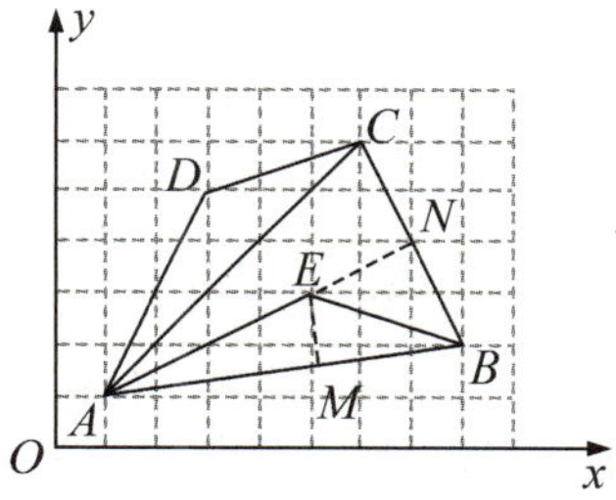

图 1-4-7

例 3 如图 1-4-8,AD 是$\triangle ABC$ 的角平分线,$\angle C=2\angle B$,F 是 BC 的中点,$EF\parallel AD$ 交 AB 于点 E,且 $BE=4AE$. 若 $CD=4$,则 AB 的长为(　　).

A. 10　　B. 9

C. 8　　D. 6

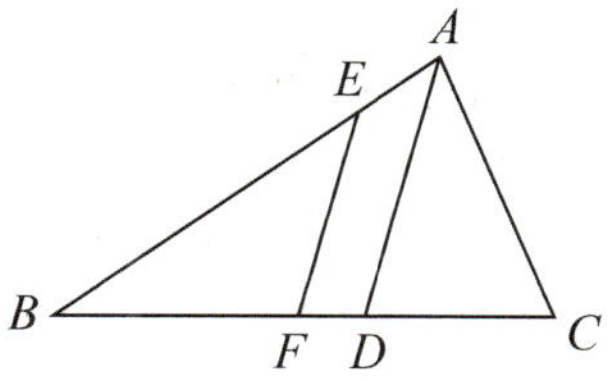

图 1-4-8

【答案】 A

【传统解法】

【解析】 如图 1-4-9,作 $DG\perp AC$ 于点 G,$DH\perp AB$ 于点 H,在 AB 上截取 $AM=AC$.

$\because DA$ 平分 $\angle BAC$，

$\therefore DG=DH$，

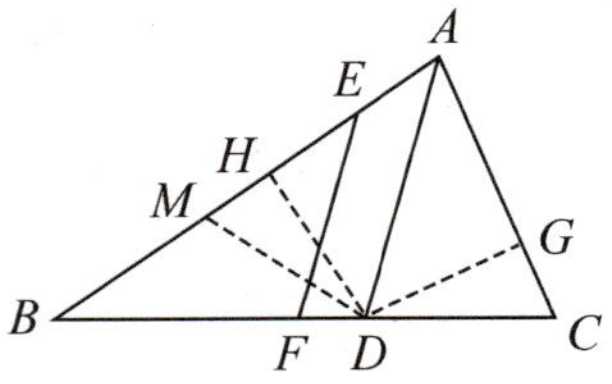

图 1-4-9

$\therefore \dfrac{S_{\triangle ABD}}{S_{\triangle ADC}}=\dfrac{BD}{DC}=\dfrac{\frac{1}{2}AB\cdot DH}{\frac{1}{2}AC\cdot DG}=\dfrac{AB}{AC}$.

设 $BF=FC=4a$，

$\because EF\parallel AD$，

$\therefore \dfrac{BE}{AE}=\dfrac{BF}{FD}=4$.

$\therefore FD=a, CD=3a=4$，解得 $a=\dfrac{4}{3}$，则 $BD=5a=\dfrac{20}{3}$.

在$\triangle ADM$ 和$\triangle ADC$ 中，易证$\triangle DAM\cong\triangle DAC$，

$\therefore DM=DC, \angle AMD=\angle C$.

$\because \angle C=2\angle B$，

$\therefore \angle AMD=\angle B+\angle MDB=2\angle B$，

$\therefore \angle B=\angle MDB$，

$\therefore BM=MD=CD=4$.

设 $AC=AM=x$，则有 $\dfrac{x}{x+4}=\dfrac{4}{\frac{20}{3}}$，解得 $x=6$，

$\therefore AB=BM+AC=4+6=10$.

【度量法】

【解析】 测量 AB 和 CD 的长度，$\dfrac{AB}{CD}\approx 2.43$.

设 AB 的实际长度为 x，则 $\dfrac{x}{4}=\dfrac{AB}{CD}$，解得 $x\approx 9.72$，接近 10.

例 4 如图 1-4-10，以矩形 $OABC$ 的顶点 O 为坐标原点建立平面直角坐标系，使点 A，C 分别在 x，y 轴的正半轴上，双曲线 $y=\dfrac{k}{x}(x>0)$ 的图象经过 BC 的中点 D，且与 AB 交于点 E，过 OC 边上的一点 F，把

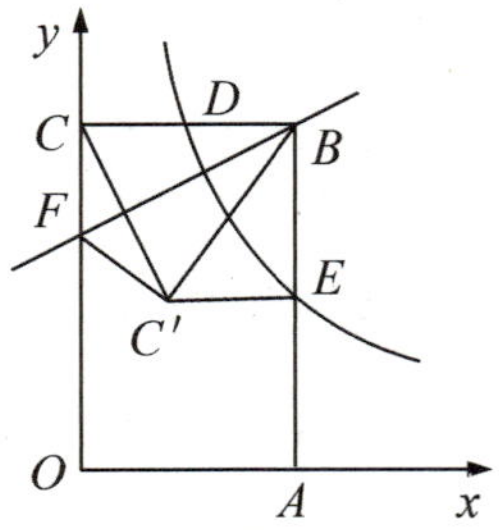

图 1-4-10

$\triangle BCF$ 沿直线 BF 翻折，使点 C 落在矩形内部的一点 C' 处，且 $C'E\parallel BC$. 若点 C' 的坐标为(2,4)，则tan $\angle CBF$的值为________.

【答案】$\frac{1}{2}$

【传统解法】

【解析】如图 1-4-11，连接 OD，OE.

设 $BC=BC'=m$，则 $EC'=m-2$.

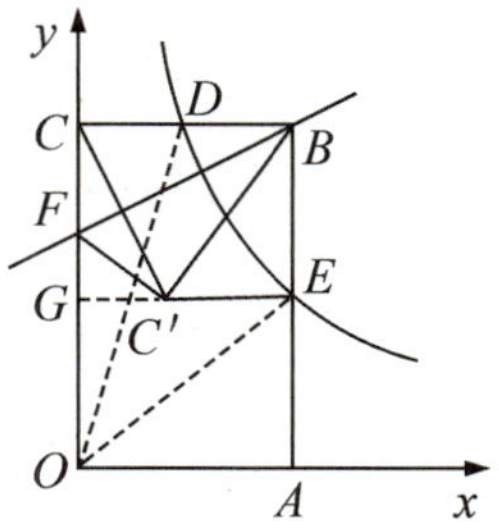

图 1-4-11

$\because CD=BD$，

$\therefore S_{\triangle CDO}=\frac{k}{2}=\frac{1}{4}S_{矩形ABCO}$.

$\because S_{\triangle AOE}=\frac{k}{2}=S_{\triangle CDO}=\frac{1}{4}S_{矩形ABCO}$，

$\therefore AE=EB$.

$\because C'(2,4)$，

$\therefore AE=EB=4$.

在 Rt$\triangle BEC'$中，

$\because BC'^2=BE^2+EC'^2$，

$\therefore m^2=4^2+(m-2)^2$，解得 $m=5$.

$\therefore E(5,4)$，$B(5,8)$，$BC=5$.

如图 1-4-11，延长 EC'交 y 轴于点 G，则 $EG\perp y$ 轴.

$\therefore C'G=2$，$CG=4$.

$\therefore$在 Rt$\triangle FGC'$中，$C'F^2=C'G^2+FG^2$，即$(4-FG)^2=2^2+FG^2$，

$\therefore FG=\frac{3}{2}$.

$\therefore CF=4-\frac{3}{2}=\frac{5}{2}$，故 tan $\angle CBF=\frac{CF}{BC}=\frac{1}{2}$.

【度量法】

【解析】估测$\frac{CF}{CB}\approx\frac{1}{2}$，tan $\angle CBF=\frac{CF}{CB}=\frac{1}{2}$.

第五讲 公式法

一、海伦公式

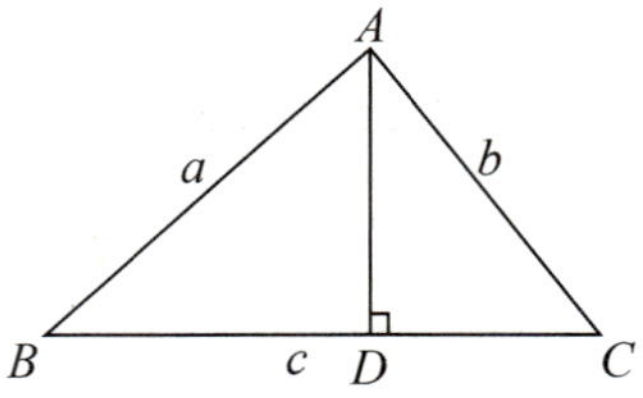

图 1-5-1

如图 1-5-1，设△ABC 的三边长分别为 a，b，c，周长的一半记为 p，则该三角形的面积为

$$S=\sqrt{p(p-a)(p-b)(p-c)}.$$

例 1 如图 1-5-2，在△ABC 中，$AB=13$，$AC=15$，$BC=14$，求△ABC 的面积.

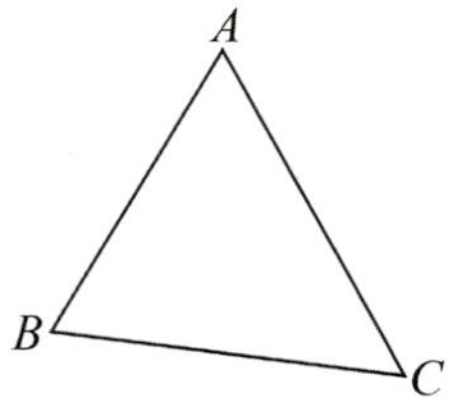

图 1-5-2

【答案】84

【解析】$\because p=\dfrac{a+b+c}{2}=21$，

$\therefore S=\sqrt{p(p-a)(p-b)(p-c)}=3\times4\times7=84.$

例 2 已知某三角形的三边长分别为 a，b，c，且满足 $c>a>b$，$2a=b+c$，三角形的周长为 12，面积为 6，试判断该三角形的形状.

【答案】直角三角形

【解析】$\because 2a=b+c$，$a+b+c=12$，

$\therefore 6=\sqrt{6\times2\times(6-b)(6-c)}.$

又 $\because b+c=12-a=8$，且 $c>b$，可解得 $b=3$，$c=5$，

$\therefore$ 该三角形是 $\angle C$ 为直角的直角三角形.

二、角平分线定理

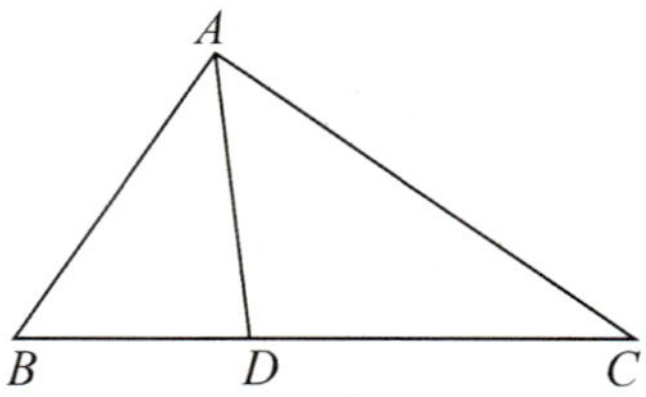

图 1-5-3

如图 1-5-3，若 AD 是 $\angle BAC$ 的平分线，则 $\dfrac{AB}{AC}=\dfrac{BD}{DC}$.

例 3 如图 1-5-4，已知 AB 的长度为 4，AD 的长度为 2，CD 的长度为 3，BD 是△ABC 的角平分线，求 BC 的长度.

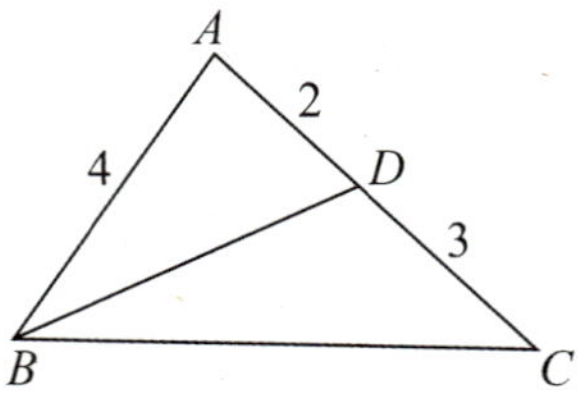

图 1-5-4

【答案】6

【解析】$\because \frac{BC}{AB}=\frac{CD}{AD}$，

$\therefore \frac{BC}{4}=\frac{3}{2}$，解得 $BC=6$.

例 4　在△ABC 中，已知 D 是 AC 的中点，AE 为∠BAC 的平分线，$\frac{BF}{FD}=3$，$AB+BE=3\sqrt{3}$，求△ABC 的周长.

【答案】$5\sqrt{3}$

【解析】如图 1-5-5，$\because \frac{BF}{FD}=3$，

$\therefore$ 在△ABD 中，$\frac{AB}{AD}=\frac{BF}{DF}=3$，

$\therefore AB=3AD$.

设 $AD=a$，则 $AB=3a$.

在△ABC 中，$\because \frac{AB}{AC}=\frac{BE}{EC}$，

$\therefore \frac{3a}{2a}=\frac{BE}{EC}$，即 $3EC=2BE$.

设 $BE=3b$，则 $CE=2b$.

又 $\because AB+BE=3\sqrt{3}$，

$\therefore 3a+3b=3\sqrt{3}$，即 $a+b=\sqrt{3}$，

$\therefore 3a+2a+5b=5(a+b)=5\sqrt{3}$.

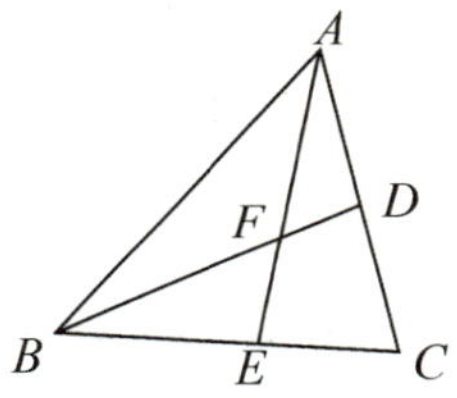

图 1-5-5

例 5　在△ABC 中，BD 平分∠ABC，∠$A=2$∠ADB，$AB=4$，$CD=6$，则 $AD=$________.

【答案】$\frac{12}{5}$

【解析】如图 1-5-6，在 BC 上截取一点 E，使 $BE=AB=4$.

$\therefore$ △$ABD\cong$△EBD(SAS).

设∠$ADB=$∠$EDB=$∠α，

$\therefore$∠$BAD=$∠$BED=2\alpha$，

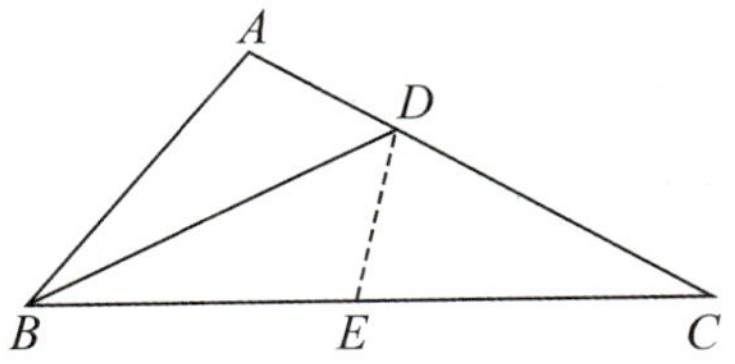

图 1-5-6

$\therefore \angle CDE=\angle CED=180^\circ-2\alpha$.

$\therefore CD=CE=6$,

$\therefore$ 在 $\triangle ABC$ 中，$\frac{BC}{AB}=\frac{CD}{AD}$，即 $\frac{10}{4}=\frac{6}{AD}$，

$\therefore AD=\frac{12}{5}$.

第六讲 数形结合思想

数形结合思想是初中数学解题中的重要数学思想方法. 这种思想可以将图形性质问题转化为数量关系问题，或者将数量关系问题转化为图形性质问题，从而使问题更加具体化、简单化. 这种转换既可以提高教师的教学质量，又可以培养学生的思维能力，因此它是初中数学研究的关键.

数形结合思想的核心是将数与形结合起来进行分析研究，通过图形的描述和代数的论证来研究和解决数学问题. 它能够使复杂的问题简单化、抽象的问题具体化，将代数关系与几何图形的直观形象有机地结合起来.

在初中数学中，数形结合思想的应用主要体现在以下两个方面：

(1)由数思形，用形来解决数和一些运算公式的问题. 例如，用数轴来讲解绝对值的概念、有理数的运算等；用几何图形来推导平方差、平方和、完全平方公式以及多边形外角和定理；用函数的图象解决函数的最值问题、值域问题；用图形比较不等式的大小问题. 解决这类题目的关键是根据数的结构特征构造出相应的几何图形，将概念形象化，将计算复杂的问题简单化.

(2)由形思数，解决这类问题的关键是运用数的精确性来阐明形的某些属性，将图形信息转化为代数信息，利用数的特征将图形问题转化为代数问题. 这类问题在初中数学中也比较常见. 例如，用数表示角的大小和线段的长短，用数的大小比较角的大小和线段的长短；用有序实数对描述点在平面直角坐标系内的位置；用方程、不等式或者函数解决几何量的问题；用数来描述点与圆的位置关系、直线与圆的位置关系、圆与圆的位置关系、直线与直线的位置关系.

例 1 设 m 是非零实数，给出下列四个命题：

①若$-1<m<0$,则$\frac{1}{m}<m<m^2$;

②若$m>1$,则$\frac{1}{m}<m^2<m$;

③若$m<\frac{1}{m}<m^2$,则$m<0$;

④若$m^2<m<\frac{1}{m}$,则$0<m<1$.

其中正确命题的序号是(　　).

A. ①③　　B. ①④　　C. ②③　　D. ③④

【答案】B

【解析】如图1-6-1,将$y=x$,$y=x^2$,$y=\frac{1}{x}$放在同一直角坐标系中,根据函数图象可以判断出①④是正确的.

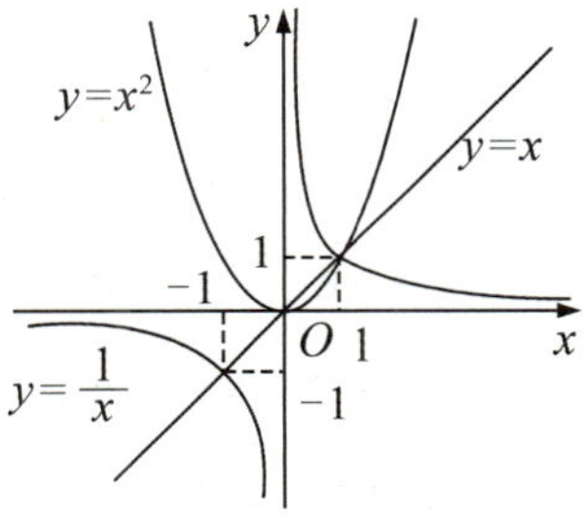

图1-6-1

例2　如图1-6-2,数轴上表示1和$\sqrt{2}$的对应点分别为A,B,点B关于点A的对称点是点C.设点C表示的数为x,则$x+\sqrt{2}$的值为(　　).

A. $1-\sqrt{2}$　　B. $1+\sqrt{2}$

C. $\sqrt{2}-1$　　D. 2

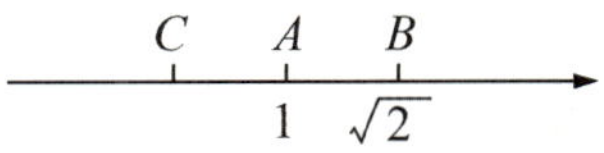

图1-6-2

【答案】D

【解析】∵数轴上表示1,$\sqrt{2}$的对应点分别为A,B,

∴$AB=\sqrt{2}-1$.

∵点B关于点A的对称点为点C,

∴$AC=AB$.

∴点C的坐标为$1-(\sqrt{2}-1)=2-\sqrt{2}$,

∴$x+\sqrt{2}=2-\sqrt{2}+\sqrt{2}=2$.

【点睛】本题考查实数与数轴上两点间的距离,求数轴上两点间的距离就用右边的数减去左边的数.知道两点间的距离,求较小的数,就用较大的数减去两点间的距离．掌握利用数轴上的两点求解两点间的距离是解题的关键．

例 3　已知二次函数 $y=(k-3)x^2+2x-1$ 的图象与 x 轴有交点，则 k 的取值范围是（　　）．

A. $k\geqslant 2$　　　　B. $k\leqslant 2$

C. $k\geqslant 2$ 且 $k\neq 3$　　　　D. $k\geqslant -4$ 且 $k\neq 3$

【答案】C

【解析】∵二次函数 $y=(k-3)x^2+2x-1$ 的图象与 x 轴有交点，

∴$\begin{cases}k-3\neq 0,\\ \Delta=2^2-4\times(k-3)\times(-1)\geqslant 0,\end{cases}$ 即 $\begin{cases}k\neq 3,\\ 2^2-4\times(k-3)\times(-1)\geqslant 0,\end{cases}$

解得 $\begin{cases}k\neq 3,\\ k\geqslant 2.\end{cases}$

例 4　如图 1-6-3，平行四边形 $ABCD$ 的对角线 AC，BD 相交于点 O，E 为边 BC 的中点，连接 EO 并延长，交边 AD 于点 F，$\angle ABC=60°$，$BC=2AB$．下列结论错误的是（　　）．

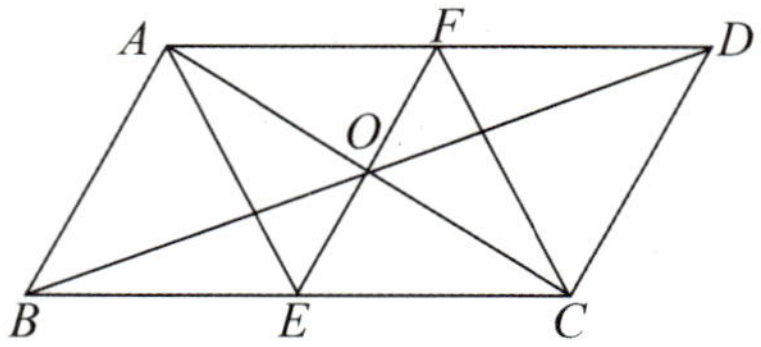

图 1-6-3

A. $AB\perp AC$　　　　B. $AD=4OE$

C. 四边形 $AECF$ 为菱形　　　　D. $S_{\triangle BOE}=\dfrac{1}{3}S_{\triangle ABC}$

【答案】D

【解析】∵E 为 BC 的中点，

∴$BC=2BE=2CE$．

又∵$BC=2AB$，

∴$AB=BE$．

∵$\angle ABC=60°$，

∴$\triangle ABE$ 是等边三角形．

∴$\angle BAE=\angle BEA=60°$，$AE=BE=CE$．

∴$\angle EAC=\angle ECA=30°$．

∴$\angle BAC=\angle BAE+\angle EAC=90°$，即 $AB\perp AC$，故 A 正确．

∵在平行四边形 $ABCD$ 中，$AD/\!/BC$，$AD=BC$，$AO=CO$，

∴$\angle CAD=\angle ACB$．

在$\triangle AOF$和$\triangle COE$中，$\begin{cases}\angle CAD=\angle ACB,\\ OA=OC,\\ \angle AOF=\angle COE,\end{cases}$

$\therefore \triangle AOF\cong\triangle COE$(ASA).

$\therefore AF=CE$.

$\therefore$平行四边形$AECF$是菱形，故C正确.

$\therefore AC\perp EF$.

$\because$在$\mathrm{Rt}\triangle COE$中，$\angle ACE=30^\circ$,

$\therefore OE=\frac{1}{2}CE=\frac{1}{4}BC=\frac{1}{4}AD$，则$AD=4OE$，故B正确.

$\because$在平行四边形$ABCD$中，$OA=OC$,

又$\because E$为BC的中点，

$\therefore S_{\triangle BOE}=\frac{1}{2}S_{\triangle BOC}=\frac{1}{4}S_{\triangle ABC}$，故D错误.

例5　为了在校运动会中取得更好的成绩，小丁积极训练，在某次试投中铅球所经过的路线是如图1-6-4所示的抛物线的一部分. 已知铅球出手处A距离地面的高度是1.68 m，当铅球运行的水平距离为2 m时，达到最大高度2 m的B处，则小丁此次投掷的成绩是________m.

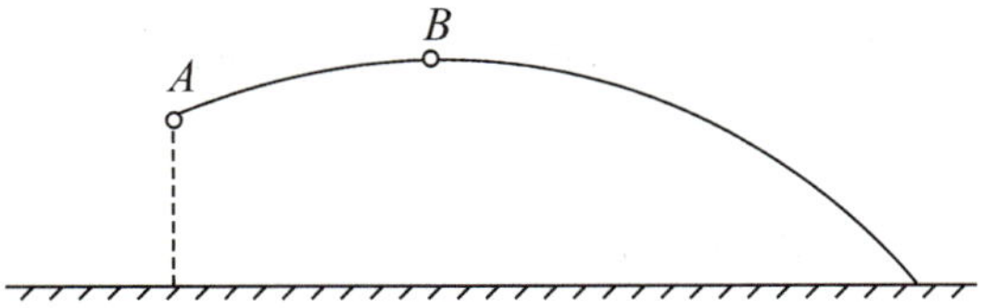

图1-6-4

【答案】 7

【解析】 如图1-6-5，建立平面直角坐标系.

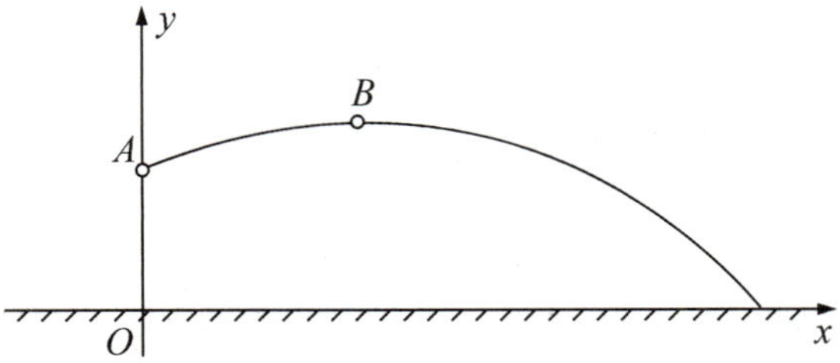

图1-6-5

由题意，得 $A(0,1.68)$，$B(2,2)$，点 B 为抛物线的顶点.

设抛物线的解析式为 $y=a(x-2)^2+2$，

把点 $A(0,1.68)$ 代入，得 $4a+2=1.68$，解得 $a=-0.08$，

则解析式为 $y=-0.08(x-2)^2+2$.

令 $y=0$，得 $-0.08(x-2)^2+2=0$，解得 $x_1=7$，$x_2=-3$(舍).

故小丁此次投掷的成绩是 7 m.

【点睛】本题考查函数在实际问题中的应用. 正确建立平面直角坐标系，熟练掌握待定系数法及二次函数与一元二次方程的关系是解题的关键.

例 6 如图 1-6-6，图中的两条射线分别表示甲、乙两名同学运动的一次函数图象，图中 s(单位：m)和 t(单位：s)分别表示运动路程和时间. 已知甲的速度比乙快，给出下列说法：

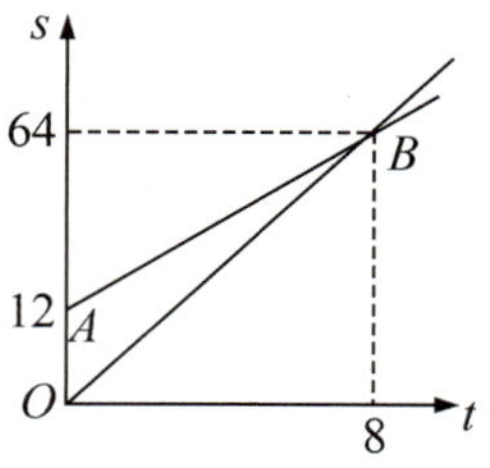

图 1-6-6

①甲让乙先跑了 12 m；

②射线 AB 表示甲的路程与时间的函数关系；

③甲的速度比乙快 1.5 m/s；

④8 s 后，甲超过了乙.

其中正确的说法有(　　).

A. 1 个　　B. 2 个　　C. 3 个　　D. 4 个

【答案】 C

【解析】 由图象可得，甲让乙先跑了 12 m，故①正确；

∵甲的速度比乙快，

∴射线 AB 表示乙的路程与时间的函数关系，故②错误；

∵$64\div8=8$(m/s)，$(64-12)\div8=6.5$(m/s)，

∴甲的速度比乙快了 $8-6.5=1.5$(m/s)，故③正确；

由图象可知，8 s 后甲超过了乙，故④正确；

∴正确的有①③④.

第七讲 分类讨论思想

当面临的问题难以通过单一方法或形式解决时，应遵循一定的原则或标

准，将问题细分为多个类别，并针对每一类别分别进行详尽的讨论与分析. 随后，汇总各类别的结论，综合得出问题的答案. 这种策略即为分类讨论的思想方法，其核心在于“分而治之，各个击破”，通过细化问题结构，提高解题的针对性和效率. 其一般的步骤是：

①确定同一分类标准；

②恰当地对全体对象进行分类，按照标准对分类做到“既不重复又不遗漏”；

③逐类讨论，按一定的层次讨论，逐级进行推理和计算；

④综合概括小节，归纳得出结论.

分类讨论思想的常见题型有实数分类，求绝对值，求算术平方根，解含参的方程或不等式，与函数及图象有关的分类讨论，三角形的分类，三角形判定方法的探索，与圆有关的位置关系等. 理解口诀：化整为零，各个击破，再积零为整.

例 1 若$|m-n|=n-m$，且$|m|=4$，$|n|=3$，则$(m+n)^2=$________.

【答案】1 或 49

【解析】由$|m-n|=n-m$，得$n\geqslant m$. 而由$|m|=4$，$|n|=3$，得$m=\pm 4$，$n=\pm 3$. 下面分情况进行讨论.

当$m=4$，$n=\pm 3$时，$m>n$，这与$n\geqslant m$相矛盾，所以不成立；

当$m=-4$，$n=3$时，满足$n\geqslant m$，那么$(m+n)^2=(-4+3)^2=1$；

当$m=-4$，$n=-3$时，满足$n\geqslant m$，那么$(m+n)^2=(-4-3)^2=49$.

综合上面的讨论可知$(m+n)^2$的值为 1 或 49.

例 2 解一元二次不等式：$x^2-9>0$.

【答案】$x>3$或$x<-3$

【解析】因为$x^2-9=(x+3)(x-3)$，所以$(x+3)(x-3)>0$.

由有理数的乘法法则“两数相乘，同号得正”，可得：

(1)$\begin{cases}x+3>0,\\x-3>0;\end{cases}$ (2)$\begin{cases}x+3<0,\\x-3<0.\end{cases}$

解不等式组(1)，得$x>3$；解不等式组(2)，得$x<-3$.

故$(x+3)(x-3)>0$的解集为$x>3$或$x<-3$，

即一元二次不等式 $x^2-9>0$ 的解集为 $x>3$ 或 $x<-3$.

例 3 已知等腰三角形的一边长等于 5,另一边长等于 6,则它的周长等于________.

【答案】16 或 17

【解析】(1)当等腰三角形的两条边长等于 5 时,周长为 $5+5+6=16$;

(2)当等腰三角形的两条边长等于 6 时,周长为 $5+6+6=17$.

例 4 如图 1-7-1,在 Rt$\triangle ABC$ 中,$\angle ABC=90°$,$AB=20$,$BC=15$,D 为 AC 边上的动点,点 D 从点 C 出发,沿边 CA 往点 A 运动,当运动到点 A 时停止. 设点 D 运动的时间为 t s,速度为每秒 2 个单位长度.

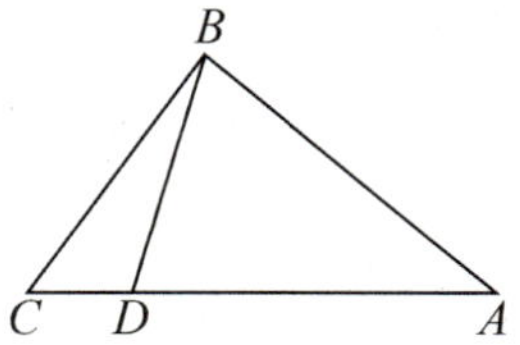

图 1-7-1

(1)当 t 为何值时,$\triangle CBD$ 是直角三角形?

(2)若$\triangle CBD$ 是等腰三角形,求 t 的值.

【答案】(1)$t=4.5$ 或 12.5;(2)$t=6.25$ 或 7.5 或 9

【解析】(1)由题意,得 $CD=2t$.

$\because \angle ABC=90°$,$AB=20$,$BC=15$,

$\therefore AC=\sqrt{AB^2+BC^2}=\sqrt{20^2+15^2}=25$.

$\therefore AD=AC-CD=25-2t$.

①当$\angle CDB=90°$时,$S_{\triangle ABC}=\frac{1}{2}AC\cdot BD=\frac{1}{2}AB\cdot BC$,

即$\frac{1}{2}\times 25\times BD=\frac{1}{2}\times 20\times 15$,解得 $BD=12$.

$\therefore CD=\sqrt{BC^2-BD^2}=\sqrt{15^2-12^2}=9$,则 $t=9\div 2=4.5$.

②当$\angle CBD=90°$时,点 D 和点 A 重合,$t=25\div 2=12.5$.

综上所述,当 $t=4.5$ 或 12.5 时,$\triangle CBD$ 是直角三角形.

(2)①当 $CD=BC$ 时,$CD=15$,$t=15\div 2=7.5$.

②当 $CD=BD$ 时,$\angle C=\angle DBC$.

$\because \angle C+\angle A=\angle DBC+\angle DBA=90°$,

$\therefore \angle A=\angle DBA$,$\therefore BD=AD$.

$\therefore CD=AD=\frac{1}{2}AC=12.5$,则 $t=12.5\div 2=6.25$.

③当 $BD=BC$ 时，如图 1-7-2，过点 B 作 $BF\perp AC$ 于点 F，由等腰三角形三线合一的性质，可得 $CD=2CF$.

$\because BF=12$，

$\therefore CF=\sqrt{BC^2-BF^2}=9$，$CD=2CF=2\times9=18$，

$\therefore t=18\div2=9$.

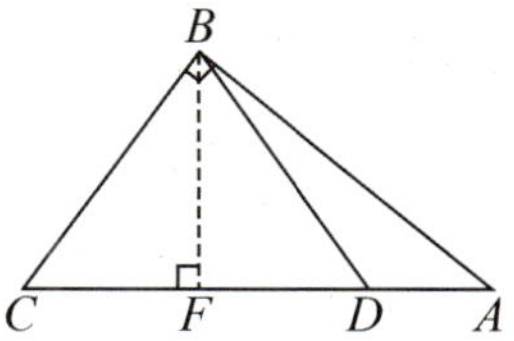

图 1-7-2

综上所述，当 $t=6.25$ 或 7.5 或 9 时，$\triangle CBD$ 是等腰三角形.

例 5　如图 1-7-3，$\angle A=50^\circ$，$\angle B=60^\circ$，一直线 l 与 $\triangle ABC$ 的边 AC，AB 分别交于点 D，E. 当 $\angle ADE$ 为________时，$\triangle ABC$ 与 $\triangle ADE$ 相似.

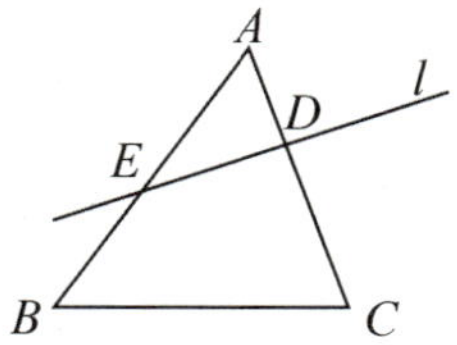

图 1-7-3

【答案】60°或 70°

【解析】(1)当 $\angle ADE=\angle ABC=60^\circ$ 时，$\triangle ABC\backsim\triangle ADE$；(2)当 $\angle ADE=\angle ACB=70^\circ$ 时，$\triangle ABC\backsim\triangle AED$.

例 6　已知在平面直角坐标系中，半径为 2 的圆的圆心坐标为 $(3,-3)$，当该圆向上平移________个单位长度时，它与 x 轴相切.

【答案】1 或 5

【解析】设圆的半径为 r，圆心到 x 轴的距离为 d，要使圆与 x 轴相切，必须令 $d=r$.

$\because$ 此时 $d=3$，

$\therefore$ 圆向上平移 1 或 5 个单位长度时，它与 x 轴相切.

第八讲　函数与方程思想

函数与方程思想是中学数学中最常用、最重要的数学思想，且是历年中考的重点考查内容.

(1)函数思想的核心在于从运动和变化的视角，深入分析和研究数学领域内数量关系的变化规律. 具体而言，它要求我们根据已知条件建立函数关系或构造函数模型，并充分利用函数的图象特征和性质来剖析问题、转化问题，进而寻求解决问题的方案.

(2)方程思想则侧重于探究数学问题中变量间的等量关系. 这要求我们能够准确识别并建立起方程或方程组,或者通过构造方程的方式,将复杂问题转化为求解方程或方程组的问题. 同时,我们还需要运用方程的性质,进一步分析和转化问题,从而解决问题.

在初中数学中,列方程的思想是解决有关二元一次方程组或一元二次方程的实际问题的重要思想.

例 1 小杰用一根长为 8 cm 的铁丝围成矩形,则矩形的最大面积是( ).

A. 12 cm^2 B. 10 cm^2 C. 8 cm^2 D. 4 cm^2

【答案】 D

【解析】 设矩形的面积为 y,一边长为 x,建立 y 与 x 的函数关系式,再将关系式进行配方,即可求得面积的最大值.

设矩形的面积为 S cm^2,长为 x cm,则宽为$\frac{8-2x}{2}$ cm.

由题意,可得 $S=\frac{8-2x}{2}\cdot x=-x^2+4x=-(x-2)^2+4$.

∵抛物线的二次项系数为-1,

∴当 $x=2$ 时,S 有最大值 4,故矩形的最大面积是 4 cm^2.

例 2 某气象台发现:在某段时间里,如果早晨下雨,那么晚上是晴天;如果晚上下雨,那么早晨是晴天. 已知这段时间有 9 天下了雨,并且有 6 天晚上是晴天,7 天早晨是晴天,则这一段时间有( ).

A. 9 天 B. 11 天 C. 13 天 D. 22 天

【答案】 B

【解析】 根据题意,设有 x 天早晨下雨,这一段时间有 y 天;有 9 天下雨,包括早上下雨或晚上下雨. ①总天数－早晨下雨＝早晨晴天;②总天数－晚上下雨＝晚上晴天. 列方程组$\begin{cases}y-x=7①,\\y-(9-x)=6②,\end{cases}$解得$\begin{cases}x=4,\\y=11,\end{cases}$所以这一段时间一共有 11 天.

本题并未说明用什么方法进行解答,但如果有意识地利用方程思想来解答,则可快捷地解决问题.

例 3　如图 1-8-1，在矩形 $ABCD$ 中，E 是 AD 的中点，将△ABE 沿直线 BE 折叠后得到△GBE，延长 BG 交 CD 于点 F. 若 $AB=6$，$BC=4\sqrt{6}$，则 FD 的长为（　　）.

A. 2　　　　B. 4

C. $\sqrt{6}$　　　　D. $2\sqrt{3}$

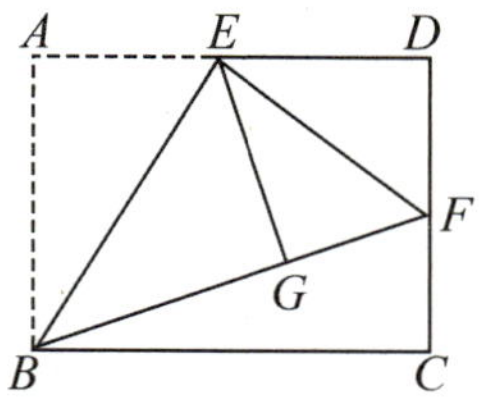

图 1-8-1

【答案】 B

【解析】 本题直接求得 DF 的值很难，但如果利用图形的性质，利用方程列出关系式，则可很容易地求得 DF 的长.

根据 E 是 AD 的中点以及翻折的性质可以得出 $AE=DE=EG$，然后利用"斜边、直角边（HL）"判定方法证明△EDF 和△EGF 全等，根据全等三角形的对应边相等可证得 $DF=GF$. 设 $FD=x$，表示出 FC，BF，然后在 Rt△BCF 中，利用勾股定理列出方程 $(6+x)^2=16\times6+(6-x)^2$ 进行求解即可获解.

∵E 是 AD 的中点，

∴$AE=DE$.

∵△ABE 沿 BE 折叠后得到△GBE，

∴$AE=GE$，$AB=GB$，

∴$ED=EG$.

∵在矩形 $ABCD$ 中，$\angle A=\angle D=90°$，

∴$\angle EGF=90°$.

∵在 Rt△EDF 和 Rt△EGF 中，$\begin{cases}ED=EG,\\EF=EF,\end{cases}$

∴Rt△EDF≌Rt△EGF（HL），

∴$DF=GF$.

设 $DF=x$，则 $BF=6+x$，$CF=6-x$.

在 Rt△BCF 中，$(4\sqrt{6})^2+(6-x)^2=(6+x)^2$，解得 $x=4$.

例 4　如图 1-8-2，一次函数 $y_1=ax+6$ 与 $y_2=-2x+m$ 的图象相交于点 $P(-2,3)$，则关于 x 的不等

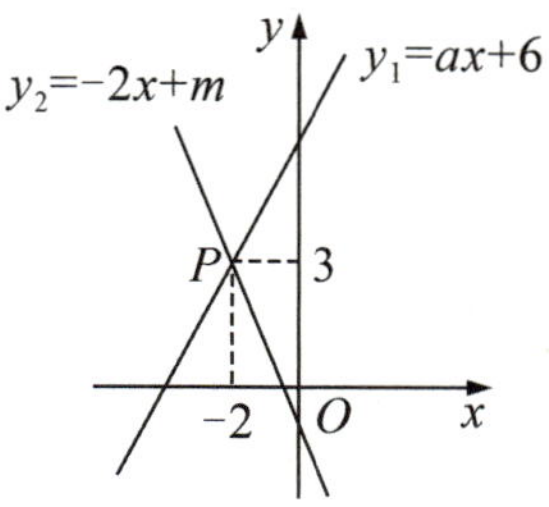

图 1-8-2

式 $m-2x<ax+6$ 的解集是________.

【答案】$x>-2$

【解析】$\because m-2x<ax+6$,

即 $y_2=-2x+m$ 的函数图象在 $y_1=ax+6$ 的下方,

$\therefore x>-2$.

例5 如图1-8-3,在四边形 $ABCD$ 中,$AD \parallel BC$,$\angle ABC=90°$,E 是 AB 上一点,且 $DE \perp CE$. 若 $AD=1$,$BC=2$,$CD=3$,求 CE 与 DE 的数量关系.

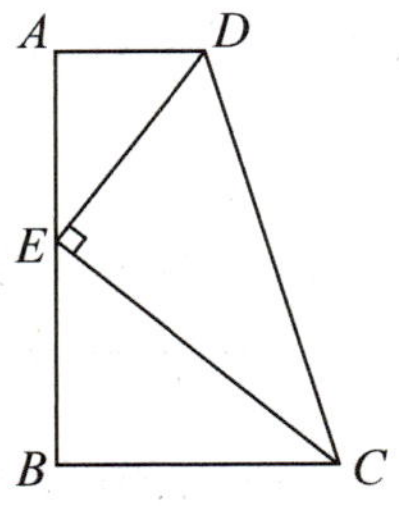

图1-8-3

【答案】$CE=\sqrt{2}DE$

【解析】如图1-8-4,过点 D 作 $DH \perp BC$.

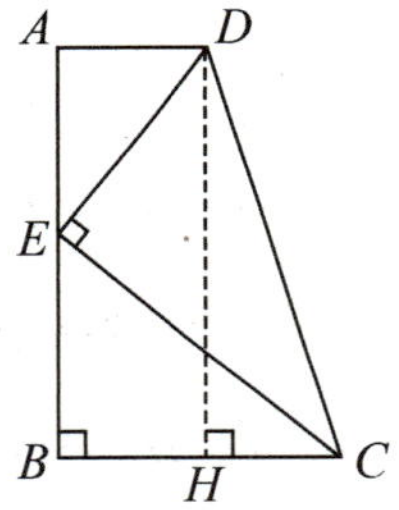

图1-8-4

$\because AD=1$,$BC=2$,

$\therefore CH=1$,$DH=\sqrt{CD^2-CH^2}=\sqrt{3^2-1^2}=2\sqrt{2}$.

$\because AD \parallel BC$,$\angle ABC=90°$,

$\therefore \angle A=90°$.

$\because DE \perp CE$,

$\therefore \angle AED+\angle BEC=90°$.

$\because \angle AED+\angle ADE=90°$,

$\therefore \angle ADE=\angle BEC$.

$\therefore \triangle ADE \backsim \triangle BEC$.

$\therefore \dfrac{AD}{BE}=\dfrac{AE}{BC}=\dfrac{DE}{EC}$.

设 $BE=x$,则 $AE=2\sqrt{2}-x$,即 $\dfrac{1}{x}=\dfrac{2\sqrt{2}-x}{2}$,解得 $x=\sqrt{2}$.

$\therefore \dfrac{AE}{BC}=\dfrac{DE}{EC}=\dfrac{1}{\sqrt{2}}$,得 $CE=\sqrt{2}DE$.

专题二

数与式

第一讲 整式与分式

一、整式

【技巧 1】整体代换思想在化简求值中的应用

在进行化简求值的过程中，我们通常遵循一个固定的流程：首先，对给定的多项式或表达式进行化简，以简化其形式并突显其数学结构；随后，将题目中给出的各个字母或变量的具体数值代入化简后的表达式中，以计算出最终的结果.

然而，在某些情况下，题目可能并未直接给出各个字母或变量的具体取值，而是提供了几个与这些变量相关的式子的值. 面对这种情况，我们需要灵活调整策略. 具体而言，我们可以将这些给定的式子视为一个整体，即把它们看作是新定义的变量或代数项. 接下来，我们利用代数方法和技巧，将原多项式或表达式转化为包含这些新定义变量的代数式. 完成这一转化后，我们再将给定的式子的值代入这个新的代数式中，从而得出最终的求值结果.

例 1　当 $x=1$ 时，多项式 ax^3+bx+1 的值为 5，则当 $x=-1$ 时，多项式 $\frac{1}{2}ax^3+\frac{1}{2}bx+1$ 的值为多少？

【答案】-1

【解析】当 $x=1$ 时，多项式 $ax^3+bx+1=a+b+1=5$，即 $a+b=4$；

当 $x=-1$ 时，$\frac{1}{2}ax^3+\frac{1}{2}bx+1=\frac{1}{2}a\cdot(-1)^3+\frac{1}{2}b\cdot(-1)+1=-\frac{1}{2}(a+b)+1=-2+1=-1$.

【技巧 2】对“不含某一项”或“与某项无关”问题的求解

在整式加减问题中，若同类项的系数的和为零，则可以说化简结果不含这一项或与该项无关. 合并同类项时，若系数的和中含有待定字母，且存在不含这一项的已知条件，则可根据系数的和为零求出待定字母的值.

例 2　若关于 a，b 的多项式 $5(a^2-2ab+b^2)-(a^2+mab-b^2)$ 中不含有 ab 项，则 $m=$________.

【答案】-10

【解析】原式 $=5a^2-10ab+5b^2-a^2-mab+b^2=4a^2-(10+m)ab+6b^2$，因为该式中不含有 ab 项，所以 $10+m=0$，解得 $m=-10$.

【技巧 3】幂的大小比较

当所给幂的指数、底数均不相同时，可逆用幂的乘方法则化为同指数的幂，根据底数的大小关系确定原来幂的大小关系，或逆用幂的乘方法则化为同底数的幂，然后根据指数的大小比较幂的大小.

例 3　比较大小：(1) 27^{25} 与 3^{80}；(2) 3^{444} 与 4^{333}.

【答案】(1) $27^{25}<3^{80}$；(2) $3^{444}>4^{333}$

【解析】(1) $\because 27^{25}=(3^3)^{25}=3^{75}$，且 $75<80$，

$\therefore 3^{75}<3^{80}$，即 $27^{25}<3^{80}$.

(2) $\because 3^{444}=(3^4)^{111}=81^{111}$，$4^{333}=(4^3)^{111}=64^{111}$，且 $81>64$，

$\therefore 81^{111}>64^{111}$，即 $3^{444}>4^{333}$.

【技巧 4】利用多项式与多项式乘积中项的特征求待定字母的值

在多项式乘多项式的展开式中，若同类项的系数的和为零，则可以说化简结果不含这一项. 合并同类项时，若系数的和中含有待定字母，且存在不含这一项的已知条件，则可根据系数的和为零求出待定字母的值.

例 4　若 $2x-m$ 与 x^2+3x-n 的乘积中不含 x 的一次项和 x 的二次项，求 m，n 的值.

【答案】$m=6$，$n=-9$

【解析】$(2x-m)(x^2+3x-n)=2x^3+(6-m)x^2+(-2n-3m)x+mn$.

$\because$ 乘积中不含 x 的一次项和 x 的二次项，

$\therefore 6-m=0, -2n-3m=0$，解得 $m=6, n=-9$.

【技巧 5】两个重要公式的应用

1.平方差公式

两个数的和与这两个数的差的积，等于这两个数的平方差.

2.完全平方公式

两个数和(或差)的平方，等于它们的平方和，加上(或减去)它们的积的2倍.

例 5 已知 $x^2-2x=2$，求 $(x-1)^2+(x+3)(x-3)+(x-3)(x-1)$ 的值.

【答案】1

【解析】$(x-1)^2+(x+3)(x-3)+(x-3)(x-1)=x^2-2x+1+x^2-9+x^2-4x+3=3x^2-6x-5$.

$\because x^2-2x=2$，

$\therefore 3x^2-6x=3(x^2-2x)=3\times 2=6$，

$\therefore$ 原式 $=6-5=1$.

例 6 已知实数 m,n 满足 $m^2+n^2=2+mn$，则 $(2m-3n)^2+(m+2n)\cdot(m-2n)$ 的最大值为(　　).

A. 24　　B. $\dfrac{44}{3}$　　C. $\dfrac{16}{3}$　　D. -4

【答案】B

【解析】$(2m-3n)^2+(m+2n)(m-2n)=4m^2-12mn+9n^2+m^2-4n^2=5m^2-12mn+5n^2=5(m^2+n^2)-12mn$.

$\because m^2+n^2=2+mn$，

$\therefore$ 原式 $=5(2+mn)-12mn=10-7mn$.

$\because m^2+n^2=2+mn$，

$\therefore m^2+n^2+2mn=2+3mn$，即 $(m+n)^2=2+3mn$.

$\because (m+n)^2\geqslant 0$，

$\therefore 2+3mn\geqslant 0$，则 $mn\geqslant -\dfrac{2}{3}$.

∴ 当 $mn=-\frac{2}{3}$ 时，$10-7mn$ 有最大值，最大值为 $10-7\times\left(-\frac{2}{3}\right)=\frac{44}{3}$.

二、因式分解

【技巧 1】提公因式与公式法

(1)提取公因式后，括号内的各项是用这个多项式的各项除以公因式得到的商，需要特别注意的是不要漏项.

(2)公因式要提“全”、提“净”，使系数不含公约数，字母不含公因式.

(3)当多项式的首项系数为负数时，要把“－”提出来，使括号内的首项系数变为正数.

(4)要熟练掌握公式的结构特征并牢记这些公式.“二项”考虑平方差公式，“三项”考虑完全平方公式.在运用公式前，要先判断一个多项式是否符合公式的特点.若符合，则把多项式写成公式的结构形式，再去“套”公式；否则，不能“套”公式.

例 7 因式分解：$9x^3+6x^2y-3x$.

【错解】原式$=3x(3x^2+2xy)$.

【错因分析】公因式为 $3x$，$-3x$ 提取 $3x$ 后，应为-1.

【正解】原式$=3x(3x^2+2xy-1)$.

例 8 因式分解：$(2a+b)^2-(a+2b)^2$.

【错解】原式$=[(2a+b)+(a+2b)][(2a+b)-(a+2b)]=(3a+3b)\cdot(a-b)=3a^2-3b^2$.

【错因分析】因式分解后，又反过来进行乘法运算，走了回头路.

【正解】原式$=[(2a+b)+(a+2b)][(2a+b)-(a+2b)]=(3a+3b)(a-b)=3(a+b)(a-b)$.

例 9 已知 $a+b=\frac{2}{3}$，$ab=2$，求 $a^2b+2a^2b^2+ab^2$ 的值.

【答案】$\frac{28}{3}$

【解析】$a^2b+2a^2b^2+ab^2=ab(a+2ab+b)=ab[(a+b)+2ab]$，

将 $a+b=\frac{2}{3}$，$ab=2$ 代入，得原式$=2\times\left(\frac{2}{3}+2\times2\right)=\frac{4}{3}+8=\frac{28}{3}$.

【技巧 2】约分和通分的方法

分式的约分是对分式的分子与分母同时进行的，分子和分母必须都是乘积的形式才能进行约分，约分要彻底，使分子、分母没有公因式．确定分子、分母的公因式的方法见表 2-1-1．

表 2-1-1

分子、分母	分子、分母的公因式
单项式	系数取系数的最大公约数； 相同字母取字母的最低次幂
多项式	先把分子、分母进行因式分解，再确定公因式

通分的关键是确定几个分式的最简公分母．通分的步骤为：(1)把分式按约分的步骤化为最简分式；(2)求出各分式的最简公分母；(3)用最简公分母除以原分母所得的商去乘各自的分子、分母，得出通分后的分子．

例 10 (1)约分：①$\frac{6a^2b^3c}{-8ab^2c^2}$；②$\frac{x^2-y^2}{x+y}$．

(2)通分：①$\frac{3}{2a^2b}$与$\frac{a-b}{ab^2c}$；②$\frac{2x}{x-5}$与$\frac{3x}{x^2-25}$．

【答案】(1)约分：①$-\frac{3ab}{4c}$；②$x-y$．(2)通分：①$\frac{2a^2-2ab}{2a^2b^2}$；②$\frac{2x^2+10x}{x^2-25}$

【解析】(1)①$\frac{6a^2b^3c}{-8ab^2c^2}=-\frac{2ab^2c\cdot 3ab}{2ab^2c\cdot 4c}=-\frac{3ab}{4c}$；

②$\frac{x^2-y^2}{x+y}=\frac{(x+y)(x-y)}{x+y}=x-y$．

(2)①∵最简公分母是 $2a^2b^2c$，

∴$\frac{3}{2a^2b}=\frac{3\cdot bc}{2a^2b\cdot bc}=\frac{3bc}{2a^2b^2c}$，$\frac{a-b}{ab^2c}=\frac{(a-b)\cdot 2a}{ab^2c\cdot 2a}=\frac{2a^2-2ab}{2a^2b^2c}$．

②∵最简公分母是$(x+5)(x-5)$，

∴$\frac{2x}{x-5}=\frac{2x(x+5)}{(x-5)(x+5)}=\frac{2x^2+10x}{x^2-25}$，$\frac{3x}{x^2-25}$无须变形．

【技巧 3】分式混合运算的解题方法

对于分式的混合运算，应注意运算顺序：先算乘方，再算乘除，最后算加减，有括号的要先算括号内的. 此外，应仔细观察式子的特点，灵活选择简便的方法计算，如使用运算律、公式等.

例 11 (1)$\left(\frac{x+2}{x^2-2x}-\frac{x-1}{x^2-4x+4}\right)\div\frac{x-4}{x}$；(2)$(2ab^2c^{-3})^{-2}\div(a^{-2}b)^3$.

【答案】(1)$\frac{1}{(x-2)^2}$；(2)$\frac{a^4c^6}{4b^7}$

【解析】(1)$\left(\frac{x+2}{x^2-2x}-\frac{x-1}{x^2-4x+4}\right)\div\frac{x-4}{x}=\left[\frac{x+2}{x(x-2)}-\frac{x-1}{(x-2)^2}\right]\cdot\frac{x}{x-4}=\frac{(x+2)(x-2)-(x-1)x}{x(x-2)^2}\cdot\frac{x}{x-4}=\frac{x^2-4-x^2+x}{(x-2)^2(x-4)}=\frac{1}{(x-2)^2}$；

(2)$(2ab^2c^{-3})^{-2}\div(a^{-2}b)^3=(2^{-2}a^{-2}b^{-4}c^6)\div(a^{-6}b^3)=2^{-2}a^4b^{-7}c^6=\frac{a^4c^6}{4b^7}$.

例 12 化简$\left(1-\frac{3}{x+2}\right)\div\frac{x^2-2x+1}{x^2-4}$，并从 $0\leqslant x<4$ 中选取合适的整数代入求值.

【答案】$\frac{x-2}{x-1}$ 当 $x=0$ 时，$\frac{x-2}{x-1}=2$；当 $x=3$ 时，$\frac{x-2}{x-1}=\frac{1}{2}$

【解析】原式$=\left(\frac{x+2}{x+2}-\frac{3}{x+2}\right)\div\frac{(x-1)^2}{(x+2)(x-2)}=\frac{x-1}{x+2}\cdot\frac{(x+2)(x-2)}{(x-1)^2}=\frac{x-2}{x-1}$.

$\because\begin{cases}x+2\neq0,\\x-2\neq0,\\x-1\neq0,\end{cases}$则 $x\neq\pm2$ 且 $x\neq1$，

$\therefore$在 $0\leqslant x<4$ 中，可取的整数为 0，3.

当 $x=0$ 时，原式$=2$；当 $x=3$ 时，原式$=\frac{1}{2}$.

第二讲　二次根式见真章

【技巧1】巧用二次根式的非负性

因为二次根式$\sqrt{a}$（$a\geqslant0$）表示 a 的算术平方根，所以$\sqrt{a}\geqslant0$. 对于二次根式非负性的应用，常见题型是“几个非负数之和等于 0，则每个非负数都等于 0”，这一性质在解题中的应用非常广泛.

例 1　已知 x,y 为实数，且$\sqrt{x-2}+3(y-1)^2=0$，则 $x-y$ 的值为(　　).

A. 3　　B. -3　　C. -1　　D. 1

【答案】 1

【解析】 $\because\sqrt{x-2}+3(y-1)^2=0$，且$\sqrt{x-2}\geqslant0$，$(y-1)^2\geqslant0$，

$\therefore\sqrt{x-2}=0$，$(y-1)^2=0$，即 $x-2=0$，$y-1=0$，解得 $x=2$，$y=1$.

$\therefore x-y=2-1=1$.

例 2　若$\sqrt{x^2-4x+4}=2-x$，则 x 的取值范围是________.

【答案】 $x\leqslant2$

【解析】 $\because\sqrt{x^2-4x+4}=\sqrt{(x-2)^2}=|x-2|=2-x$，

$\therefore x-2\leqslant0$，解得 $x\leqslant2$，即 x 的取值范围是 $x\leqslant2$.

例 3　已知 $y=-\sqrt{\dfrac{1}{x-2}}$，则在平面直角坐标系中，点 $P(x,y)$所在的象限为(　　).

A. 第一象限　　B. 第二象限　　C. 第三象限　　D. 第四象限

【答案】 D

【解析】 要使得 $y=-\sqrt{\dfrac{1}{x-2}}$有意义，需满足 $x-2>0$，则 $x>2$.

$\therefore y=-\sqrt{\dfrac{1}{x-2}}<0$，

$\therefore$点 $P(x,y)$位于第四象限.

例 4　若 x,y 都是实数，且 $y=\sqrt{x-4}+\sqrt{4-x}+1$，则$\sqrt{x}+3y$ 的值为(　　).

A. -5　　B. 5　　C. ± 5　　D. $\sqrt{3}$

【答案】B

【解析】由题意,得$\begin{cases}x-4\geqslant 0,\\4-x\geqslant 0,\end{cases}$解得 $x=4$.

$\therefore y=1$,

$\therefore \sqrt{x}+3y=2+3=5$.

例 5　已知 a,b 为实数,且$\sqrt{1+a}-(b-1)\sqrt{1-b}=0$,求 $a^{2\,020}-b^{2\,021}$ 的值.

【答案】0

【解析】$\because \sqrt{1+a}-(b-1)\sqrt{1-b}=0$,

$\therefore \sqrt{1+a}+(1-b)\sqrt{1-b}=0$.

$\because 1-b\geqslant 0, 1+a\geqslant 0$,

$\therefore 1+a=0, 1-b=0$,解得 $a=-1$,$b=1$.

$\therefore a^{2\,020}-b^{2\,021}=(-1)^{2\,020}-1^{2\,021}=1-1=0$.

例 6　化简:$\sqrt{x^2-6x+9}+(\sqrt{3-x})^2=$(　　).

A. $2x-6$　　B. 0　　C. $6-2x$　　D. $2x+6$

【答案】C

【解析】由题意,可得 $3-x\geqslant 0$,则原式$=3-x+3-x=6-2x$.

【技巧 2】分母有理化

在二次根式的运算中,最后得到的结果一般要求分母中不含二次根式.把分母中的根号化简掉的过程称为分母有理化.

例 7　把下列各式分母有理化:(1)$\dfrac{5}{\sqrt{3}}$;(2)$\dfrac{2}{\sqrt{8ab}}$;(3)$\dfrac{1}{\sqrt{7}-\sqrt{5}}$.

【答案】(1)$\dfrac{5\sqrt{3}}{3}$;(2)$\dfrac{\sqrt{2ab}}{2ab}$;(3)$\dfrac{\sqrt{7}+\sqrt{5}}{2}$

【解析】(1)$\dfrac{5}{\sqrt{3}}=\dfrac{5\times\sqrt{3}}{\sqrt{3}\times\sqrt{3}}=\dfrac{5\sqrt{3}}{3}$;

(2)$\dfrac{2}{\sqrt{8ab}}=\dfrac{2\sqrt{2ab}}{2\sqrt{2ab}\cdot\sqrt{2ab}}=\dfrac{2\sqrt{2ab}}{4ab}=\dfrac{\sqrt{2ab}}{2ab}$;

(3) $\frac{1}{\sqrt{7}-\sqrt{5}}=\frac{\sqrt{7}+\sqrt{5}}{(\sqrt{7}-\sqrt{5})(\sqrt{7}+\sqrt{5})}=\frac{\sqrt{7}+\sqrt{5}}{(\sqrt{7})^2-(\sqrt{5})^2}=\frac{\sqrt{7}+\sqrt{5}}{2}$.

例 8　若 $m=\sqrt{5}+2$，$n=\frac{1}{\sqrt{5}-2}$，则 m 与 n 的关系是(　　).

A. $m>n$　　　　B. $m<n$

C. m 与 n 互为相反数　　　　D. $m=n$

【答案】D

【解析】由题意，可知 $m-n=\sqrt{5}+2-\frac{\sqrt{5}+2}{5-4}=\sqrt{5}+2-\sqrt{5}-2=0$，

$\therefore m=n$.

例 9　设 $x=\frac{\sqrt{t+1}-\sqrt{t}}{\sqrt{t+1}+\sqrt{t}}$，$y=\frac{\sqrt{t+1}+\sqrt{t}}{\sqrt{t+1}-\sqrt{t}}$，当 $t=$________时，代数式 $20x^2+62xy+20y^2=2\ 022$.

【答案】2

【解析】$\because xy=\left(\frac{\sqrt{t+1}-\sqrt{t}}{\sqrt{t+1}+\sqrt{t}}\right)\left(\frac{\sqrt{t+1}+\sqrt{t}}{\sqrt{t+1}-\sqrt{t}}\right)=1$，

$x+y=\frac{\sqrt{t+1}-\sqrt{t}}{\sqrt{t+1}+\sqrt{t}}+\frac{\sqrt{t+1}+\sqrt{t}}{\sqrt{t+1}-\sqrt{t}}=4t+2$，

$\therefore 20x^2+62xy+20y^2=20(x+y)^2+22xy=2\ 022$，

$\therefore 20(4t+2)^2+22=2\ 022$，解得 $t=2$ 或 $t=-3$(舍去)，

$\therefore t=2$.

例 10　已知 $a=\frac{\sqrt{3}+\sqrt{2}}{\sqrt{3}-\sqrt{2}}$，$b=\frac{\sqrt{3}-\sqrt{2}}{\sqrt{3}+\sqrt{2}}$，求 $a^2-2ab+b^2-15$ 的平方根.

【答案】± 9

【解析】$\because a=\frac{\sqrt{3}+\sqrt{2}}{\sqrt{3}-\sqrt{2}}=\frac{(\sqrt{3}+\sqrt{2})^2}{(\sqrt{3}-\sqrt{2})(\sqrt{3}+\sqrt{2})}=5+2\sqrt{6}$，

$b=\frac{\sqrt{3}-\sqrt{2}}{\sqrt{3}+\sqrt{2}}=\frac{(\sqrt{3}-\sqrt{2})^2}{(\sqrt{3}-\sqrt{2})(\sqrt{3}+\sqrt{2})}=5-2\sqrt{6}$，

$\therefore a-b=4\sqrt{6}$.

$\because a^2-2ab+b^2=(a-b)^2$,

$\therefore a^2-2ab+b^2-15=(a-b)^2-15=(4\sqrt{6})^2-15=96-15=81$.

$\because \pm\sqrt{81}=\pm 9$,

$\therefore a^2-2ab+b^2-15$ 的平方根是 ± 9.

【技巧 3】因式的内、外移

(1)因式的内移:若根号外的因式为负,内移后,要将负号留在根号外.

(2)因式的外移:若被开方数中字母的取值范围未指明,则要进行讨论.

例 11　把下列二次根式根号外面的因式移到根号内:(1)$2\sqrt{3}$;(2)$-a\sqrt{a}$;(3)$a\sqrt{-\frac{\pi}{a}}$.

【答案】(1)$\sqrt{12}$;(2)$-\sqrt{a^3}$;(3)$-\sqrt{-a\pi}$

【解析】(1)$2\sqrt{3}=\sqrt{2^2}\cdot\sqrt{3}=\sqrt{12}$;

(2)$\because a\geqslant 0$,

$\therefore -a\sqrt{a}=-\sqrt{a^2}\cdot\sqrt{a}=-\sqrt{a^2\cdot a}=-\sqrt{a^3}$;

(3)$\because -\frac{\pi}{a}>0$,且 $\pi>0$,

$\therefore a<0$,

$\therefore a\sqrt{-\frac{\pi}{a}}=-\sqrt{-\frac{a^2\pi}{a}}=-\sqrt{-a\pi}$.

例 12　把 $a\sqrt{-\frac{1}{a}}$ 根号外面的因式移到根号内.

【答案】$-\sqrt{-a}$

【错解】$a\sqrt{-\frac{1}{a}}=\sqrt{a^2\cdot\left(-\frac{1}{a}\right)}=\sqrt{-a}$.

【正解】$a\sqrt{-\frac{1}{a}}=-(-a)\sqrt{-\frac{1}{a}}=-\sqrt{(-a)^2\cdot\left(-\frac{1}{a}\right)}=-\sqrt{-a}$.

专题三

方程与不等式

第一讲 一元一次方程

【技巧 1】整数解的问题

先按照一般一元一次方程的解题方法解出含字母参数的一元一次方程的解，再根据这个解的特殊性(解是整数、正整数或负整数等)和整数的特点，讨论字母参数的取值.

例 1 当 m 取什么整数时，关于 x 的方程 $\frac{1}{2}mx-\frac{5}{3}=\frac{1}{2}x-\frac{2}{3}$ 的解是正整数？

【答案】 $m=2$ 或 3

【解析】 $\frac{1}{2}mx-\frac{5}{3}=\frac{1}{2}x-\frac{2}{3}$ 移项，得 $\frac{1}{2}mx-\frac{1}{2}x=-\frac{2}{3}+\frac{5}{3}$，

化简，得 $(m-1)x=2$，则 $x=\frac{2}{m-1}$.

$\because$ 关于 x 的方程 $\frac{1}{2}mx-\frac{5}{3}=\frac{1}{2}x-\frac{2}{3}$ 的解是正整数，m 为整数，

$\therefore m-1=1$ 或 2，解得 $m=2$ 或 3，

即当 $m=2$ 或 3 时，关于 x 的方程 $\frac{1}{2}mx-\frac{5}{3}=\frac{1}{2}x-\frac{2}{3}$ 的解是正整数.

【技巧 2】绝对值方程的求解

解形如 $|ax+b|+|cx+d|=m$ 的方程时，先分别令 $ax+b=0$，$cx+d=0$，根据这两个方程的解，将 x 的范围分为三段，再分别根据这三种情况去掉原方程的绝对值符号，这样就将问题转化成了解常见的一元一次方程.

例 2　解方程：$|x-2|+|x+1|=4$.

【答案】$x=\frac{5}{2}$或 $x=-\frac{3}{2}$

【解析】令 $x-2=0$，得 $x=2$；令 $x+1=0$，得 $x=-1$.

①当 $x\geqslant 2$ 时，原方程可化为 $x-2+x+1=4$，解得 $x=\frac{5}{2}$；

②当 $-1<x<2$ 时，原方程可化为 $-x+2-x-1=4$，明显地，此方程无解；

③当 $x\leqslant -1$ 时，原方程可化为 $-x+2-x-1=4$，解得 $x=-\frac{3}{2}$.

综上，原方程的解为 $x=\frac{5}{2}$或 $x=-\frac{3}{2}$.

【技巧 3】一元一次方程的实际应用

(1)工程问题：工作量=工作效率×工作时间. 两个或几个工作效率不同的对象所完成的工作量的和等于总工作量(或总工作量的几分之几).

(2)利润率问题：商品利润=商品售价−商品进价(成本价)，商品的利润率=(商品利润/商品进价)×100%.

(3)配套问题：若 m 件 A 产品与 n 件 B 产品配套，则 A 产品的数量×n=B 产品的数量×m.

(4)积分问题：比赛总场数=胜场总数+平场总数+负场总数，比赛总积分=胜场总积分+平场总积分+负场总积分.

(5)储蓄问题：利息=本金×利率×期数，本息和=本金+利息=本金×(1+利率×期数).

(6)行程问题：常见的行程问题见表 3-1-1.

表 3-1-1

<table>
<tr><th>类型</th><th>特点</th><th>常用等量关系</th></tr>
<tr><td>相遇</td><td>相向而行</td><td>
甲走的路程+乙走的路程=总路程.
直线运动：甲、乙从两地出发，相向而行，则 $s_甲+s_乙=s_总$，如图.
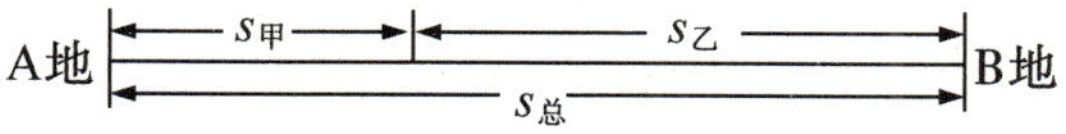

圆周运动：甲、乙由同一地点相背而行，则 $s_甲+s_乙$=圆周长，如图.
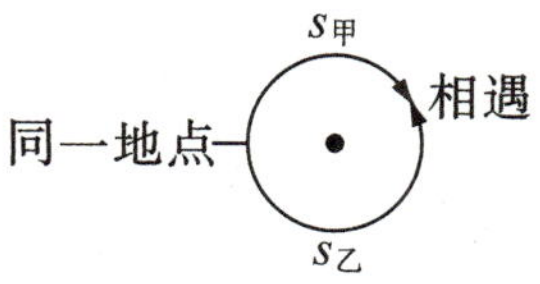

</td></tr>
<tr><td>追及</td><td>同向而行</td><td>
若同地不同时，慢者先出发，则慢者先行的路程+慢者被追及的路程=快者追及的路程，如图.
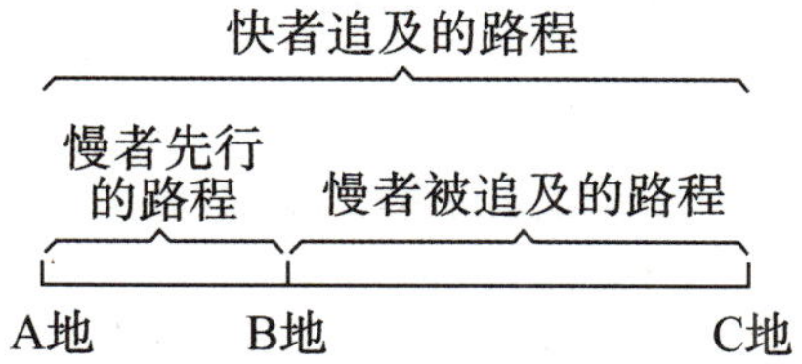

若同时不同地，则快、慢两者间的距离+慢者所行的路程=快者所行的路程，如图.
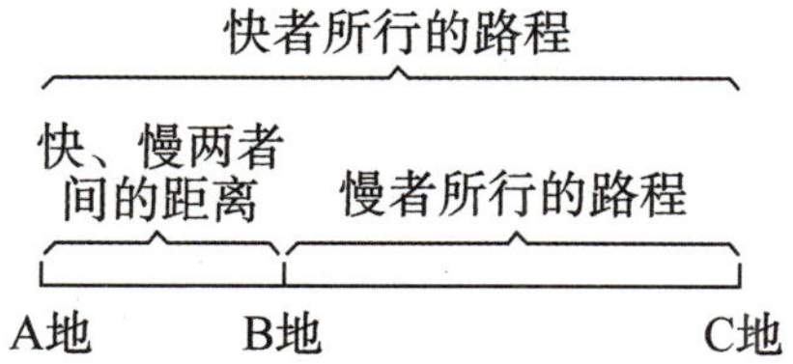

</td></tr>
</table>

例 3　（相遇问题）甲、乙两人从相距 480 km 的两地相向而行，甲乘汽车每小时行驶 90 km，乙骑自行车每小时行驶 30 km，如果乙先行 2 h，那么甲出发多长时间后两人相遇？

【答案】3.5 h

【解析】设甲出发 x h 后两人相遇，如图 3-1-1.

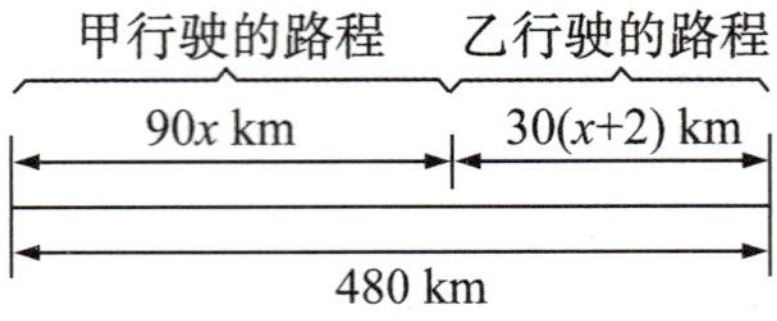

图 3-1-1

根据题意，得 $90x+30(x+2)=480$，

化简，得 $120x=420$，解得 $x=3.5$.

故甲出发 3.5 h 后两人相遇.

例 4 （追及问题）甲、乙两人相距 40 km，甲先出发 1.5 h 后乙出发，两人同向而行，甲在后，乙在前，甲的速度是 8 km/h，乙的速度是 6 km/h. 问：甲出发几小时后追上乙？

【答案】 15.5 h

【解析】 设甲出发 x h 后追上乙，如图 3-1-2.

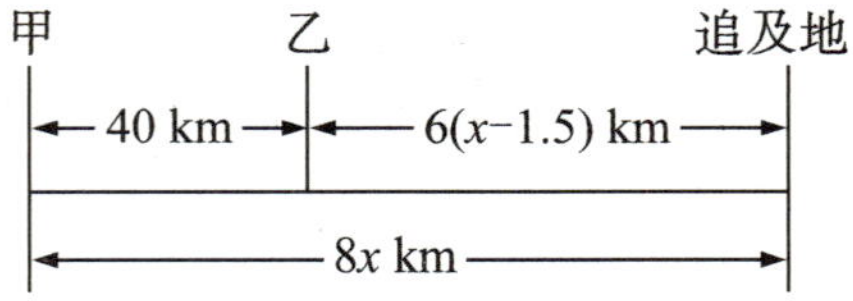

图 3-1-2

由题意，得 $8x-6(x-1.5)=40$，解得 $x=15.5$.

故甲出发 15.5 h 后追上乙.

例 5 某商场为减少库存积压，以每件 120 元的价格出售两件夹克上衣，其中一件盈利 20%，另一件亏损 20%，在这次买卖中，商场是盈利还是亏损？请求出盈利或者亏损的钱数.

【答案】 亏损，亏损 10 元

【解析】 设盈利 20% 的那件夹克上衣的进价是 x 元，则利润是 $20\%x$ 元. 根据进价与利润的和等于售价，列方程，得 $x+20\%x=120$，解得 $x=100$.

设亏损 20% 的那件夹克上衣的进价是 y 元，列方程，得 $y-20\%y=120$，解得 $y=150$.

两件夹克上衣的进价之和是 $x+y=100+150=250$（元），而两件衣服的售价之和是 $120+120=240$（元），$240-250=-10$（元）.

故在这次买卖中，商场亏损了，且亏损了 10 元.

例 6 某区中学生足球联赛共赛 8 轮(即每队均需比赛 8 场),胜一场得 3 分,平一场得 1 分,负一场得 0 分. 在这次足球联赛中,某队平的场数是负的场数的 2 倍,共得 17 分. 试问:该队胜了几场?

【答案】5 场

【解析】设该队负的场数为 x,则平的场数为 $2x$,那么胜的场数为 $8-x-2x$. 由题意,得 $3(8-x-2x)+2x=17$,解得 $x=1$,所以 $8-x-2x=5$.

故该队胜了 5 场.

第二讲 二元一次方程组

【技巧 1】二元一次方程组解的应用

把二元一次方程(组)的解代入方程(组),可求字母系数的值.

例 1 若 $\begin{cases}a=2,\\b=1\end{cases}$ 是二元一次方程组 $\begin{cases}\frac{3}{2}ax+by=5,\\ax-by=2\end{cases}$ 的解,则 $x+2y$ 的算术平方根为(　　).

A. 3　　B. 3,-3　　C. $\sqrt{3}$　　D. $\sqrt{3}$,$-\sqrt{3}$

【答案】C

【解析】将 $\begin{cases}a=2,\\b=1\end{cases}$ 代入二元一次方程组 $\begin{cases}\frac{3}{2}ax+by=5,\\ax-by=2\end{cases}$ 中,得到 $\begin{cases}3x+y=5,\\2x-y=2,\end{cases}$ 解这个关于 x 和 y 的二元一次方程组,得 $x=\frac{7}{5}$. 将 $x=\frac{7}{5}$ 回代到方程中,解得 $y=\frac{4}{5}$.

故 $x+2y=\frac{7}{5}+2\times\frac{4}{5}=\frac{15}{5}=3$,则 $x+2y$ 的算术平方根为 $\sqrt{3}$.

【技巧 2】"看错系数"问题

看错方程组中某个方程的系数,所得的解既是方程组中看错系数的方程的解,也是方程组中没有看错系数的方程的解,故可把解代入没有看错系数的方程中，构建新的方程组，然后解方程组.

例 2　甲、乙两人解关于 x，y 的方程组 $\begin{cases}ax+by=2,\\cx-7y=8,\end{cases}$ 甲正确地解出 $\begin{cases}x=3,\\y=-2,\end{cases}$ 而乙因把 c 抄错了，结果解得 $\begin{cases}x=-2,\\y=2,\end{cases}$ 求出 a，b，c 的值，并求乙将 c 抄成了何值.

【答案】$a=4$，$b=5$，$c=-2$，乙把 c 抄成了 -11

【解析】把 $\begin{cases}x=3,\\y=-2\end{cases}$ 代入方程组 $\begin{cases}ax+by=2,\\cx-7y=8,\end{cases}$ 可得 $\begin{cases}3a-2b=2,\\3c+14=8,\end{cases}$

解得 $c=-2$.

把 $\begin{cases}x=-2,\\y=2\end{cases}$ 代入 $ax+by=2$ 中，可得 $-2a+2b=2$.

可构建新的方程组 $\begin{cases}3a-2b=2,\\-2a+2b=2,\end{cases}$ 解得 $\begin{cases}a=4,\\b=5.\end{cases}$

把 $\begin{cases}x=-2,\\y=2\end{cases}$ 代入 $cx-7y=8$ 中，可得 $c=-11$.

故 a 的值是 4，b 的值是 5，c 的值是 -2，乙把 c 抄成了 -11.

例 3　甲、乙两人解同一个关于 x，y 的方程组 $\begin{cases}ax+5y=15①,\\4x-by=-2②,\end{cases}$ 甲看错了方程①中的 a，得到的方程组的解为 $\begin{cases}x=-3,\\y=-1;\end{cases}$ 乙看错了方程②中的 b，得到的方程组的解为 $\begin{cases}x=5,\\y=4.\end{cases}$

(1)求 a 与 b 的值；

(2)求 $a^{2\,021}+\left(-\dfrac{1}{10}b\right)^{2\,020}$ 的值.

【答案】(1)$a=-1$，$b=10$；(2)0

【解析】(1)根据题意，将 $\begin{cases}x=-3,\\y=-1\end{cases}$ 代入②，得 $-12+b=-2$，则 $b=10$.

将$\begin{cases}x=5,\\y=4\end{cases}$代入①，得 $5a+20=15$，则 $a=-1$.

(2)$a^{2\,021}+\left(-\frac{1}{10}b\right)^{2\,020}=(-1)^{2\,021}+\left(-\frac{1}{10}\times10\right)^{2\,020}=-1+1=0$.

【技巧 3】换元法解二元一次方程组

在用换元法解方程组时，可把要解决的对象的一部分（或全部）看成一个整体，并设为一个新的未知数，将原方程组转化为一个更为简单的方程组，从而达到简化问题的目的.

例 4 若关于 x，y 的二元一次方程组$\begin{cases}3x-my=5,\\2x+ny=6\end{cases}$的解是$\begin{cases}x=1,\\y=2,\end{cases}$则关于 a，b 的二元一次方程组$\begin{cases}3(a+b)-m(a-b)=5,\\2(a+b)+n(a-b)=6\end{cases}$的解是________.

【答案】 $\begin{cases}a=1.5,\\b=-0.5\end{cases}$

【解析】 ∵关于 x，y 的二元一次方程组$\begin{cases}3x-my=5,\\2x+ny=6\end{cases}$的解是$\begin{cases}x=1,\\y=2,\end{cases}$

∴关于 a，b 的二元一次方程组$\begin{cases}3(a+b)-m(a-b)=5,\\2(a+b)+n(a-b)=6\end{cases}$满足$\begin{cases}a+b=1,\\a-b=2,\end{cases}$解得$\begin{cases}a=1.5,\\b=-0.5.\end{cases}$

故关于 a，b 的二元一次方程组$\begin{cases}3(a+b)-m(a-b)=5,\\2(a+b)+n(a-b)=6\end{cases}$的解是$\begin{cases}a=1.5,\\b=-0.5.\end{cases}$

例 5 一个正方体的展开图如图 3-2-1，每一个面上都写有一个自然数，并且相对两个面上所写的两个数之和相等，那么 $2a-b-c$ 等于（　　）.

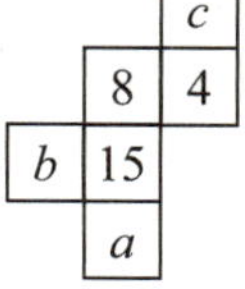

图 3-2-1

A. 3　　B. 19

C. 27　　D. 35

【答案】A

【解析】由题意，得 $a+8=b+4$①，$a+8=c+15$②. 由①得 $a-b=-4$③，由②得 $a-c=7$④，③+④得 $2a-b+c=3$.

【技巧4】实际应用问题

知识点1:列二元一次方程组解应用题的一般步骤

(1)审——审题，分析题目中已知什么，求什么，明确各数量之间的关系；

(2)设——设未知数(一般求什么就设什么)；

(3)找——找出应用题中的相等关系；

(4)列——根据相等关系列出需要的代数式，进而列出两个方程，组成方程组.

知识点2:列二元一次方程组解应用题的常见类型

(1)和、差、倍、分问题:基本等量关系式有较大量=较小量+相差的量，总量=倍数×一份的量.

(2)产品配套问题:基本等量关系为配套比相等.

(3)行程问题:基本等量关系式为路程=速度×时间.

(4)航速问题:基本等量关系式有顺流(风)速度=静水(无风)中的速度+水(风)速，逆流(风)速度=静水(无风)中的速度-水(风)速.

(5)工程问题:基本等量关系式为工作量=工作效率×工作时间.

(6)增长率问题:基本等量关系式有原量×(1+增长率)=增长后的量，原量×(1-减少率)=减少后的量.

(7)利润问题:基本等量关系式有利润=售价-进价，利润率=$\frac{售价-进价}{进价}\times 100\%$.

(8)几何问题:要准确掌握有关几何图形的性质和周长、面积等计算公式.

例6 《九章算术》中记载了一个问题，大意是:甲、乙两人各带了若干钱，若甲得到乙所有钱的一半，则甲共有钱50;若乙得到甲所有钱的$\frac{2}{3}$，则乙也共有钱50.甲、乙两人各带了多少钱?

设甲带了钱 x，乙带了钱 y，依题意，下面所列方程组正确的是(　　).

A. $\begin{cases}x+\dfrac{1}{2}y=50,\\ \dfrac{2}{3}x+y=50\end{cases}$　　B. $\begin{cases}\dfrac{1}{2}x+y=50,\\ x+\dfrac{2}{3}y=5\end{cases}$

C. $\begin{cases}x+\dfrac{1}{2}y=50,\\ x+\dfrac{2}{3}y=50\end{cases}$　　D. $\begin{cases}\dfrac{1}{2}x+y=50,\\ \dfrac{2}{3}x+y=50\end{cases}$

【答案】A

【解析】设甲带钱 x，乙带钱 y，根据题意，得$\begin{cases}x+\dfrac{1}{2}y=50,\\ \dfrac{2}{3}x+y=50.\end{cases}$

例 7　某公司需将一批材料运往工厂，计划租甲、乙两种型号的货车. 在每辆货车都满载的情况下，若租用 30 辆甲型货车和 50 辆乙型货车，则可装 1 500 箱材料；若租用 20 辆甲型货车和 60 辆乙型货车，则可装载 1 400 箱材料.

(1)甲、乙两种型号的货车每辆分别可装载多少箱材料？

(2)经初步估算，公司要运往工厂的这批材料不超过 1 245 箱，计划租用甲、乙两种型号的货车共 70 辆，且乙型货车的数量不超过甲型货车数量的 3 倍，则该公司一次性将这批材料运往工厂共有哪几种租车方案？

【答案】(1)甲型货车每辆可装载 25 箱材料，乙型货车每辆可装载 15 箱材料；(2)共有两种方案，方案一：租用 18 辆甲型货车，52 辆乙型货车；方案二：租用 19 辆甲型货车，51 辆乙型货车

【解析】(1)设甲型货车每辆可装载 x 箱材料，乙型货车每辆可装载 y 箱材料.

依题意，得$\begin{cases}30x+50y=1\ 500,\\ 20x+60y=1\ 400,\end{cases}$解得$\begin{cases}x=25,\\ y=15.\end{cases}$

故甲型货车每辆可装载 25 箱材料，乙型货车每辆可装载 15 箱材料.

(2)设租用 m 辆甲型货车，则租用 $(70-m)$ 辆乙型货车.

依题意，得$\begin{cases}25m+15(70-m)\leqslant 1\ 245,\\70-m\leqslant 3m,\end{cases}$解得$\frac{35}{2}\leqslant m\leqslant\frac{39}{2}$.

∵m 为整数，则 m 可以是 18，19，

∴该公司共有两种租车方案.

方案一：租用 18 辆甲型货车，52 辆乙型货车；

方案二：租用 19 辆甲型货车，51 辆乙型货车.

第三讲 巧解分式方程

【技巧 1】依据增根求解参数

如果分式方程去分母后得到的整式方程的根使最简公分母的值为 0，那么我们把这样的根叫作分式方程的增根. 由增根求解参数的流程如图 3-3-1.

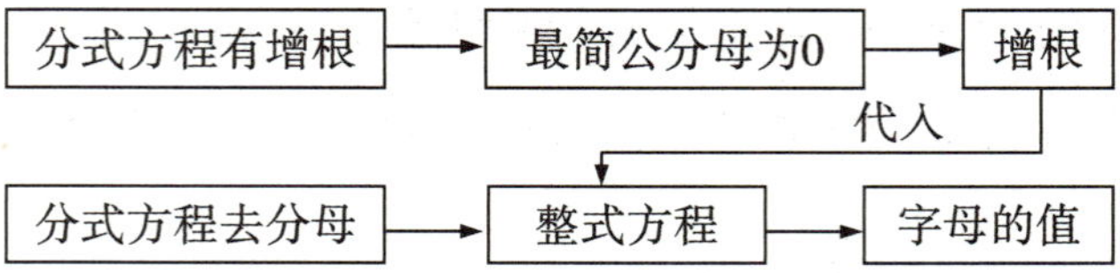

图 3-3-1

例 1 当 k 为何值时，方程$\frac{x-2}{x-3}+\frac{k}{3-x}=2$有增根？

【答案】 $k=1$

【解析】 分式方程变形，得$\frac{x-2}{x-3}-\frac{k}{x-3}=2$；去分母，得 $x-2-k=2(x-3)$.

∵分式方程有增根，

∴$x-3=0$，即 $x=3$.

把 $x=3$ 代入整式方程，得 $k=1$，

∴当 $k=1$ 时，方程有增根.

例 2 已知方程$\frac{2}{1+x}-\frac{k}{1-x}=\frac{6}{x^2-1}$有增根 $x=1$，求 k 的值.

【答案】 3

【解析】方程两边都乘以$(x+1)(x-1)$，得$2(x-1)+k(x+1)=6$.

∵原方程有增根$x=1$，

∴当$x=1$时，$k=3$.

故k的值是3.

例 3　解关于x的方程$\frac{x+1}{x+2}-\frac{x}{x-1}=\frac{kx+2}{(x-1)(x+2)}$时产生了增根，请求出所有满足条件的$k$值.

【答案】$k=5$或$-\frac{1}{2}$

【解析】$\frac{x+1}{x+2}-\frac{x}{x-1}=\frac{kx+2}{(x-1)(x+2)}$两边同乘以$(x+2)(x-1)$，

去分母，得$(x+1)(x-1)-x(x+2)=kx+2$，

整理，得$(k+2)x=-3$.

由增根的定义，得$x=1$或$x=-2$.

当$x=1$时，$k+2=-3$，解得$k=-5$；

当$x=-2$时，$-2(k+2)=-3$，解得$k=-\frac{1}{2}$.

综上，所有满足条件的k值为-5或$-\frac{1}{2}$.

【技巧 2】根据无解和有解确定参数

(1)无解："原分式方程无解"可能有两种情况：一是解为增根，即求出的x的值是分式方程化成的整式方程的解，但这个解使最简公分母的值为0；二是所化成的整式方程无解，所以原分式方程无解.

(2)有解：已知分式方程的解确定字母参数，首先将分式方程化为整式方程，用含字母参数的代数式表示未知数，再根据解的情况确定字母参数的取值，同时要注意原分式方程的最简公分母不能为零.

例 4　已知关于x的方程$\frac{x}{x-3}-2=\frac{m}{x-3}$的解为正数，求$m$的取值范围.

【答案】$m<6$且$m\neq3$

【解析】方程两边同乘以$(x-3)$，得$x-2(x-3)=m$，整理，得$x=6-m$.

∵关于 x 的方程 $\frac{x}{x-3}-2=\frac{m}{x-3}$ 的解为正数，

∴ $\begin{cases}6-m>0,\\6-m-3\neq0,\end{cases}$ 解得 $m<6$ 且 $m\neq3$，故 m 的取值范围是 $m<6$ 且 $m\neq3$.

例 5 已知关于 x 的方程 $\frac{x-4}{x-3}-m-4=\frac{m}{3-x}$ 无解，求 m 的值.

【答案】-3 或 1

【解析】原方程可化为 $(m+3)x=4m+8$，由于方程无解，故有两种情况.

(1)若整式方程无实根，则 $m+3=0$ 且 $4m+8\neq0$，解得 $m=-3$；

(2)若整式方程的根是原方程的增根，则 $\frac{4m+8}{m+3}=3$，解得 $m=1$.

经检验，$m=1$ 是方程 $\frac{4m+8}{m+3}=3$ 的解.

综上所述，$m=-3$ 或 $m=1$.

例 6 已知关于 x 的分式方程 $\frac{2}{x-2}+\frac{mx}{x^2-4}=\frac{2}{x+2}$.

(1)若方程的增根为 $x=2$，求 m 的值；

(2)若方程有增根，求 m 的值；

(3)若方程无解，求 m 的值.

【答案】(1)$m=-4$；(2)$m=\pm4$；(3)$m=\pm4$ 或 $m=0$

【解析】分式方程去分母，得 $2(x+2)+mx=2(x-2)$，

整理，得 $mx=-8$.

(1)若方程的增根为 $x=2$，则 $2m=-8$，得 $m=-4$.

(2)若方程有增根，则 $(x+2)(x-2)=0$，所以 $x=-2$ 或 $x=2$.

当 $x=-2$ 时，$-2m=-8$，得 $m=4$；

当 $x=2$ 时，$2m=-8$，得 $m=-4$.

所以若原分式方程有增根，则 $m=\pm4$.

(3)由(2)知，当 $m=\pm4$ 时，原分式方程有增根，即无解；

当 $m=0$ 时，方程 $mx=-8$ 无解.

综上，若原分式方程无解，则 $m=\pm4$ 或 $m=0$.

例 7 增根是在分式方程转化为整式方程的过程中产生的，分式方程的

增根不是分式方程的根,而是该分式方程化成的整式方程的根,所以涉及分式方程的增根问题的解题步骤通常为:①去分母,化分式方程为整式方程;②将增根代入整式方程中,求出方程中字母系数的值.

阅读以上材料后,完成下列探究:

探究1:m为何值时,方程$\frac{3x}{x-3}+5=\frac{m}{3-x}$有增根?

探究2:m为何值时,方程$\frac{3x}{x-3}+5=\frac{m}{3-x}$的根是$-1$?

探究3:任意写出三个m的值,使对应的方程$\frac{3x}{x-3}+5=\frac{m}{3-x}$的三个根中的两个根之和等于第三个根.

探究4:你发现的满足“探究3”中条件的m_1,m_2,m_3的关系式为________.

【答案】探究1:-9;探究2:23;探究3:$m_1=15-8a$,$m_2=15-8b$,$m_3=15-8c$;探究4:$m_3=m_1+m_2-15$

【解析】探究1:方程两边同乘以$(x-3)$,得$3x+5(x-3)=-m$.

∵原方程有增根,

∴最简公分母$x-3=0$,解得$x=3$.

当$x=3$时,$m=-9$.

故m的值是-9.

探究2:方程两边同乘以$(x-3)$,得$3x+5(x-3)=-m$.

∵原方程的根为$x=-1$,

∴$m=23$.

探究3:由(1)(2),得$x=\frac{15-m}{8}$.

设方程的三个对应根分别为a,b,c且$a+b=c$,

∴$m_1=15-8a$,$m_2=15-8b$,$m_3=15-8c$.

探究4:∵$a+b=c$,

∴$\frac{15-m_1}{8}+\frac{15-m_2}{8}=\frac{15-m_3}{8}$,整理,得$m_3=m_1+m_2-15$.

第四讲 一元二次方程

【技巧 1】一元二次方程的求解方法

一元二次方程的常见解法有：①直接开平方法；②配方法；③公式法；④因式分解法；⑤十字相乘法.

例 1 解方程：(1)$2x^2=54$；(2)$9x^2+6x+1=8$.

【答案】(1)$x_1=3\sqrt{3}$，$x_2=-3\sqrt{3}$；(2)$x_1=\frac{-1+2\sqrt{2}}{3}$，$x_2=\frac{-1-2\sqrt{2}}{3}$

【解析】(1)原方程可化为 $x^2=27$，开平方，得 $x=\pm3\sqrt{3}$，

$\therefore x_1=3\sqrt{3}$，$x_2=-3\sqrt{3}$.

(2)原方程可化为$(3x+1)^2=8$，

$\therefore 3x+1=\pm2\sqrt{2}$，解得 $x=\frac{-1\pm2\sqrt{2}}{3}$，

$\therefore x_1=\frac{-1+2\sqrt{2}}{3}$，$x_2=\frac{-1-2\sqrt{2}}{3}$.

例 2 若方程 $4x^2-(m-2)x+1=0$ 的左边是一个完全平方式，则 m 等于(　　).

A. -2　　B. -2 或 6　　C. -2 或 -6　　D. 2 或 -6

【答案】B

【解析】根据完全平方式 $a^2\pm2ab+b^2=(a\pm b)^2$ 的对称结构，且 $4x^2=(2x)^2$，则有 $-(m-2)=\pm2\times2\times1$，得 $m-2=\pm4$，即 $m-2=4$ 或 $m-2=-4$，得 $m=6$ 或 $m=-2$.

例 3 用公式法解方程：(1)$x^2-3x=2$；(2)$2x^2+x+1=0$.

【答案】(1)$x_1=\frac{3+\sqrt{17}}{2}$，$x_2=\frac{3-\sqrt{17}}{2}$；(2)原方程没有实数根

【解析】(1)将原方程化为一般形式为 $x^2-3x-2=0$.

$\because a=1$，$b=-3$，$c=-2$，

$\therefore b^2-4ac=(-3)^2-4\times1\times(-2)=17>0$，

$\therefore x=\frac{-(-3)\pm\sqrt{17}}{2\times1}=\frac{3\pm\sqrt{17}}{2}$,

$\therefore x_1=\frac{3+\sqrt{17}}{2}, x_2=\frac{3-\sqrt{17}}{2}$.

(2)$\because a=2, b=1, c=1, b^2-4ac=1^2-4\times2\times1=-7<0$,

∴原方程没有实数根.

例 4　用因式分解法解方程:(1)$x^2+5x=0$;(2)$4x^2-9=0$.

【答案】(1)$x_1=0, x_2=-5$;(2)$x_1=\frac{3}{2}, x_2=-\frac{3}{2}$

【解析】(1)因式分解,得 $x(x+5)=0$,

于是得 $x=0$ 或 $x+5=0$,即 $x_1=0, x_2=-5$.

(2)因式分解,得$(2x-3)(2x+3)=0$,

于是得 $2x-3=0$ 或 $2x+3=0$,即 $x_1=\frac{3}{2}, x_2=-\frac{3}{2}$.

例 5　计算:(1)$x^2+3x-18=0$;(2)$x^2+3x=10$.

【答案】(1)$x_1=3, x_2=-6$;(2)$x_1=2, x_2=-5$

【解析】(1)因式分解,得$(x-3)(x+6)=0$,

于是得 $x-3=0$ 或 $x+6=0$,即 $x_1=3, x_2=-6$.

(2)原方程可化为 $x^2+3x-10=0$.

因式分解,得$(x-2)(x-5)=0$,

于是得 $x-2=0$ 或 $x+5=0$,即 $x_1=2, x_2=-5$.

例 6　请先阅读材料,再解答问题.

材料:因式分解:$(x+y)^2+2(x+y)+1$.

解:将“$x+y$”看成整体,令 $x+y=A$,则原式$=A^2+2A+1=(A+1)^2$,

再将“A”还原,得原式$=(x+y+1)^2$.

上述解题用到的是“整体思想”,整体思想是数学解题中常用的一种思想方法,请你仿照上面的方法解答下列问题:

(1)因式分解:$(x-y)^2-2(x-y)+1$;

(2)因式分解:$(a^2-4a+2)(a^2-4a+6)+4$;

(3)求证:无论 n 为何值,式子$(n^2-2n-3)(n^2-2n+5)+17$ 的值一定

是一个不小于1的数.

【答案】(1)$(x-y-1)^2$;(2)$(a-2)^4$;(3)证明过程见解析

【解析】(1)令 $x-y=A$,则原式$=A^2-2A+1=(A-1)^2$,

将"A"还原,得原式$=(x-y-1)^2$.

(2)令 $a^2-4a=A$,则原式$=(A+2)(A+6)+4=A^2+8A+12+4=(A+4)^2$,

将"A"还原,得原式$=(a^2-4a+4)^2=(a-2)^4$.

(3)令 $n^2-2n=A$,则原式$=(A-3)(A+5)+17=A^2+2A-15+17=A^2+2A+2=(A+1)^2+1$,

将 $A=n^2-2n$ 还原,得原式$=(n^2-2n+1)^2+1=(n-1)^4+1$.

∵无论 n 为何值,$(n-1)^4\geqslant 0$,

∴$(n-1)^4+1\geqslant 1$,

即式子$(n^2-2n-3)(n^2-2n+5)+17$ 的值一定是一个不小于1的数.

【技巧2】方程根的应用

(1)不解方程,由根的判别式直接判断或证明方程根的情况.

(2)根据方程根的情况,确定方程中字母系数的取值范围.

(3)利用一元二次方程根与系数的关系,求关于根 x_1,x_2 的代数式的值的关键是把所求的代数式经过恒等变形,化为含 x_1+x_2,x_1x_2 的形式,然后把 x_1+x_2,x_1x_2 的值整体代入,即可求出所求代数式的值.

例7 已知关于 x 的方程 $x^2+2mx+m^2-1=0$,不解方程,判断方程根的情况.

【答案】方程有两个不相等的实数根

【解析】∵$a=1,b=2m,c=m^2-1$,

∴$\Delta=b^2-4ac=(2m)^2-4\times1\times(m^2-1)=4>0$,

∴关于 x 的方程 $x^2+2mx+m^2-1=0$ 有两个不相等的实数根.

例8 若关于 x 的一元二次方程 $kx^2-3x-1=0$ 有两个不相等的实数根,求 k 的取值范围.

【答案】$k>-\frac{9}{4}$且 $k\neq 0$

【解析】因为关于 x 的一元二次方程 $kx^2-3x-1=0$ 有两个不相等的实

数根，则 $k\neq 0$ 且 $\Delta=(-3)^2-4\times k\times(-1)>0$，解得 $k>-\dfrac{9}{4}$ 且 $k\neq 0$.

例 9　若 α,β 是一元二次方程 $3x^2+2x-9=0$ 的两根，则 $\dfrac{\beta}{\alpha}+\dfrac{\alpha}{\beta}$ 的值是(　　).

A. $\dfrac{4}{27}$　　B. $-\dfrac{27}{4}$　　C. $-\dfrac{58}{27}$　　D. $\dfrac{58}{27}$

【答案】C

【解析】由根与系数的关系可知 $\alpha+\beta=-\dfrac{2}{3}$，$\alpha\beta=-3$，

则 $\dfrac{\beta}{\alpha}+\dfrac{\alpha}{\beta}=\dfrac{\beta^2+\alpha^2}{\alpha\beta}=\dfrac{(\alpha+\beta)^2-2\alpha\beta}{\alpha\beta}=\dfrac{\left(-\dfrac{2}{3}\right)^2+6}{-3}=-\dfrac{58}{27}$.

【技巧 3】代数式最值问题求解

求多项式 ax^2+bx+c（a,b,c 为常数，且 $a\neq 0$）的最值时，要先把多项式配方成 $a(x+n)^2+p$ 的形式. 若 $a>0$，则代数式 ax^2+bx+c 有最小值；若 $a<0$，则代数式 ax^2+bx+c 有最大值.

例 10　已知 x,y 为实数，且满足 $x^2-xy+y^2=2$. 记 $W=x^2+xy+y^2$ 的最大值为 M，最小值为 m，则 $M+m=$________.

【答案】$6\dfrac{2}{3}$

【解析】$\because x^2-xy+y^2=2$，

$\therefore x^2+y^2=xy+2$，即 $xy=x^2+y^2-2$，

$\therefore W=x^2+xy+y^2=2xy+2$.

$\because 3xy=2xy+(x^2+y^2-2)=(x+y)^2-2\geqslant -2$，

当且仅当 $x=-y$，即 $x=\dfrac{\sqrt{6}}{3}$，$y=-\dfrac{\sqrt{6}}{3}$ 或 $x=-\dfrac{\sqrt{6}}{3}$，$y=\dfrac{\sqrt{6}}{3}$ 时等号成立，

$\therefore W=x^2+xy+y^2=2xy+2$ 的最小值为 $\dfrac{2}{3}$，即 $m=\dfrac{2}{3}$.

$\because xy=2xy-(x^2+y^2-2)=2-(x-y)^2\leqslant 2$，

当且仅当 $x=y$，即 $x=\sqrt{2}$，$y=\sqrt{2}$ 或 $x=-\sqrt{2}$，$y=-\sqrt{2}$ 时等号成立，

$\therefore xy$ 的最大值为 2.

$\therefore W=x^2+xy+y^2=2xy+2$ 的最大值为 6,即 $M=6$.

$\therefore W+m=6+\frac{2}{3}=6\frac{2}{3}$.

例 11 阅读材料:选取二次三项式 $ax^2+bx=c(a\neq0)$ 中的两项,配成完全平方式的过程叫配方. 例如:

①选取二次项和一次项配方:$x^2-4x+2=(x-2)^2-2$;

②选取二次项和常数项配方:$x^2-4x+2=(x-\sqrt{2})^2+(2\sqrt{2}-4)x$,或 $x^2-4x+2=(x+\sqrt{2})^2-(4+2\sqrt{2})x$;

③选取一次项和常数项配方:$x^2-4x+2=(\sqrt{2}x-\sqrt{2})^2-x^2$.

请根据阅读材料解决下列问题:

(1)比照上面的例子,写出 x^2-4x+9 三种不同形式的配方;

(2)已知 $x^2+y^2+4x-6y+13=0$,求$(-y)x$ 的值;

(3)当 x,y 为何值时,代数式 $5x^2-4xy+y^2+6x+25$ 取得最小值,最小值为多少?

【答案】(1)见解析;(2)6;(3)当 $x=-3,y=-6$ 时,代数式的值最小,最小值为 16

【解析】(1)第一种形式:选取二次项和一次项配方

$x^2-4x+9=x^2-4x+4-4+9=(x-2)^2+5$;

第二种形式:选取二次项和常数项配方

$x^2-4x+9=x^2+6x+9-6x-4x=(x+3)^2-10x$,

或 $x^2-4x+9=x^2-6x+9+6x-4x=(x-3)^2+2x$;

第三种形式:选取一次项和常数项配方

$x^2-4x+9=\frac{4}{9}x^2-4x+9-\frac{4}{9}x^2+x^2=\left(\frac{2}{3}x-3\right)^2+\frac{5}{9}x^2$.

(2)原式配方,得 $x^2+4x+4+y^2-6y+9-4-9+13=0$,

即$(x+2)^2+(y-3)^2=0$.

$\because (x+2)^2\geqslant0,(y-3)^2\geqslant0$,

$\therefore x+2=0,y-3=0$,解得 $x=-2,y=3$.

$\therefore (-y)x=(-3)\times(-2)=6$.

(3) $5x^2-4xy+y^2+6x+25=4x^2-4xy+y^2+x^2+6x+9+16=(2x-y)^2+(x+3)^2+16$.

$\because (2x-y)^2+(x+3)^2\geqslant 0$,

$\therefore (2x-y)^2+(x+3)^2+16\geqslant 16$.

当 $2x-y=0$，$x+3=0$ 时，$5x^2-4xy+y^2+6x+25$ 取得最小值，

即当 $x=-3$，$y=-6$ 时，$5x^2-4xy+y^2+6x+25$ 取得最小值，最小值为 16.

第五讲　不等式与不等式组

【技巧 1】一元一次不等式组中的参数范围问题

已知一元一次不等式组的解集，求不等式组中待定字母的取值范围问题时，首先把不等式组的解集用含有字母的形式表示出来，然后把它与已知条件联系起来求解. 求解这类问题时，有时要应用方程知识，有时要用到不等式知识，在求解过程中可以利用数轴进行分析.

例 1　若关于 x 的一元一次方程 $(2+a)x-4=4ax$ 的解为负数，则 a 的取值范围是________.

【答案】 $a>\dfrac{2}{3}$

【解析】 由 $(2+a)x-4=4ax$，解得 $x=\dfrac{4}{2-3a}$.

$\because$ 该方程的解为负数，即 $x<0$，

$\therefore \dfrac{4}{2-3a}<0$，解得 $a>\dfrac{2}{3}$.

例 2　若不等式组 $\begin{cases}x\geqslant m-2,\\ x\leqslant 3m+4\end{cases}$ 有解，则 m 的取值范围是________.

【答案】 $m\geqslant -3$

【解析】 $\because$ 不等式组 $\begin{cases}x\geqslant m-2,\\ x\leqslant 3m+4\end{cases}$ 有解，

$\therefore m-2\leqslant 3m+4$，解得 $m\geqslant -3$.

例 3 已知关于 x 的不等式组 $\begin{cases}3a-2x\geqslant 0,\\2a+3x>0\end{cases}$ 恰有 3 个整数解，则 a 的取值范围是（　　）.

A. $\frac{2}{3}\leqslant a\leqslant\frac{3}{2}$　　B. $\frac{4}{3}\leqslant a\leqslant\frac{3}{2}$　　C. $\frac{4}{3}<a\leqslant\frac{3}{2}$　　D. $\frac{4}{3}\leqslant a<\frac{3}{2}$

【答案】B

【解析】由 $\begin{cases}3a-2x\geqslant 0①,\\2a+3x>0②,\end{cases}$

解不等式①，得 $x\leqslant\frac{3a}{2}$；解不等式②，得 $x>-\frac{2a}{3}$.

由于不等式组有解，则 $-\frac{2a}{3}<x\leqslant\frac{3a}{2}$，必定有整数解 0.

$\because \left|\frac{3a}{2}\right|>\left|-\frac{2a}{3}\right|$，

$\therefore$ 3 个整数解不可能是 $-2,-1,0$.

若 3 个整数解为 $-1,0,1$，则不等式组无解；

若 3 个整数解为 $0,1,2$，则 $\begin{cases}2\leqslant\frac{3}{2}a<3,\\-1\leqslant-\frac{3}{2}a<0,\end{cases}$ 解得 $\frac{4}{3}\leqslant a\leqslant\frac{3}{2}$.

例 4 若关于 x 的不等式组 $\begin{cases}-2(x-2)-x<2,\\\frac{k-x}{2}\geqslant\frac{1}{2}+x\end{cases}$ 最多有 2 个整数解，且关于 y 的一元一次方程 $3(y-1)-2(y-k)=8$ 的解为非正数，则符合条件的所有整数 k 的和为多少？

【答案】13

【解析】由 $\begin{cases}-2(x-2)-x<2,\\\frac{k-x}{2}\geqslant-\frac{1}{2}+x,\end{cases}$ 解得 $\begin{cases}x>\frac{2}{3},\\x\leqslant\frac{k+1}{3}.\end{cases}$

$\because$关于 x 的不等式组$\begin{cases}-2(x-2)-x<2,\\ \frac{k-x}{2}\geqslant-\frac{1}{2}+x\end{cases}$最多有 2 个整数解，

$\therefore \frac{2}{3}<x\leqslant\frac{k+1}{3}$.

$\because$不等式组的整数解最多时为 1,2,

$\therefore \frac{k+1}{3}<3$，解得 $k<8$.

解 $3(y-1)-2(y-k)=8$，得 $y=11-2k$.

$\because$方程的解为非正数，

$\therefore 11-2k\leqslant0$，解得 $k\geqslant5.5$.

综上，$5.5\leqslant k<8$，符合条件的 k 的整数值为 6，7，和为 $6+7=13$.

例 5　若整数 a 使关于 x 的不等式组$\begin{cases}\frac{x+1}{2}\leqslant\frac{2x+5}{6},\\ x-2>a\end{cases}$有 4 个整数解，且使关于 x，y 的方程组$\begin{cases}ax-2y=0,\\ x+y=4\end{cases}$的解为整数，那么满足条件的整数 a 的值为________.

【答案】-4

【解析】由$\begin{cases}\frac{x+1}{2}\leqslant\frac{2x+5}{6}①,\\ x-2>a②,\end{cases}$

解不等式①，得 $x\leqslant2$；解不等式②，得 $x>a+2$.

$\because$不等式组$\begin{cases}\frac{x+1}{2}\leqslant\frac{2x+5}{6},\\ x-2>a\end{cases}$有 4 个整数解，

$\therefore -2\leqslant a+2<-1$，解得 $-4\leqslant a<-3$.

解方程组$\begin{cases}ax-2y=0③,\\ x+y=4④,\end{cases}$ ③+④×2，得 $(a+2)x=8$，解得 $x=\frac{8}{a+2}$.

将 $x=\frac{8}{a+2}$代入④，得$\frac{8}{a+2}+y=4$，解得 $y=\frac{4a}{a+2}$.

∴方程组的解为$\begin{cases}x=\dfrac{8}{a+2},\\y=\dfrac{4a}{a+2}.\end{cases}$

∵$-4\leqslant a<-3$,

∴$-2\leqslant a+2<-1$.

∵关于 x,y 的方程组$\begin{cases}ax-2y=0,\\x+y=4\end{cases}$的解为整数,

∴$a+2=-2$,即 $a=-4$.

当 $a=-4$ 时,$x=\dfrac{8}{a+2}=-4$,$y=\dfrac{4a}{a+2}=8$ 符合题意.

∴所有满足条件的整数 a 的值为-4.

例 6 若整数 a 使关于 x 的不等式组$\begin{cases}\dfrac{x+1}{2}\leqslant\dfrac{2x+5}{6},\\x-2>a\end{cases}$有解,且使关于 x,y 的方程组$\begin{cases}ax+2y=0,\\x+y=6\end{cases}$的解为正整数,求所有满足条件的整数 a 的值的积.

【答案】 80

【解析】 整理不等式组$\begin{cases}\dfrac{x+1}{2}\leqslant\dfrac{2x+5}{6},\\x-2>a,\end{cases}$可得$\begin{cases}x\leqslant 2,\\x>a+2.\end{cases}$

由不等式组有解,可得 $a+2<2$,解得 $a<0$.

解方程组$\begin{cases}ax+2y=0,\\x+y=6,\end{cases}$得$\begin{cases}x=-\dfrac{12}{a-2},\\y=\dfrac{6a}{a-2}.\end{cases}$

∵关于 x,y 的方程组$\begin{cases}ax+2y=0,\\x+y=6\end{cases}$的解为正整数,

∴$a-2$ 的值为-1 或-2 或-3 或-4 或-6 或-12,

∴a 的值为-1 或-2 或-4 或-10.

∴所有满足条件的整数 a 的值的积是$(-1)\times(-2)\times(-4)\times(-10)=80$.

【技巧2】一元一次不等式组的实际应用

解决此类问题的关键是分析问题中的等量关系和不等关系，建立方程(组)模型和不等式(组)模型，从而把实际问题转化为数学模型，然后用数学知识来解决.

一元一次不等式(组)的解一般情况下有无穷多个，但由于实际问题的限制，可能只有其中的某个或某些满足实际问题，这样也就随之产生了一种或几种设计方案.

例7　某学校工会积极号召广大教师开展"献爱心捐款"活动，学校拟用这笔捐款购买A，B两种物品，如果购买A种物品60件，B种物品45件，共需1 140元；如果购买A种物品45件，B种物品30件，共需840元.

(1)求A，B两种物品每件各多少元；

(2)现要购买A，B两种物品共600件，总费用不多于7 000元，那么A种物品最多购买多少件？

【答案】(1)A物品16元，B物品4元；(2)383件

【解析】(1)设A，B两种物品每件分别为x元和y元.

根据题意，得$\begin{cases}60x+45y=1\ 140,\\45x+30y=840,\end{cases}$解得$\begin{cases}x=16,\\y=4.\end{cases}$

故A，B两种物品每件分别为16元和4元.

(2)设A种物品购买a件，根据题意，得$16a+4(600-a)<7\ 000$，解得$a\leqslant 383\dfrac{1}{3}$.

因为a取正整数，所以a的最大值为383.

故A种物品最多购买383件.

例8　为支援救灾前线，某省红十字会采购甲、乙两种物资共540吨，甲物资价格为3万元/吨，乙物资价格为2万元/吨，采购两种物资共花费1 380万元.

(1)求甲、乙两种物资各采购了多少吨；

(2)现在计划安排A，B两种不同规格的卡车共50辆来运输这批物资，甲物资7吨和乙物资3吨可装满一辆A型卡车，甲物资5吨和乙物资7吨可装

满一辆B型卡车. 按此要求安排A,B两种不同规格的卡车,请问有哪几种运输方案?

【答案】(1)甲物资采购300吨,乙物资采购240吨;(2)3种方案,见解析

【解析】(1)设甲物资采购了 x 吨,乙物资采购了 y 吨.

依题意,得 $\begin{cases}x+y=540,\\3x+2y=1\ 380,\end{cases}$ 解得 $\begin{cases}x=300,\\y=240.\end{cases}$

故甲物资采购了300吨,乙物资采购了240吨.

(2)设安排A型卡车 m 辆,则安排B型卡车 $(50-m)$ 辆.

依题意,得 $\begin{cases}7m+5(50-m)\geqslant 300,\\3m+7(50-m)\geqslant 240,\end{cases}$ 解得 $25\leqslant m\leqslant 27\frac{1}{2}$.

$\because m$ 为正整数,

$\therefore m$ 可以为25,26,27,则共有3种运输方案.

方案一:安排25辆A型卡车,25辆B型卡车;

方案二:安排26辆A型卡车,24辆B型卡车;

方案三:安排27辆A型卡车,23辆B型卡车.

专题四 函　数

第一讲 一次函数

【技巧 1】从函数图象中获取信息

从图象中读取信息时,要把握以下三个方面:

(1)横、纵轴的意义,以及横、纵轴分别表示的量;

(2)关于图象上的某个点,可以过该点分别向横、纵轴作垂线来求得该点的坐标;

(3)在实际问题中,要注意图象与横、纵轴的交点代表的具体含义.

例 1　2024 年"五一"假期,小明外出爬山,他从山脚爬到山顶的过程中,中途休息了一段时间. 设他从山脚出发后所用时间为 t(min),所走的路程为 s(m),s 与 t 之间的函数关系如图 4-1-1. 下列说法错误的是(　　).

A. 小明中途休息用了 20 min

B. 小明休息前爬山的平均速度为每分钟 70 m

C. 小明在上述过程中所走的路程为6 600 m

D. 小明休息前爬山的平均速度大于休息后爬山的平均速度

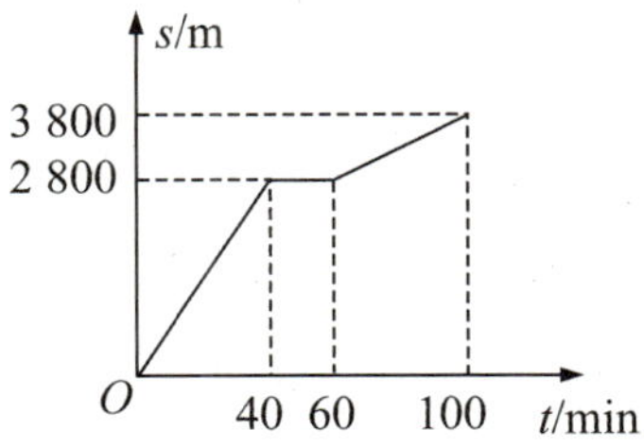

图 4-1-1

【答案】C

【解析】从题图中可看出 A 选项说法正确;小明休息前爬山的平均速度为 $\frac{2\ 800}{40}=70$(m/min),休息后爬山的平均速度为 $\frac{3\ 800-2\ 800}{100-60}=$

25(m/min),所以小明休息前爬山的平均速度大于休息后爬山的平均速度,B,D选项说法正确;从题图中可看出小明所走的总路程为3 800 m,所以C选项说法错误.

例2 如图4-1-2,一个实心铁球静止在长方体水槽的底部,现向水槽匀速注水,下列图象能大致反映水槽中水的深度y与注水时间x关系的是(　　).

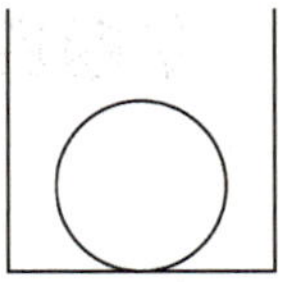

图4-1-2

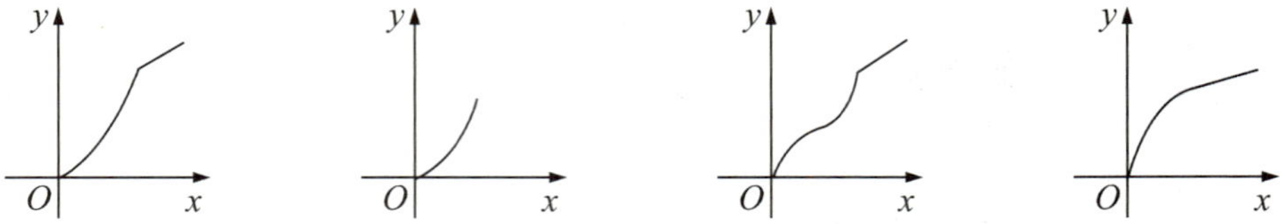

A　　B　　C　　D

【答案】 C

【解析】 当水的深度未超过球顶时,水槽中能装水的部分宽度由下到上由宽逐渐变窄,再变宽,所以在匀速注水过程中,水的深度变化先从上升较慢变为较快,再变为较慢;当水的深度超过球顶时,水槽中能装水的部分宽度不再变化,所以在匀速注水过程中,水的深度的上升速度不会发生变化.综上,水的深度先上升较慢,再变快,然后变慢,最后匀速上升.

例3 一辆快车从甲地驶往乙地,一辆慢车从乙地驶往甲地,两车同时出发,匀速行驶.两车在途中相遇时,快车恰巧出现故障,慢车继续驶往甲地.快车维修好后按原速继续向乙地行驶,两车到达各地终点后停止.两车之间的距离s(km)与慢车行驶的时间t(h)之间的关系如图4-1-3.

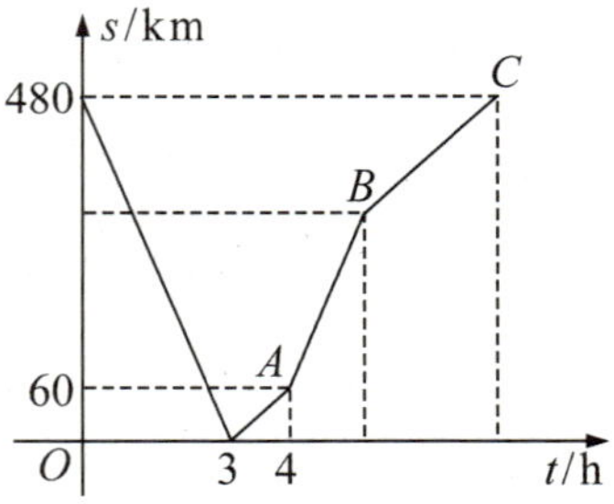

图4-1-3

(1)快车的速度为________ km/h,C点的坐标为________.

(2)慢车出发多少小时后,两车相距200 km?

【答案】 (1)100,(8,480);(2)$\frac{7}{4}$ h或$\frac{39}{8}$ h

【解析】 (1)由图象可知,慢车的速度为$60\div(4-3)=60$(km/h).

$\because$两车3 h后相遇,此时慢车行驶的路程为$60\times3=180$(km),

∴快车的速度为$(480-180)\div3=300\div3=100$(km/h),通过图象和快车、慢车的速度可知快车比慢车先到达终点.

∴慢车到达终点时所用时间为$480\div60=8$(h),

∴C点坐标为$(8,480)$.

(2)设慢车出发t h后两车相距200 km.

①相遇前两车相距200 km,

则$60t+100t+200=480$,解得$t=\frac{7}{4}$;

②相遇后两车相距200 km,

则$60t+100(t-1)-480=200$,解得$t=\frac{39}{8}$.

故慢车出发$\frac{7}{4}$ h或$\frac{39}{8}$ h时两车相距200 km.

【技巧2】根据一次函数图象的位置及增减性判断k,b的值(或范围)

1.判断k的正负的方法

(1)从图象的倾斜方向上看:左低右高,形如“/”,$k>0$;左高右低,形如“\”,$k<0$.

(2)从图象经过的象限看:图象如果经过第一、三象限,那么$k>0$;图象如果经过第二、四象限,那么$k<0$.

(3)从增减性上看:若x增大y也增大,则$k>0$;若x增大y反而减小,则$k<0$.

2.判断b的符号的方法

因为b是直线与y轴交点的纵坐标,所以可以通过直线与y轴的交点判断b的符号.

(1)直线与y轴交于原点,$b=0$;

(2)直线与y轴的交点在x轴上方,$b>0$;

(3)直线与y轴的交点在x轴下方,$b<0$.

【技巧3】由k,b的值(或范围)确定直线的位置及函数增减性

在$y=kx+b(k\neq0)$中,当$k>0$时,y随x的增大而增大,此时若$b>0$,

则直线 $y=kx+b$ 经过第一、二、三象限;若 $b=0$,则直线 $y=kx+b$ 经过原点及第一、三象限;若 $b<0$,则直线 $y=kx+b$ 经过第一、三、四象限.

当 $k<0$ 时,y 随 x 的增大而减小,此时若 $b>0$,则直线 $y=kx+b$ 经过第一、二、四象限;若 $b=0$,则直线 $y=kx+b$ 经过原点及第二、四象限;若 $b<0$,则直线 $y=kx+b$ 经过第二、三、四象限.

例 4 已知直线 $y=(1-3k)x+2k-1$.

(1)当 k 为何值时,直线过原点?

(2)当 k 为何值时,直线与 y 轴的交点坐标为(0,-2)?

(3)当 k 为何值时,y 的值随着 x 值的增大而增大?

【答案】(1)$k=\frac{1}{2}$;(2)$k=-\frac{1}{2}$;(3)$k<\frac{1}{3}$

【解析】(1)∵直线 $y=(1-3k)x+2k-1$ 经过原点,

∴$2k-1=0$,解得 $k=\frac{1}{2}$.

(2)∵直线 $y=(1-3k)x+2k-1$ 与 y 轴的交点坐标为(0,-2),

∴$2k-1=-2$,解得 $k=-\frac{1}{2}$.

(3)∵y 的值随 x 值的增大而增大,

∴$1-3k>0$,解得 $k<\frac{1}{3}$.

例 5 已知正比例函数 $y=(-k^2-2)x$,那么它的图象经过(　　).

A. 第一、三象限　　B. 第一、二象限

C. 第二、四象限　　D. 第三、四象限

【答案】C

【解析】∵$k^2\geqslant 0$,

∴$-k^2\leqslant 0$,

∴$-k^2-2<0$,

∴该函数的图象经过第二、四象限.

例 6 已知正比例函数 $y=kx$(k 为常数,且 $k\neq 0$)的函数值 y 随 x 的增大而减小,那么这个函数图象不可能经过的点是(　　).

A. (1,1)　　B. (−2,1)　　C. (−2,4)　　D. (2,−2)

【答案】A

【解析】根据题意,该正比例函数 $y=kx$ 的函数值 y 随 x 的增大而减小,则该正比例函数的图象经过第二、四象限.

A. 点(1,1)在第一象限,故该选项符合题意;

B. 点(−2,1)在第二象限,该选项不符合题意;

C. 点(−2,4)在第二象限,该选项不符合题意;

D. 点(2,−2)在第四象限,该选项不符合题意.

例 7　若点$(-1,y_1)$,$(2,y_2)$都在函数 $y=-2x$ 的图象上,则 y_1 与 y_2 的大小关系是(　　).

A. $y_1<y_2$　　B. $y_1=y_2$　　C. $y_1>y_2$　　D. 无法确定

【答案】C

【解析】∵$y=-2x$,则 $k=-2<0$,

又∵点$(-1,y_1)$,$(2,y_2)$都在函数 $y=-2x$ 的图象上,且$-1<2$,

∴$y_1>y_2$.

例 8　若 $m<-2$,则一次函数 $y=(m+1)x+1-m$ 的图象可能是(　　).

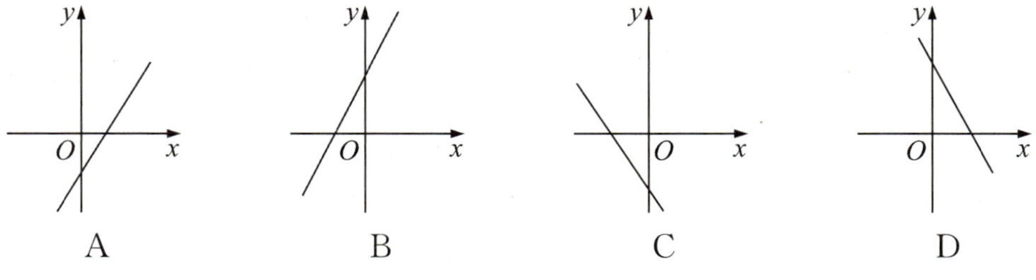

【答案】D

【解析】∵$m<-2$,则 $m+1<0$,$1-m>0$,

∴一次函数 $y=(m+1)x+1-m$ 的图象经过第一、二、四象限.

例 9　已知一次函数 $y=mnx$ 与 $y=mx+n$(m,n 为常数,且 $mn\neq0$),则它们在同一平面直角坐标系内的图象可能为(　　).

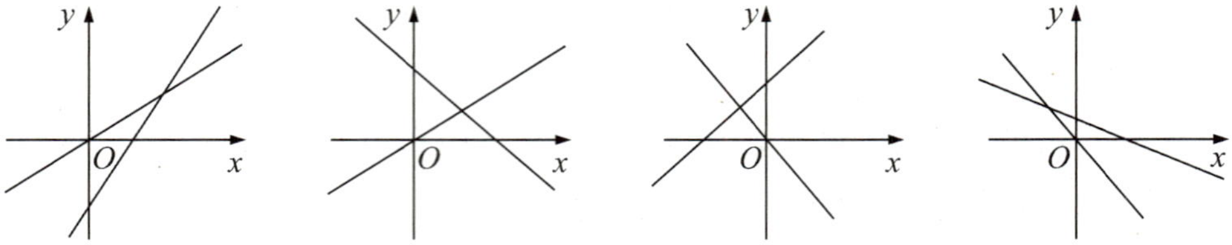

A　　B　　C　　D

【答案】D

【解析】选项 A：一次函数 $y=mnx$ 经过第一、三象限，得 $mn>0$；一次函数 $y=mx+n$ 经过第一、三、四象限，得 $m>0, n<0$. 自相矛盾，故舍去.

选项 B：一次函数 $y=mnx$ 经过第一、三象限，得 $mn>0$；一次函数 $y=mx+n$ 经过第一、二、四象限，得 $n>0, m<0$. 自相矛盾，故舍去.

选项 C：一次函数 $y=mnx$ 经过第二、四象限，得 $mn<0$；一次函数 $y=mx+n$ 经过第一、二、三象限，得 $n>0, m>0$. 自相矛盾，故舍去.

选项 D：一次函数 $y=mnx$ 经过第二、四象限，得 $mn<0$；一次函数 $y=mx+n$ 经过第一、二、四象限，得 $m<0, n>0$. 符合，该选项是正确的.

例 10 已知直线 $y=kx+b$ 经过第二、三、四象限，则直线 $y=bx+k$ 的图象可能是图中的(　　).

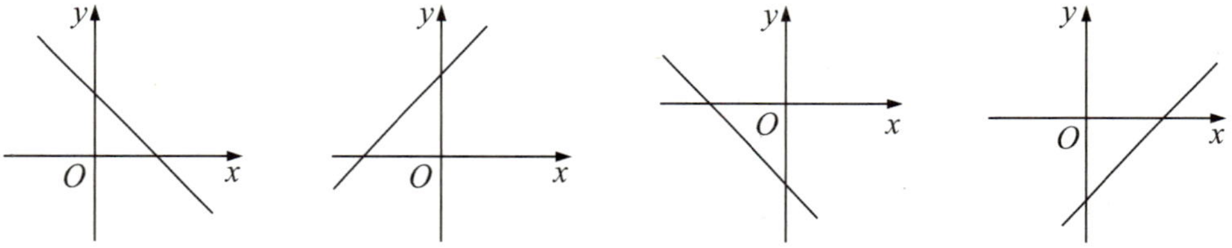

A　　B　　C　　D

【答案】C

【解析】∵直线 $y=kx+b$ 经过第二、三、四象限，

∴$k<0, b<0$，

∴直线 $y=bx+k$ 经过第二、三、四象限，四个选项中只有选项 C 符合题意.

例 11 若一次函数 $y=(1-2k)x-k(k\neq 0)$ 的函数值随 x 的增大而增大，且函数的图象不经过第二象限，则 k 的取值范围是(　　).

A. $k<\frac{1}{2}$　　B. $0<k<\frac{1}{2}$　　C. $k>0$　　D. $k>0$ 或 $k<\frac{1}{2}$

【答案】B

【解析】∵一次函数 $y=(1-2k)x-k$ 的函数值随 x 的增大而增大，且此函数的图象不经过第二象限，

∴$1-2k>0$，且 $-k<0$，解得 $0<k<\frac{1}{2}$.

【技巧 4】一次函数图象平移规律的应用

(1)上、下平移：直线 $y=kx+b(k\neq0)$ 向上平移 $n(n>0)$ 个单位长度，得到直线 $y=kx+b+n$；直线 $y=kx+b(k\neq0)$ 向下平移 $n(n>0)$ 个单位长度，得到直线 $y=kx+b-n$. 简记：上加下减(只改变 b).

(2)左、右平移：直线 $y=kx+b(k\neq0)$ 向左平移 $m(m>0)$ 个单位长度，得到直线 $y=k(x+m)+b$；直线 $y=kx+b(k\neq0)$ 向右平移 $m(m>0)$ 个单位长度，得到直线 $y=k(x-m)+b$. 简记：左加右减(只改变 x).

例 12　在平面直角坐标系中，若要使直线 $y_1=-4x+4$ 平移后得到直线 $y_2=-4x-1$，则应将直线 y_1 (　　).

A. 向上平移 5 个单位长度　　B. 向下平移 5 个单位长度

C. 向左平移 5 个单位长度　　D. 向右平移 5 个单位长度

【答案】B

【解析】设向下平移 b 个单位长度，根据题意，得 $-4x+4-b=-4x-1$，解得 $b=5$.

例 13　在平面直角坐标系中，将直线 $y=kx-4$ 沿 x 轴向右平移 2 个单位长度后恰好经过原点，则 k 的值为(　　).

A. -2　　B. 2　　C. -3　　D. 3

【答案】A

【解析】由题意，得将直线 $y=kx-4$ 沿 x 轴向右平移 2 个单位长度后的直线解析式为 $y=k(x-2)-4$.

∵平移后的直线经过原点，

∴$0=k(0-2)-4$，解得 $k=-2$.

例 14　在平面直角坐标系中，若将一次函数 $y=-2x+b$ 向左平移 3 个

单位长度后恰好经过点$(-1,-2)$，则 b 的值为(　　).

A. 2　　B. 3　　C. -2　　D. -3

【答案】A

【解析】一次函数 $y=-2x+b$ 向左平移 3 个单位长度后得到 $y=-2(x+3)+b$，把点$(-1,-2)$代入 $y=-2(x+3)+b$，得 $-2=-2(-1+3)+b$，解得 $b=2$.

第二讲 二次函数

【技巧 1】二次函数最值的基本求法

(1)在实数范围内求二次函数的最大(小)值就是求其图象顶点的纵坐标，故可用配方法或顶点坐标公式来求解.

(2)若自变量的取值范围是 $x_1\leqslant x\leqslant x_2$，则需分情况讨论：①若顶点的横坐标在所给的范围内，则要从顶点、两个界点的纵坐标中确定二次函数的最大值和最小值；②若顶点的横坐标不在所给的范围内，则要从两个界点的纵坐标中确定二次函数的最大值和最小值.

例 1　分别在下列范围内求函数 $y=x^2-2x-3$ 的最大值和最小值：

(1)$0<x<2$；(2)$2\leqslant x\leqslant 3$.

【答案】(1)当 $x=1$ 时，$y_{最小值}=-4$，y 没有最大值. (2)当 $x=3$ 时，$y_{最大值}=0$；当 $x=2$ 时，$y_{最小值}=-3$

【解析】$y=x^2-2x-3=(x-1)^2-4$.

(1)$\because x=1$ 在 $0<x<2$ 的范围内，且 $a=1>0$，

$\therefore$ 当 $x=1$ 时，y 有最小值，$y_{最小值}=-4$；在 $0<x<2$ 的范围内，y 没有最大值.

(2)函数 $y=x^2-2x-3(2\leqslant x\leqslant 3)$ 的图象是抛物线 $y=x^2-2x-3$ 的一部分，如图 4-2-1.

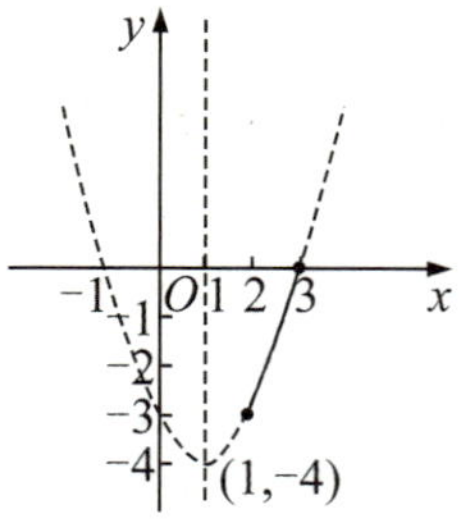

图 4-2-1

$\because$ 当 $x>1$ 时，y 随 x 的增大而增大，

$\therefore$ 当 $x=3$ 时，y 取最大值，$y_{最大值}=3^2-2\times3-3=0$；

当 $x=2$ 时，y 取最小值，$y_{最小值}=2^2-2\times2-3=-3$.

例 2 在平面直角坐标系中,若二次函数 $y=x^2+mx+m^2-m$(m 为常数)的图象经过点(0,12),其对称轴在 y 轴右侧,则该二次函数有(　　).

A. 最大值$\frac{39}{4}$　　B. 最小值$\frac{39}{4}$

C. 最大值 8　　D. 最小值 8

【答案】B

【解析】∵二次函数 $y=x^2+mx+m^2-m$(m 为常数)的图象经过点(0,12),

∴$m^2-m=12$,解得 $m=-3$ 或 $m=4$.

∵图象的对称轴在 y 轴右侧,且 $a=1>0$,

∴$m<0$,

∴$m=-3$,则二次函数 $y=x^2-3x+12=\left(x-\frac{3}{2}\right)^2+\frac{39}{4}$,

∴该函数的最小值为$\frac{39}{4}$.

例 3 已知二次函数 $y=ax^2+bx+c$ 的图象开口向上,且经过点 $A\left(0,\frac{3}{2}\right)$,$B\left(2,-\frac{1}{2}\right)$.若二次函数 $y=ax^2+bx+c$ 在 $1\leqslant x\leqslant 3$ 时,y 的最大值为 1,则 a 的值为(　　).

A. $\frac{1}{2}$　　B. $-\frac{1}{2}$　　C. $\frac{2}{3}$　　D. $\frac{5}{6}$

【答案】D

【解析】∵二次函数 $y=ax^2+bx+c$ 的图象开口向上,且经过点 $A\left(0,\frac{3}{2}\right)$,$B\left(2,-\frac{1}{2}\right)$,

∴$\begin{cases}a>0,\\ c=\frac{3}{2},\\ 4a+2b+c=-\frac{1}{2},\end{cases}$ 得 $b=-2a-1(a>0)$.

∴二次函数 $y=ax^2-(2a+1)x+\frac{3}{2}$,$a>0$.

∵在 $1\leqslant x\leqslant 3$ 时，y 的最大值为 1，

∴$y=1$ 时，$x=1$ 或 $x=3$.

∴$1=a-(2a+1)+\frac{3}{2}$ 或 $1=9a-3(2a+1)+\frac{3}{2}$，

解得 $a=-\frac{1}{2}$（舍去）或 $a=\frac{5}{6}$.

例 4 已知二次函数 $y=mx^2-2mx+3$（m 为常数，且 $m\neq 0$），当 $-1\leqslant x\leqslant 2$时，函数有最小值 2，则 m 的值是（　　）.

A. 1　　B. $\frac{1}{3}$　　C. 1 或$\frac{1}{3}$　　D. 1 或$-\frac{1}{3}$

【答案】D

【解析】∵二次函数 $y=mx^2-2mx+3$（m 为常数，且 $m\neq 0$），

∴抛物线的对称轴为直线 $x=-\frac{-2m}{2m}=1$.

当 $m>0$ 时，抛物线开口向上，对称轴 $x=1$ 在 $-1\leqslant x\leqslant 2$ 的范围内，

∴$y=mx^2-2mx+3$ 的最小值在对称轴处取得，即 $x=1$.

∴$2=m-2m+3$，解得 $m=1$.

当 $m<0$ 时，抛物线开口向下，对称轴 $x=1$ 在 $-1\leqslant x\leqslant 2$ 的范围内，则离对称轴越远的点的纵坐标越小，

∴$y=mx^2-2mx+3$ 的最小值在 $x=-1$ 处取得.

∴$2=m+2m+3$，解得 $m=-\frac{1}{3}$.

∴m 的值是 1 或$-\frac{1}{3}$.

【技巧 2】二次函数的图象与系数的关系

对于二次函数 $y=ax^2+bx+c$（$a\neq 0$），a 的符号由抛物线开口方向决定；b 的符号由对称轴的位置及 a 的符号决定；c 的符号由抛物线与 y 轴交点的位置决定；抛物线与 x 轴的交点个数决定了 b^2-4ac 的符号.

例 5 已知二次函数 $y=ax^2+bx+c$（$a\neq 0$）的图象如图 4-2-2，给出下列结论：

①$b^2-4ac>0$；②$abc<0$；③$4a+b=0$；④$4a-2b+c>0$.

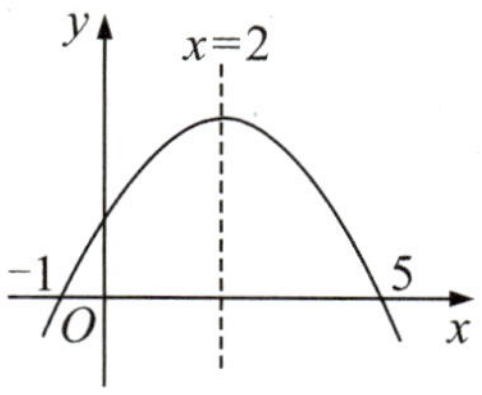

图 4-2-2

其中正确结论的个数是(　　).

A. 1　　B. 2

C. 3　　D. 4

【答案】C

【解析】①由题图知，抛物线与 x 轴有两个交点，则方程 $ax^2+bx+c=0(a\neq 0)$ 有两个不相等的实数根，所以 $b^2-4ac>0$，故①正确.

②由题图知，抛物线的开口向下，则 $a<0$；因为抛物线的对称轴在 y 轴右侧，所以 $b>0$；因为抛物线与 y 轴的交点在 y 轴的正半轴上，所以 $c>0$.所以 $abc<0$，故②正确.

③由题图知，抛物线的对称轴为直线 $x=2$，所以 $-\frac{b}{2a}=2$，则 $4a+b=0$，故③正确.

④由题图知，当 $x=-2$ 时，$y<0$，所以 $4a-2b+c<0$，故④错误.

综上，正确的结论有 3 个.

例 6　如图 4-2-3，二次函数 $y=ax^2+bx+c\,(a\neq 0)$ 的图象经过点 $(-1,2)$，则下列结论正确的有(　　).

①$4a-2b+c<0$；②$2a-b<0$；③$a+c<1$；④$b^2+8a>4ac$.

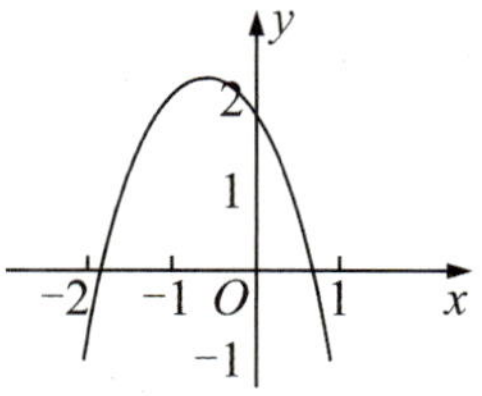

图 4-2-3

A. 1 个　　B. 2 个

C. 3 个　　D. 4 个

【答案】D

【解析】①由函数的图象可得，当 $x=-2$ 时，$y<0$，即 $y=4a-2b+c<0$，故①正确.

②由函数的图象可知：抛物线的开口向下，则 $a<0$；抛物线的对称轴在 $x=-1$的右侧，即 $x=-\frac{b}{2a}>-1$，则 $2a-b<0$，故②正确.

③已知抛物线经过点$(-1,2)$，即 $a-b+c=2$，由图象知，当 $x=1$ 时，$y<0$，即 $a+b+c<0$，所以 $a+c<1$，故③正确.

④因为抛物线的对称轴在 $x=-1$ 的右侧，所以抛物线的顶点纵坐标大于 2，即 $\frac{4ac-b^2}{4a}>2$. 又因为 $a<0$，所以 $4ac-b^2<8a$，即 $b^2+8a>4ac$，故④正确.

例 7 在平面直角坐标系中，二次函数 $y=ax^2+bx+c\ (a\neq 0)$ 的图象如图 4-2-4. 现给出以下结论：①$abc<0$；②$c+2a<0$；③$9a-3b+c=0$；④$a-b\geqslant m(am+b)$（m 为实数）；⑤$4ac-b^2<0$. 其中错误的结论有（　　）.

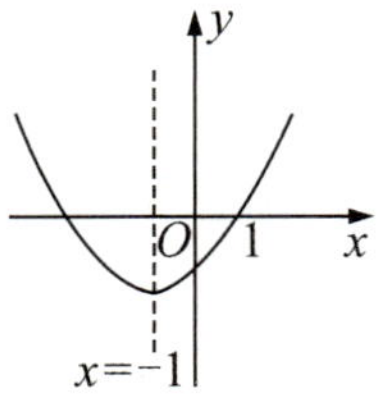

图 4-2-4

A. 1 个　　B. 2 个　　C. 3 个　　D. 4 个

【答案】A

【解析】①由二次函数的图象可知，$a>0$，$c<0$，对称轴 $x=-\frac{b}{2a}<0$，所以 $b>0$，所以 $abc<0$，故①正确.

②由对称轴可知，$-\frac{b}{2a}=-1$，则 $b=2a$. 因为 $x=1$ 时，$y=a+b+c=0$，所以 $c+3a=0$，则 $c+2a=-3a+2a=-a<0$，故②正确.

③因为点 $(1,0)$ 关于 $x=-1$ 的对称点为 $(-3,0)$，所以当 $x=-3$ 时，$y=9a-3b+c=0$，故③正确.

④因为当 $x=-1$ 时，y 的最小值为 $a-b+c$，所以当 $x=m$ 时，$y=am^2+bm+c\geqslant a-b+c$，即 $a-b\leqslant m(am+b)$，故④错误.

⑤因为抛物线与 x 轴有两个交点，所以 $\Delta>0$，即 $b^2-4ac>0$，则 $4ac-b^2<0$，故⑤正确.

【技巧 3】二次函数与一元二次方程、不等式的综合应用

二次函数 $y=ax^2+bx+c\,(a\neq 0)$ 中，当 $y=0$ 时，可得到一元二次方程 $ax^2+bx+c=0\,(a\neq 0)$. 一元二次方程的解就是二次函数的图象与 x 轴交点的横坐标.

抛物线 $y=ax^2+bx+c\,(a\neq 0)$ 与直线 $y=h$ 的交点的横坐标即为一元二次方程 $ax^2+bx+c=h\,(a\neq 0)$ 的实数根.

不等式 $ax^2+bx+c>0$ 的解集就是函数 $y=ax^2+bx+c$ 的图象在 x 轴

上方的部分所对应的 x 的取值范围；不等式 $ax^2+bx+c<0$ 的解集就是函数 $y=ax^2+bx+c$ 的图象在 x 轴下方的部分所对应的 x 的取值范围.

例 8 已知二次函数 $y=ax^2+bx+c(a\neq0)$ 的图象如图 4-2-5，根据图象解答下列问题：

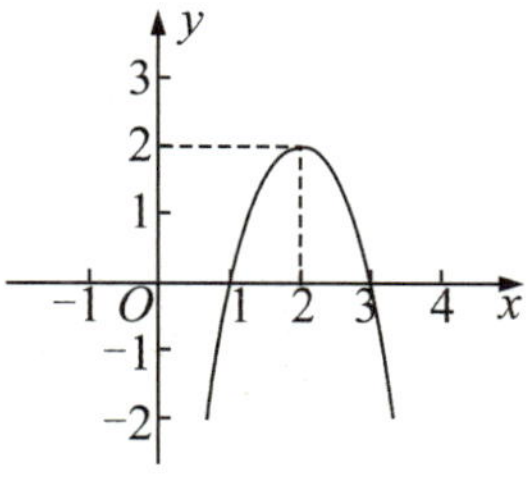

图 4-2-5

(1)写出方程 $ax^2+bx+c=0$ 的两个根；

(2)写出不等式 $ax^2+bx+c>0$ 的解集；

(3)写出 y 随 x 的增大而减小时自变量 x 的取值范围；

(4)若方程 $ax^2+bx+c=k$ 有两个不相等的实数根，求 k 的取值范围.

【答案】(1)$x_1=1$，$x_2=3$；(2)$1<x<3$；(3)$x>2$；(4)$k<2$

【解析】(1)方程 $ax^2+bx+c=0$ 的两个根是 $x_1=1$，$x_2=3$.

(2)不等式 $ax^2+bx+c>0$ 的解集是 $1<x<3$.

(3)当 $x>2$ 时，y 随 x 的增大而减小.

(4)作直线 $y=k$，当 $k=2$ 时，直线 $y=k$ 过抛物线 $y=ax^2+bx+c$ 的顶点，这时方程 $ax^2+bx+c=k$ 有两个相等的实数根；当 $k<2$ 时，直线 $y=k$ 与抛物线 $y=ax^2+bx+c$ 有两个交点，这时方程 $ax^2+bx+c=k$ 有两个不相等的实数根. 故 $k<2$.

【技巧 4】二次函数最值问题(压轴题)

题型 1 利用二次函数解决单线段的最值问题

平行于坐标轴的线段的最值问题，常通过线段两端点的坐标差表示线段长的函数关系式，运用二次函数的性质求解. 求最值时应注意：①当线段平行于 y 轴时，用上端点的纵坐标减去下端点的纵坐标；②当线段平行于 x 轴时，用右端点的横坐标减去左端点的横坐标. 在确定最值时，函数自变量的取值范围应确定正确.

例 9 如图 4-2-6，在平面直角坐标系中，抛物线 $y=ax^2+2x+c$ 与 x 轴分别交于点 $A(1,0)$ 和点 B，与 y 轴交于点 $C(0,-3)$，连接 BC.

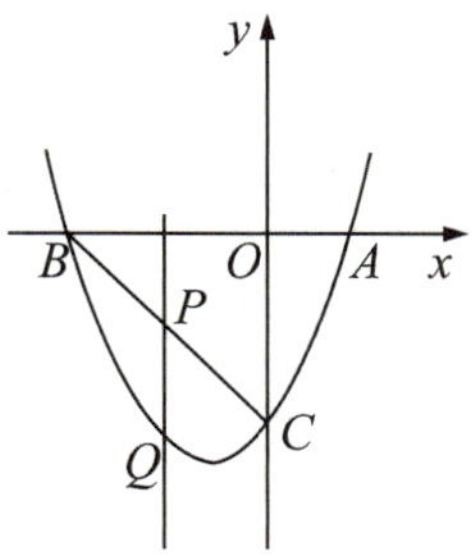

图 4-2-6

(1)求抛物线的解析式及点 B 的坐标.

(2)如图，点 P 为线段 BC 上的一个动点(点 P 不

与点 B,C 重合),过点 P 作 y 轴的平行线交抛物线于点 Q,求线段 PQ 长度的最大值.

(3)动点 P 以每秒$\sqrt{2}$个单位长度的速度在线段 BC 上由点 C 向点 B 运动,同时动点 M 以每秒 1 个单位长度的速度在线段 BO 上由点 B 向点 O 运动,在平面内是否存在点 N,使得以点 P,M,B,N 为顶点的四边形是菱形?若存在,请直接写出符合条件的点 N 的坐标;若不存在,请说明理由.

【答案】(1)$y=x^2+2x-3$,$(-3,0)$;(2)$\frac{9}{4}$;(3)$\left(-3,-\frac{3}{2}\right)$或$(-2,1)$或$(0,3-3\sqrt{2})$

【解析】(1)把点 $A(1,0)$,$C(0,-3)$分别代入 $y=ax^2+2x+c$,

得$\begin{cases}c=-3,\\a+2\times1+c=0,\end{cases}$解得$\begin{cases}c=-3,\\a=1.\end{cases}$

∴抛物线的解析式为 $y=x^2+2x-3$.

令 $y=0$,则 $x^2+2x-3=0$,解得 $x_1=1$,$x_2=-3$.

∴点 B 的坐标为$(-3,0)$.

(2)设直线 BC 的解析式为 $y=kx+b(k\neq0)$,

把点 $B(-3,0)$,$C(0,-3)$分别代入,得$\begin{cases}b=-3,\\-3k+b=0,\end{cases}$解得$\begin{cases}k=-1,\\b=-3.\end{cases}$

∴直线 BC 的解析式为 $y=-x-3$.

设点 $P(m,-m+3)$,则 $Q(m,m^2+2m-3)$,

∴$PQ=(-m-3)-(m^2+2m-3)=-m^2-3m=-\left(m+\frac{3}{2}\right)^2+\frac{9}{4}$.

∴当 $m=-\frac{3}{2}$时,PQ 最大,最大值为$\frac{9}{4}$.

(3)存在,理由如下:

设运动时间为 t,根据题意,得 $PC=\sqrt{2}t$,$BM=t$,则 $PB=3\sqrt{2}-\sqrt{2}t$.

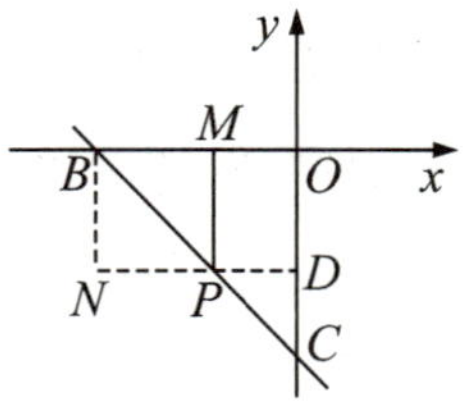

图 4-2-7

如图 4-2-7,当 $BM=PM$ 时,作 $PD\perp y$ 轴于点 D,连接 PN.

$\because B(-3,0),C(0,-3)$,

$\therefore OB=OC=3$.

$\therefore \angle OCB=\angle OBC=45°$.

延长 NP 交 y 轴于点 D.

$\because$ 以点 P,M,B,N 为顶点的四边形是菱形,

$\therefore PN /\!/ x$ 轴, $BN /\!/ PM$, 即 $DN \perp y$ 轴.

$\therefore \triangle CDP$ 为等腰直角三角形,

$\therefore CD=PD=PC \cdot \sin \angle PCD=\sqrt{2}t \times \frac{\sqrt{2}}{2}=t$.

$\because BM=PM$,

$\therefore \angle MPB=\angle OBC=45°$.

$\therefore \angle PMO=\angle PDO=\angle MOD=90°$.

$\therefore$ 四边形 $OMPD$ 是矩形.

$\therefore OM=PD=t, MP \perp x$ 轴.

$\therefore BN \perp x$ 轴.

$\because BM+OM=OB$,

$\therefore t+t=3$, 解得 $t=\frac{3}{2}$.

$\therefore P\left(-\frac{3}{2},-\frac{3}{2}\right), N\left(-3,-\frac{3}{2}\right)$.

如图 4-2-8, 当 $PM=PB$ 时, 作 $PD \perp y$ 轴于点 D, 连接 PN, 交 x 轴于点 E.

$\because$ 以点 P,M,B,N 为顶点的四边形是菱形,

$\therefore PN \perp BM, NE=PE$.

$\therefore BM=2BE$.

$\therefore \angle OEP=\angle DOE=\angle ODP=90°$.

$\therefore$ 四边形 $PDOE$ 是矩形.

$\therefore OE=PD=t$.

$\therefore BE=3-t$.

$\therefore t=2(3-t)$, 解得 $t=2$.

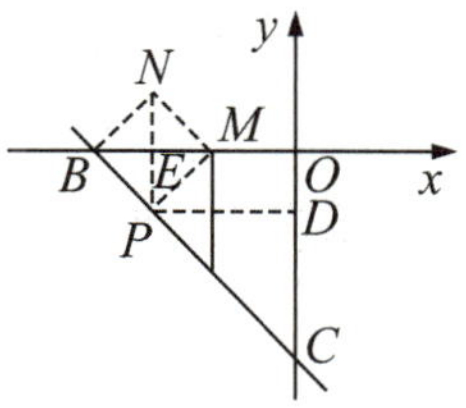

图 4-2-8

$\therefore P(-2,-1)$，$N(-2,1)$.

如图 4-2-9，当 $PB=MB$ 时，$3\sqrt{2}-\sqrt{2}t=t$，解得 $t=6-3\sqrt{2}$.

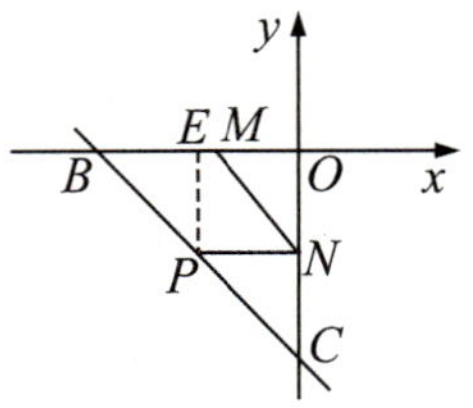

图 4-2-9

$\because$ 以点 P，M，B，N 为顶点的四边形是菱形，

$\therefore PN=BP=BM=6-3\sqrt{2}$.

过点 P 作 $PE\perp x$ 轴于点 E，

$\therefore PE\perp BM$.

$\therefore \angle EON=\angle OEP=\angle EPN=90°$.

$\therefore$ 四边形 $OEPN$ 为矩形.

$\therefore PN=OE$，$PN\perp y$ 轴.

$\because \angle OBC=45°$，

$\therefore BE=PE=PB\cdot\sin\angle OBC=(6-3\sqrt{2})\times\dfrac{\sqrt{2}}{2}=3\sqrt{2}-3$.

$\therefore OE=OB-BE=3-(3\sqrt{2}-3)=6-3\sqrt{2}$.

$\therefore$ 点 N 在 y 轴上，

$\therefore N(0,3-3\sqrt{2})$.

综上所述，点 N 的坐标为 $\left(-3,-\dfrac{3}{2}\right)$ 或 $(-2,1)$ 或 $(0,3-3\sqrt{2})$.

题型 2　利用二次函数解决两条线段之和的最值问题

解决两条线段和的最值问题的最基本定理就是“两点之间，线段最短”；方法是：作其中一个定点关于已知直线的对称点，连接对称点与另一个定点，它们与已知直线的交点即为所求的点. 其变形问题有三角形周长最小问题或四边形周长最小问题等.

【常见模型一：两点在直线的异侧】 如图 4-2-10，在直线 l 上找一点 M，使 $MA+MB$ 的值最小.

方法：如图 4-2-11，连接 AB，与直线 l 交于点 M，则点 M 即为所求，最短距离为线段 AB 的长.

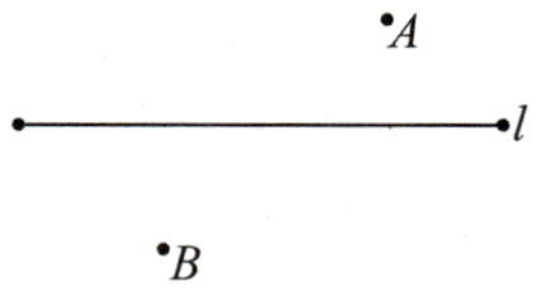

图 4-2-10

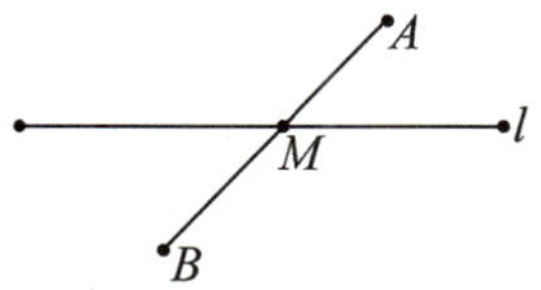

图 4-2-11

【常见模型二:两点在直线的同侧】 如图 4-2-12,在直线 l 上找一点 M,使 $MA+MB$ 的值最小.

方法:如图 4-2-13,作点 B 关于直线 l 的对称点 B',连接 AB',与直线 l 的交点即为所求的点 M,最短距离为线段 AB'的长.

图 4-2-12

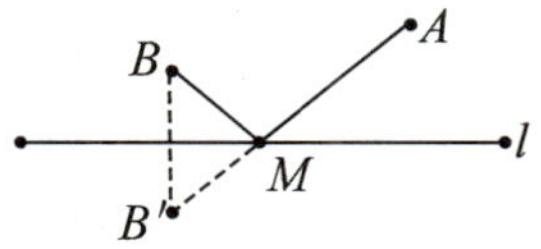

图 4-2-13

例 10 如图 4-2-14,抛物线 $y=-x^2+bx+c$ 经过$A(-1,0)$,$C(0,3)$两点,并交 x 轴于另一点 B,点 M 是抛物线的顶点,直线 AM 与 y 轴交于点 D.

(1)求该抛物线的表达式.

(2)若点 H 是 x 轴上的一个动点,分别连接 MH,DH,求 $MH+DH$ 的最小值.

(3)若点 P 是抛物线上的一个动点,在对称轴上是否存在点 Q,使得以 D,M,P,Q 为顶点的四边形是平行四边形?若存在,请直接写出所有满足条件的点 Q 的坐标;若不存在,请说明理由.

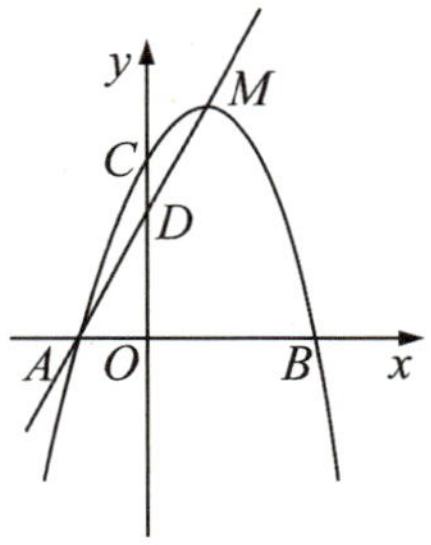

图 4-2-14

【答案】(1)$y=-x^2+2x+3$;(2)$\sqrt{37}$;(3)存在,$Q(1,3)$或 $Q(1,1)$或$Q(1,5)$

【解析】(1)∵抛物线 $y=-x^2+bx+c$ 经过 $A(-1,0)$,$C(0,3)$两点,

$\therefore\begin{cases}-1-b+c=0,\\c=3,\end{cases}$ 解得$\begin{cases}b=2,\\c=3.\end{cases}$

$\therefore y=-x^2+2x+3$.

(2)$\because y=-x^2+2x+3=-(x-1)^2+4$,

$\therefore M(1,4)$.

设直线 $AM:y=kx+m(k\neq 0)$，则$\begin{cases}-k+m=0,\\k+m=4,\end{cases}$解得$\begin{cases}k=2,\\m=2.\end{cases}$

∴直线 AM 的方程为 $y=2x+2$.

当 $x=0$ 时，$y=2$，所以 $D(0,2)$.

作点 D 关于 x 轴的对称点 D'，连接 $D'M$，$D'H$，如图 4-2-15，则 $D'(0,-2)$，$MH+DH=MH+DH\geqslant DM$，

∴当 M，H，D' 三点共线时，$MH+DH$ 有最小值，为 $D'M$ 的长.

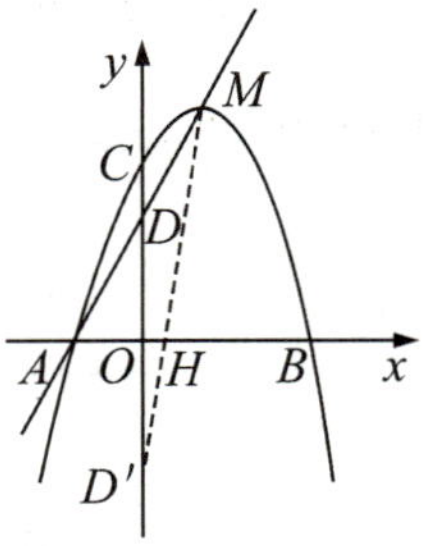

图 4-2-15

∵$D'(0,-2)$，$M(1,4)$，

∴$D'M=\sqrt{1^2+(4+2)^2}=\sqrt{37}$，

即 $MH+DH$ 的最小值为$\sqrt{37}$.

(3)存在，理由如下：

∵$y=-x^2+2x+3=-(x-1)^2+4$，

∴抛物线的对称轴为直线 $x=1$.

设 $P(p,t)$，$Q(1,n)$.

以 D，M，P，Q 为顶点的四边形是平行四边形有以下三种情况：

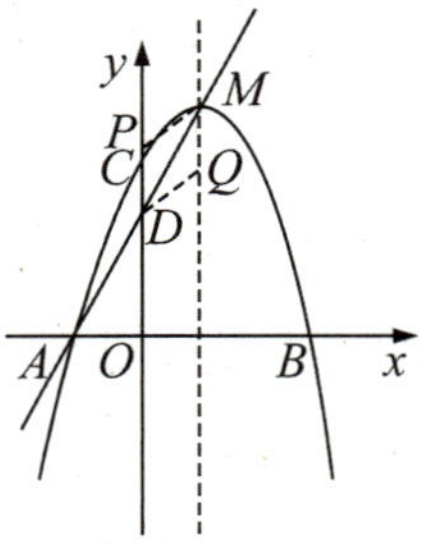

图 4-2-16

①如图 4-2-16，当 DM 为对角线时，$\begin{cases}1+p=0+1,\\t+n=4+2,\end{cases}$

∴$\begin{cases}p=0,\\t+n=6.\end{cases}$

∵当 $p=0$ 时，$t=3$，

∴$n=3$，则 $Q(1,3)$.

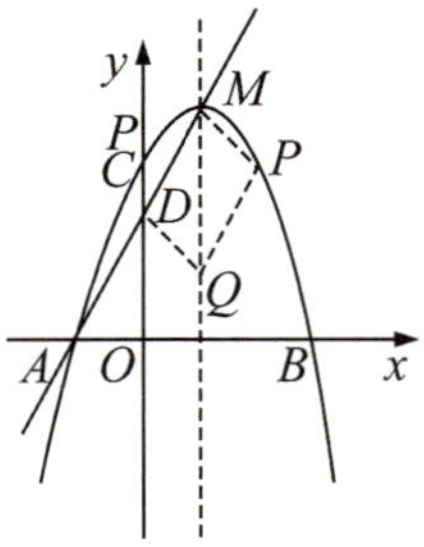

图 4-2-17

②如图 4-2-17，当 DP 为对角线时，$\begin{cases}0+p=1+1,\\2+t=4+n,\end{cases}$

∴$\begin{cases}p=2,\\2+t=4+n.\end{cases}$

∵当 $p=2$ 时，$t=-2^2+2\times 2+3=3$，

∴$n=1$，则 $Q(1,1)$.

③如图 4-2-18，当 MP 为对角线时，$\begin{cases}1+p=0+1,\\4+t=2+n,\end{cases}$

$\therefore\begin{cases}p=0,\\n-t=2.\end{cases}$

$\because$ 当 $p=0$ 时，$t=3$，

$\therefore n=3$，则 $Q(1,5)$.

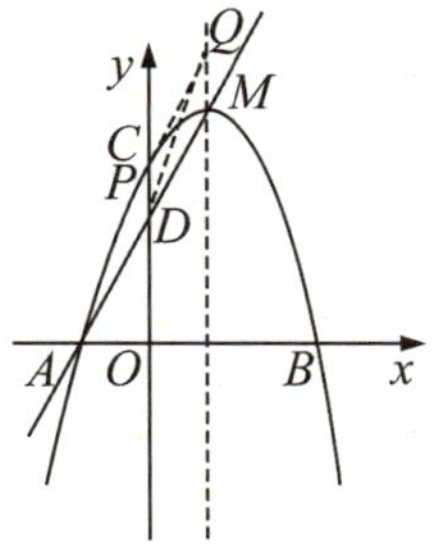

图 4-2-18

综上，当以 D,M,P,Q 为顶点的四边形是平行四边形时，$Q(1,3)$ 或 $Q(1,1)$ 或 $Q(1,5)$.

题型 3　利用二次函数解决两条线段之差的最值问题

解决两条线段差的最值问题的最基本定理是“三角形的任何两边之差小于第三边”；方法是：求解时，先根据基本定理确定线段差取最值时的图形，再根据已知条件求解.

【常见模型：两点在直线的异侧】　如图 4-2-19，在直线 l 上求一点 P，使 $|PA-PB|$ 的值最大.

方法：如图 4-2-20，作点 B 关于直线 l 的对称点 B'，延长射线 AB'，与直线 l 的交点 P 即为所求，$|PA-PB|$ 的最大值为 AB'.

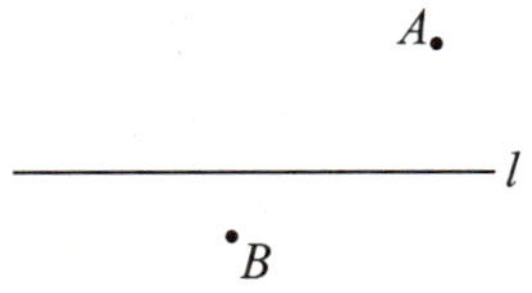

图 4-2-19

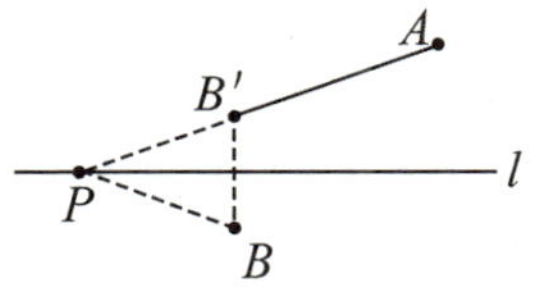

图 4-2-20

例 11　已知二次函数 $y=ax^2+bx+c$ 中，x，y 的部分对应值如下表，点 $P(t,0)(t\neq0)$ 是 x 轴上的一个动点.

x	…	-1	0	1	3	…
y	…	0	3	m	0	…

(1)表格中 $m=$________，在如图 4-2-21 所示的平面直角坐标系中画出该二次函数的图象；

(2)若二次函数 $y=ax^2+bx+c$ 的图象与 y 轴交于点 A，顶点为 B，求 $|PA-PB|$ 的最大值及此时点 P 的坐标；

(3)设 $Q(0,2t)$ 是 y 轴上的动点，若线段 PQ 与函数 $y=ax^2+bx+c\ (x\geqslant 0)$ 的图象只有一个公共点，求 t 的取值范围.

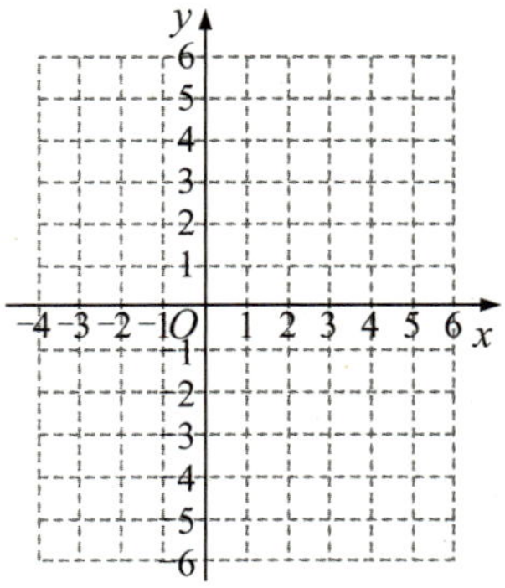

图 4-2-21

【答案】(1)4，图象见解析；(2) $|PA-PB|$ 的最大值为 $\sqrt{2}$，点 P 的坐标为 $(-3,0)$；(3) t 的取值范围是 $\frac{3}{2}\leqslant t<3$ 或 $t=\frac{7}{2}$

【解析】(1)∵二次函数 $y=ax^2+bx+c$ 的图象经过点 $(-1,0)$，$(3,0)$，

∴可设二次函数的解析式为 $y=a(x+1)(x-3)$.

又∵二次函数的图象经过点 $(0,3)$，

将点 $(0,3)$ 代入 $y=a(x+1)(x-3)$，得 $-3a=3$，则 $a=-1$，

∴ $y=-(x+1)(x-3)=-x^2+2x+3=-(x-1)^2+4$.

当 $x=1$ 时，$y=4$，即 $m=4$，图象如图 4-2-22.

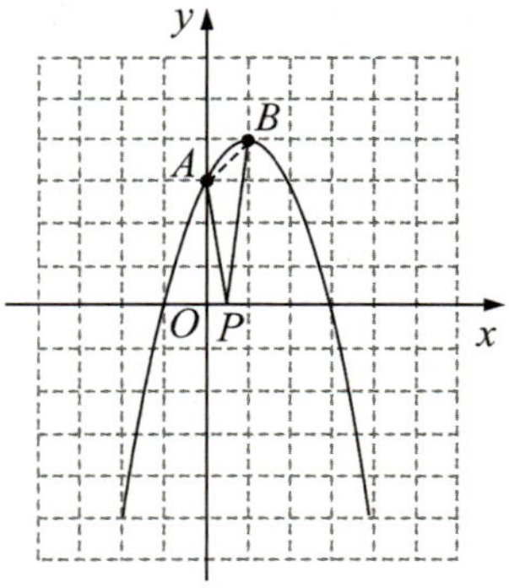

图 4-2-22

(2)对于 $y=-x^2+2x+3$，当 $x=0$ 时，$y=3$，

∴ $A(0,3)$.

∵ $y=-x^2+2x+3=-(x-1)^2+4$，

∴抛物线的顶点坐标为 $B(1,4)$.

∴ $AB=\sqrt{1^2+(4-3)^2}=\sqrt{2}$.

∵ $|PA-PB|\leqslant AB$，

∴当点 P 在直线 AB 上时，$|PA-PB|=AB$，

此时，$|PA-PB|$ 的值最大，最大值为 $\sqrt{2}$.

设直线 AB 的解析式为 $y=kx+3$，则 $k+3=4$，解得 $k=1$，

∴直线 AB 的解析式为 $y=x+3$.

∵点 $P(t,0)$ 在直线 $y=x+3$ 上，

∴ $t+3=0$，解得 $t=-3$，

∴ $P(-3,0)$.

∴ $|PA-PB|$ 的最大值为 $\sqrt{2}$，对应的点 P 的坐标为 $(-3,0)$.

(3)由题意可知，二次函数 $y=ax^2+bx+c=-x^2+2x+3$，

∴二次函数 $y=-x^2+2x+3(x\geqslant0)$ 的图象如图 4-2-23.

设线段 PQ 所在直线的解析式为 $y=kx+n$，

将点 $P(t,0)$，$Q(0,2t)$ 分别代入，得 $\begin{cases}tk+n=0,\\n=2t,\end{cases}$ 解得 $\begin{cases}k=-2,\\n=2t.\end{cases}$

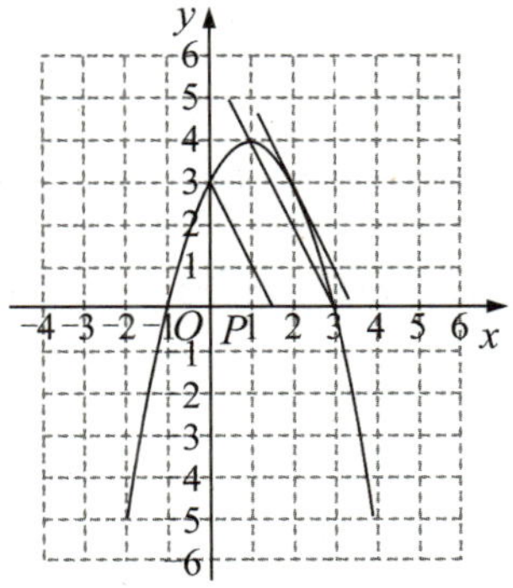

图 4-2-23

∴线段 PQ 所在直线的解析式为 $y=-2x+2t$.

当线段 PQ 过点 $(0,3)$，即点 Q 与点 A 重合时，线段 PQ 与函数 $y=-x^2+2x+3(x\geqslant0)$ 的图象有一个公共点，此时 $t=\dfrac{3}{2}$；

当线段 PQ 过点 $(3,0)$，即点 P 与点 $A(3,0)$ 重合时，$t=3$，此时线段 PQ 与函数 $y=-x^2+2x+3(x\geqslant0)$ 的图象有两个公共点，分别为点 $(3,0)$，$(1,4)$，不符合题意.

∴当 $\dfrac{3}{2}\leqslant t<3$ 时，线段 PQ 与函数 $y=-x^2+2x+3(x\geqslant0)$ 的图象只有一个公共点.

将 $y=-2x+2t$ 代入 $y=-x^2+2x+3(x\geqslant0)$，得 $-x^2+2x+3=-2x+2t$，

∴ $-x^2+4x+3-2t=0$.

令 $\Delta=16-4\times(-1)\times(3-2t)=0$，解得 $t=-\dfrac{7}{2}$.

∴当 $t=-\dfrac{7}{2}$ 时，线段 PQ 与函数 $y=-x^2+2x+3(x\geqslant0)$ 的图象只有一个公共点.

综上所述，t 的取值范围是 $\dfrac{3}{2}\leqslant t\leqslant3$ 或 $t=-\dfrac{7}{2}$.

题型 4　利用二次函数解决三条线段之和的最值问题

例 12　如图 4-2-24，在平面直角坐标系中，四边形 $ABCD$ 为正方形，点 A，B 在 x 轴上，抛物线 $y=x^2+bx+c$ 经过 $B(1,0)$，$D(-4,5)$ 两点，且与直线 DC 交于另一点 E.

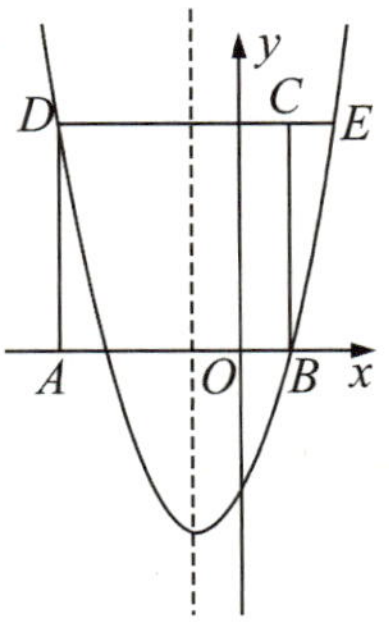

图 4-2-24

(1)求抛物线的解析式.

(2)F 为抛物线对称轴上的一点，Q 为平面直角坐标系中的一点，是否存在以点 Q,F,E,B 为顶点的四边形是以 BE 为边的菱形？若存在，请求出点 F 的坐标；若不存在，请说明理由.

(3)P 为 y 轴上的一点，过点 P 作抛物线对称轴的垂线，垂足为 M，连接 ME,BP. 探究 $EM+MP+PB$ 是否存在最小值. 若存在，请求出这个最小值及点 M 的坐标；若不存在，请说明理由.

【答案】(1)$y=x^2+2x-3$；(2)存在以点 Q,F,E,B 为顶点的四边形是以 BE 为边的菱形，点 F 的坐标为 $(-1,\sqrt{22})$ 或 $(-1,-\sqrt{22})$ 或 $(-1,5-\sqrt{17})$ 或 $(-1,5+\sqrt{17})$；(3)$EM+MP+PB$ 存在最小值，最小值为 $\sqrt{41}+1$，此时点 M 的坐标为 $\left(-1,\dfrac{5}{4}\right)$

【解析】(1)∵四边形 $ABCD$ 为正方形，$D(-4,5)$，

∴$AD=AB=5$，$A(-4,0)$.

∴$AO=4$，$OB=1$，

∴$B(1,0)$.

把点 B,D 的坐标分别代入 $y=x^2+bx+c$，得 $\begin{cases}16-4b+c=5,\\1+b+c=0,\end{cases}$ 解得 $\begin{cases}b=2,\\c=-3.\end{cases}$

∴抛物线的解析式为 $y=x^2+2x-3$.

(2)由(1)知，抛物线的对称轴为直线 $x=-1$.

∵点 D 与点 E 关于抛物线的对称轴对称，

∴$E(2,5)$.

∴$BE^2=(1-2)^2+(0-5)^2=26$.

设点 $F(-1,a)$，当以点 Q,F,E,B 为顶点的四边形是以 BE 为边的菱形时，根据菱形的性质可分以下两种情况：

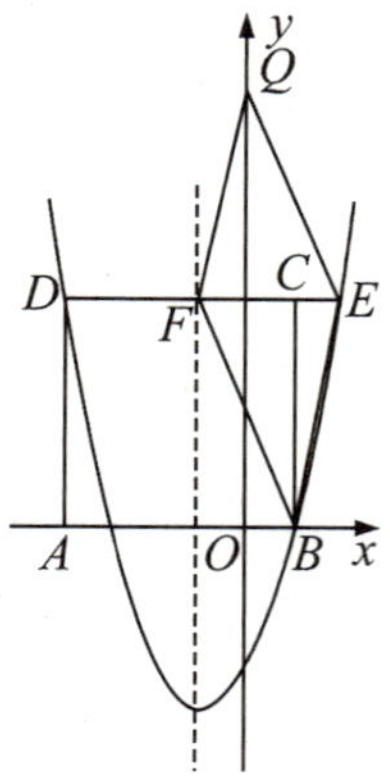

图 4-2-25

①当 $BF=BE$ 时，如图 4-2-25.

由两点间的距离公式可得 $BF^2=BE^2$，即 $(1+1)^2+$

$(0-a)^2=26$，解得 $a=\pm\sqrt{22}$.

∴点 F 的坐标为 $(-1,\sqrt{22})$ 或 $(-1,-\sqrt{22})$.

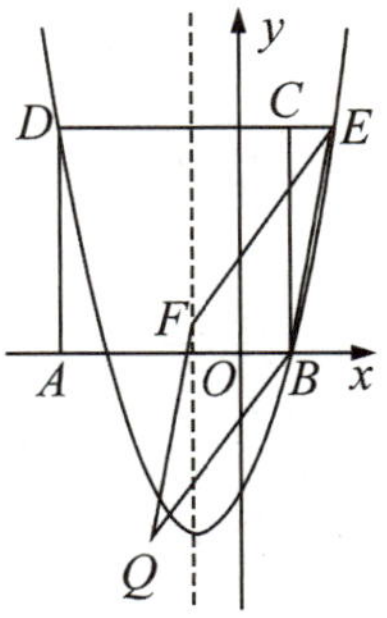

图 4-2-26

②当 $EF=BE$ 时，如图 4-2-26.

由两点间的距离公式可得 $EF^2=BE^2$，即 $(2+1)^2+(5-a)^2=26$，解得 $a=5\pm\sqrt{17}$.

∴点 F 的坐标为 $(-1,5-\sqrt{17})$ 或 $(-1,5+\sqrt{17})$.

综上所述，点 F 的坐标为 $(-1,\sqrt{22})$ 或 $(-1,-\sqrt{22})$ 或 $(-1,5-\sqrt{17})$ 或 $(-1,5+\sqrt{17})$.

(3)由题意可得图 4-2-27，连接 OM，DM.

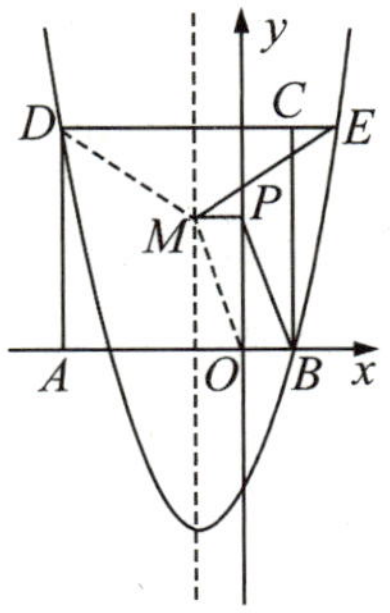

图 4-2-27

由(2)知点 D 与点 E 关于抛物线的对称轴对称，$B(1,0)$，

∴$OB=1$，$DM=EM$.

由过点 P 作抛物线对称轴的垂线，垂足为 M，可知 $PM=OB=1$，$PM\parallel OB$，

∴四边形 $BOMP$ 是平行四边形.

∴$OM=BP$.

∴$EM+MP+PB=DM+MO+1$.

若使 $EM+MP+PB$ 的值最小，即 $DM+MO+1$ 最小，

∴当 D，M，O 三点共线时，$DM+MO+1$ 的值最小，此时 OD 与抛物线对称轴的交点为 M，如图 4-2-28.

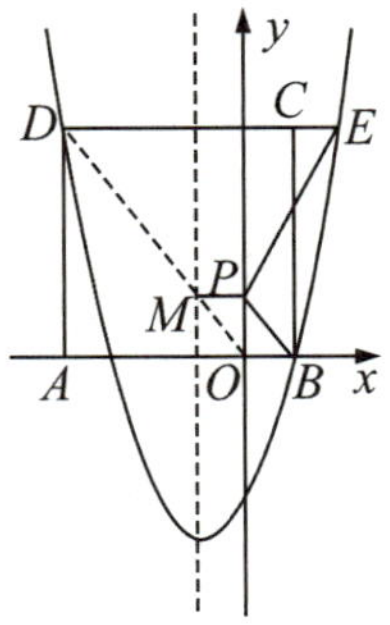

图 4-2-28

∵$D(-4,5)$，

∴$OD=\sqrt{4^2+5^2}=\sqrt{41}$，

∴$DM+MO+1$ 的最小值为 $\sqrt{41}+1$，即 $EM+MP+PB$ 的最小值为 $\sqrt{41}+1$.

设线段 OD 的解析式为 $y=kx$，将点 D 的坐标代入，得 $k=-\dfrac{5}{4}$.

∴线段 OD 的解析式为 $y=-\frac{5}{4}x$.

∴$M\left(-1,\frac{5}{4}\right)$，$P\left(0,\frac{5}{4}\right)$.

题型5　利用二次函数解决三角形周长的最值问题

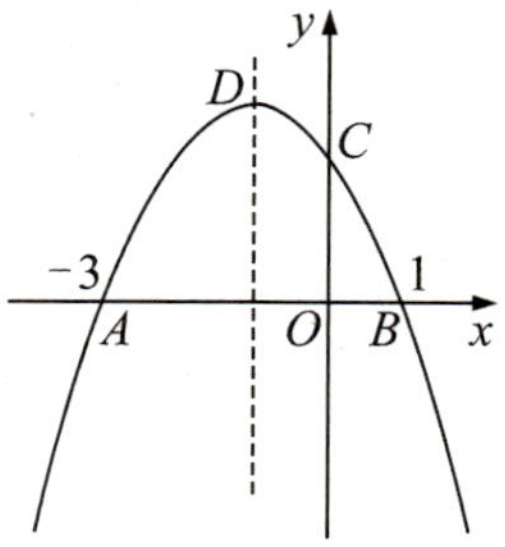

图 4-2-29

例 13　如图 4-2-29，抛物线 $y=ax^2+bx+2$ 与 x 轴交于点 $A(-3,0)$，$B(1,0)$，与 y 轴交于点 C.

(1)求抛物线的解析式.

(2)在抛物线的对称轴上找一点 M，使△MBC 的周长最小，并求出点 M 的坐标和△MBC 的周长.

(3)若点 P 是 x 轴上的一个动点，过点 P 作 $PQ\parallel BC$ 交抛物线于点 Q，在抛物线上是否存在点 Q，使得以 B，C，P，Q 为顶点的四边形为平行四边形？若存在，请求出点 Q 的坐标；若不存在，请说明理由.

【答案】(1)抛物线的解析式为 $y=-\frac{2}{3}x^2-\frac{4}{3}x+2$；(2)当△$MBC$ 的周长最小时，点 M 的坐标为 $\left(-1,\ \frac{4}{3}\right)$，△$MBC$ 的周长为 $\sqrt{13}+\sqrt{5}$；(3)在抛物线上存在点 Q，使得以 B，C，P，Q 为顶点的四边形为平行四边形，点 Q 的坐标为 $(-2,2)$ 或 $(-1-\sqrt{7},\ -2)$ 或 $(-1+\sqrt{7},\ -2)$

【解析】(1)将点 $A(-3,0)$，$B(1,0)$ 分别代入 $y=ax^2+bx+2$，

得 $\begin{cases}9a-3b+2=0,\\a+b+2=0,\end{cases}$ 解得 $\begin{cases}a=-\frac{2}{3},\\b=-\frac{4}{3}.\end{cases}$

∴抛物线的解析式为 $y=-\frac{2}{3}x^2-\frac{4}{3}x+2$.

(2)∵当 $x=0$ 时，$y=-\frac{2}{3}x^2-\frac{4}{3}x+2=2$，

∴点 C 的坐标为 $(0,2)$.

∵抛物线的解析式为 $y=-\frac{2}{3}x^2-\frac{4}{3}x+2$，

∴抛物线的对称轴为直线 $x=-1$.

连接 AC,交抛物线的对称轴于点 M,如图 4-2-30.

∵点 A,B 关于直线 $x=-1$ 对称,

∴$MA=MB$,则 $MB+MC=MA+MC=AC$,

∴此时$\triangle MBC$ 的周长是最小值.

∵点 A 的坐标为$(-3,0)$,点 B 的坐标为$(1,0)$,点 C 的坐标为$(0,2)$,

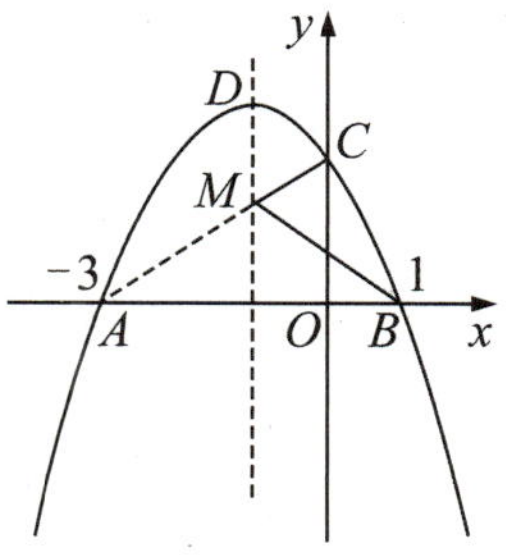

图 4-2-30

∴$AC=\sqrt{13}$,$BC=\sqrt{5}$,直线 AC 的解析式为 $y=-\frac{2}{3}x+2$(可用待定系数法求出来).

∵当 $x=-1$ 时,$y=\frac{2}{3}x+2=\frac{4}{3}$.

∴当$\triangle MBC$ 的周长最小时,点 M 的坐标为$\left(-1,\frac{4}{3}\right)$,$\triangle MBC$ 的周长为 $\sqrt{13}+\sqrt{5}$.

(3)∵以 B,C,P,Q 为顶点的四边形为平行四边形,点 B,P 的纵坐标为 0,点 C 的纵坐标为 2,

∴点 Q 的纵坐标为 2 或-2,如图 4-2-31.

当 $y=2$ 时,$2=-\frac{2}{3}x^2-\frac{4}{3}x+2$,

解得 $x_1=-2$,$x_2=0$(舍去),

∴点 Q 的坐标为$(-2,2)$.

当 $y=-2$ 时,$-2=-\frac{2}{3}x^2-\frac{4}{3}x+2$,

解得 $x_1=-1-\sqrt{7}$,$x_2=-1+\sqrt{7}$,

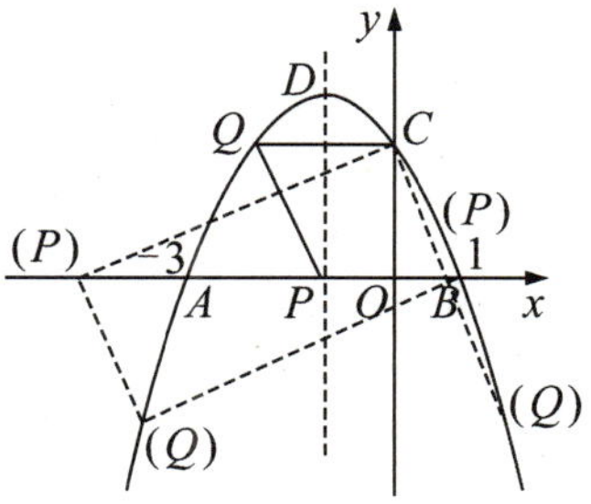

图 4-2-31

∴点 Q 的坐标为$(-1-\sqrt{7},2)$或$(-1+\sqrt{7},-2)$.

∴在抛物线上存在点 Q,使得以 B,C,P,Q 为顶点的四边形为平行四边形,点 Q 的坐标为$(-2,2)$或$(-1-\sqrt{7},2)$或$(-1+\sqrt{7},-2)$.

题型 6　利用二次函数解决四边形周长的最值问题

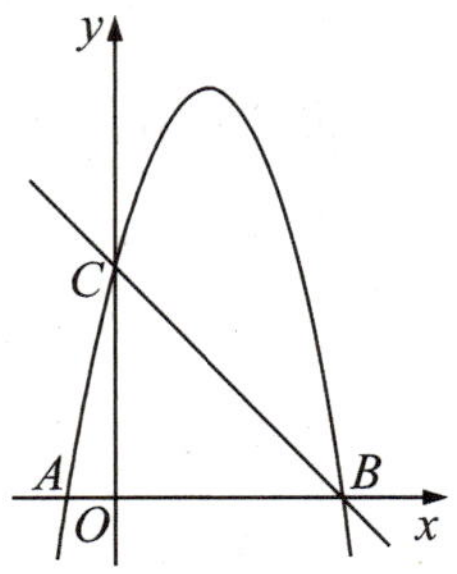

图 4-2-32

例 14　如图 4-2-32，在平面直角坐标系中，已知抛物线 $y=ax^2+bx+5$ 与 x 轴交于 $A(-1,0)$，$B(5,0)$ 两点，与 y 轴交于点 C.

(1)求抛物线的函数表达式.

(2)若点 P 是位于直线 BC 上方抛物线上的一个动点，求△BPC 面积的最大值.

(3)若点 D 是 y 轴上的一点，且以 B,C,D 为顶点的三角形与△ABC 相似，求点 D 的坐标.

(4)若 E 为抛物线的顶点，$F(3,a)$是该抛物线上的一点，点 M 在 x 轴上、点 N 在 y 轴上，是否存在点 M,N，使得四边形 $EFMN$ 的周长最小？若存在，请直接写出点 M,N 的坐标；若不存在，请说明理由.

【答案】 (1) $y=-x^2+4x+5$；(2) $\frac{125}{8}$；(3)点 D 的坐标为$(0,-1)$或$\left(0,-\frac{10}{3}\right)$；(4)存在点 M,N，$M\left(\frac{11}{17},0\right)$，$N\left(0,\frac{11}{5}\right)$

【解析】 (1)把点 $A(-1,0)$，$B(5,0)$分别代入 $y=ax^2+bx+5$，

得$\begin{cases}0=a-b+5,\\0=25a+5b+5,\end{cases}$ 解得$\begin{cases}a=-1,\\b=4.\end{cases}$

∴抛物线的函数表达式为 $y=-x^2+4x+5$.

(2)如图 4-2-33，过点 P 作 $PH\perp OB$ 交 BC 于点 H.

令 $x=0$，得 $y=5$，则 $C(0,5)$.

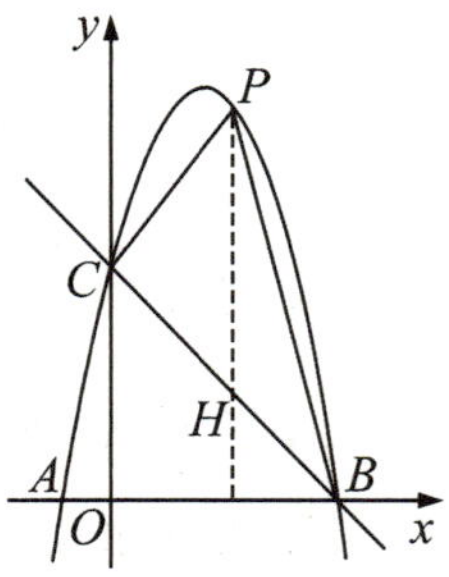

图 4-2-33

设直线 BC 的表达式为 $y=kx+b$，将点 $C(0,5)$，$B(5,0)$分别代入 $y=kx+b$，

得$\begin{cases}5=b,\\0=5k+b,\end{cases}$ 解得$\begin{cases}k=-1,\\b=5.\end{cases}$

∴直线 BC 的表达式为 $y=-x+5$.

设 $P(m,-m^2+4m+5)$，则 $H(m,-m+5)$，

∴$PH=-m^2+4m+5+m-5=-m^2+5m$，

$S_{\triangle PBC}=\frac{1}{2}OB\cdot PH=\frac{1}{2}\times 5\times(-m^2+5m)=-\frac{5}{2}\left(m-\frac{5}{2}\right)^2+\frac{125}{8}$.

∴当 $m=\frac{5}{2}$ 时，$S_{\triangle PBC}$ 取得最大值，最大值为 $\frac{125}{8}$，

即 $\triangle BPC$ 面积的最大值为 $\frac{125}{8}$.

(3)如图 4-2-34，连接 BD.

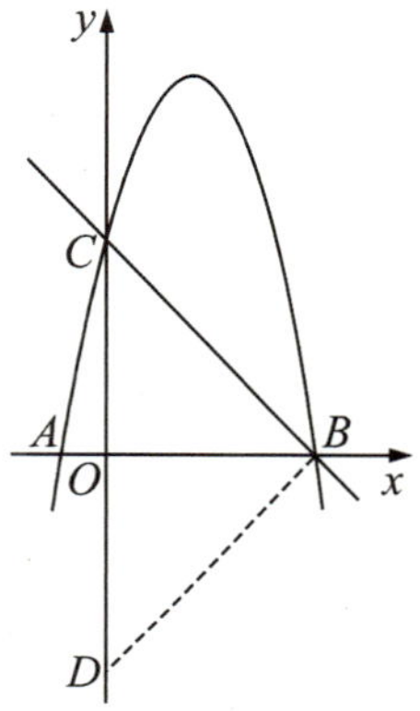

图 4-2-34

∵$C(0,5)$，$B(5,0)$，$A(-1,0)$，

∴$OC=OB=5$，$AB=5-(-1)=6$.

∴$\angle OBC=\angle OCB=45°$，$BC=\sqrt{OC^2+OB^2}=5\sqrt{2}$.

要使 $\triangle BCD$ 与 $\triangle ABC$ 相似，

则有 $\frac{AB}{BC}=\frac{BC}{CD}$ 或 $\frac{AB}{BC}=\frac{CD}{BC}$.

①当 $\frac{AB}{BC}=\frac{BC}{CD}$ 时，有 $\frac{6}{5\sqrt{2}}=\frac{5\sqrt{2}}{CD}$，解得 $CD=\frac{25}{3}$，则 $OD=CD-OC=\frac{10}{3}$，

∴$D\left(0,-\frac{10}{3}\right)$；

②当 $\frac{AB}{BC}=\frac{CD}{BC}$ 时，有 $CD=AB=6$，则 $OD=CD-OC=6-5=1$，

∴$D(0,-1)$.

综上，点 D 的坐标为 $(0,-1)$ 或 $\left(0,-\frac{10}{3}\right)$.

(4)由(1)知，$y=-x^2+4x+5=-(x-2)^2+9$.

∵E 为抛物线的顶点，

∴$E(2,9)$.

∵点 $F(3,a)$ 在抛物线上，

∴$a=-3^2+4\times 3+5=8$，则 $F(3,8)$.

如图 4-2-35，作点 E 关于 y 轴的对称点 $E'(-2,9)$，作点 F 关于 x 轴的对称点 $F'(3,-8)$.

由轴对称的性质可知 $E'N=EN$，$F'M=FM$，则四边形 $EFMN$ 的周长 $=MN+NE+MF+EF=MN+NE'+MF'+EF$.

∴当点 E'，F'，M，N 在一条直线上时，四边形 $EFMN$ 的周长取最小值.

因此，直线 $E'F'$ 与 x 轴、y 轴的交点分别为点 M，N.

设直线 $E'F'$ 的解析式为 $y=mx+n$，将点 $E'(-2,9)$，$F'(3,-8)$ 分别代入，得 $\begin{cases}9=-2m+n,\\-8=3m+n,\end{cases}$ 解得 $\begin{cases}m=-\dfrac{17}{5},\\n=\dfrac{11}{5}.\end{cases}$

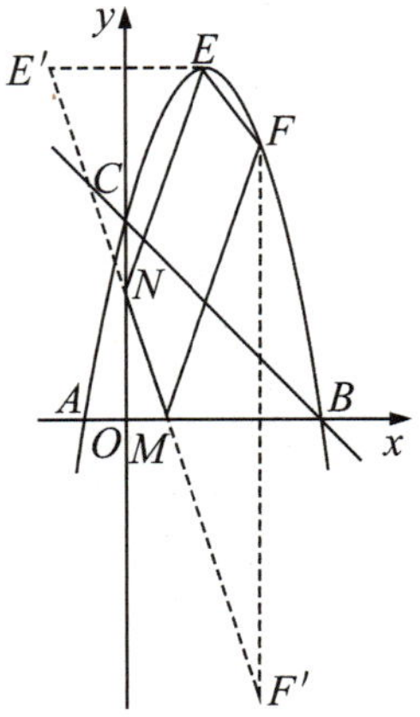

图 4-2-35

∴直线 $E'F'$ 的解析式为 $y=-\dfrac{17}{5}x+\dfrac{11}{5}$.

当 $x=0$ 时，$y=\dfrac{11}{5}$；当 $y=-\dfrac{17}{5}x+\dfrac{11}{5}=0$ 时，$x=\dfrac{11}{17}$.

∴$M\left(\dfrac{11}{17},0\right)$，$N\left(0,\dfrac{11}{5}\right)$.

题型 7　利用二次函数解决图形面积的最值问题

【解题思路】 抛物线中的面积最值问题通常有以下 3 种解题方法.

(1)割补法：当所求图形的面积没有办法直接求出时，通常采用分割或补全图形的方法表示所求图形的面积，如图 4-2-36.

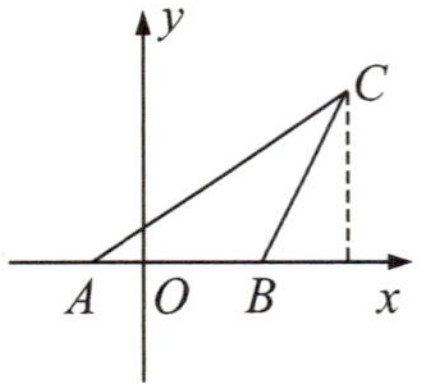

$S_{\triangle ABC}=\dfrac{1}{2}AB\cdot|y_C|$

(a)补全法

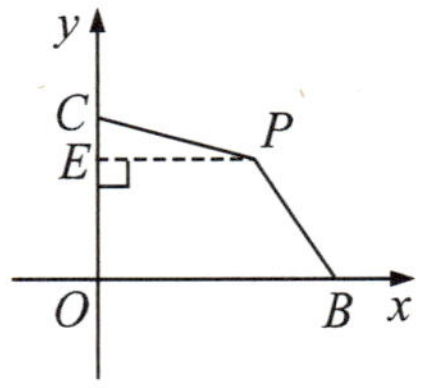

$S_{四边形COBP}=S_{四边形EOBP}+S_{\triangle CEP}$

(b)分割法

图 4-2-36

该方法的一般步骤为：

①设出要求的点的坐标；

②通过割补将要求的图形转化成通过条件可以表示的图形面积的和或差；

③列出关系式求解；

④检验是否每个坐标都符合题意.

(2)铅垂法:可用铅垂定理巧求斜三角形的面积,计算公式为三角形的面积等于水平宽和铅垂高乘积的一半,如图 4-2-37,$S_{\triangle ABC}=\frac{1}{2}ha$.

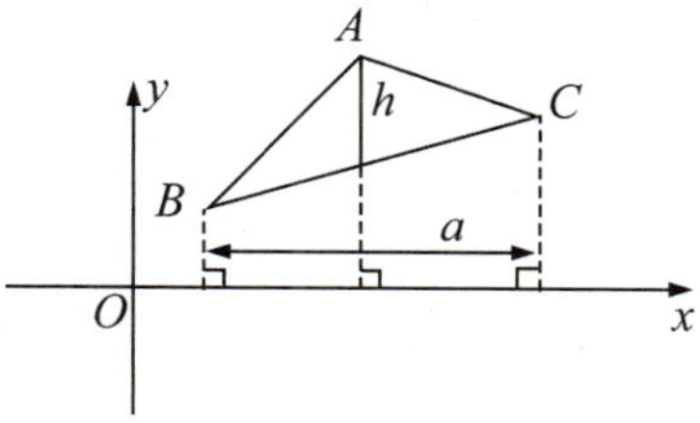

图 4-2-37

(3)等积变换法:利用平行线间的距离处处相等,根据同底等高,将所求图形的面积转移到另一个图形中,如图 4-2-38.

例如,在平面直角坐标系中,经常作已知三角形一边的平行线进行等积变换.

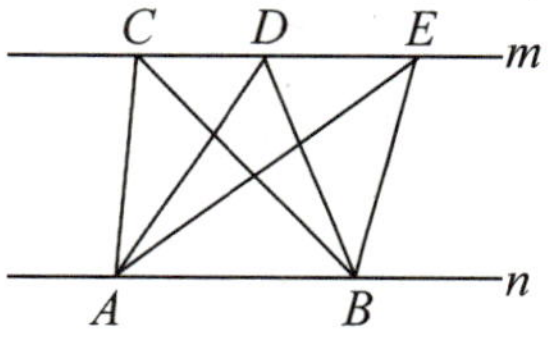

直线m∥直线n

$S_{\triangle ABC}=S_{\triangle ABD}=S_{\triangle ABE}$

(a)

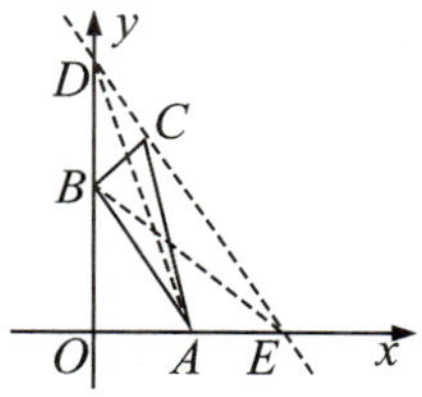

直线AB∥直线DE

$S_{\triangle ABC}=S_{\triangle ABD}=S_{\triangle ABE}$

(b)

图 4-2-38

该方法的一般步骤为:

①设出直线的解析式,两条平行直线的斜率相等;

②通过已知点的坐标,求出直线的解析式;

③求出题意中要求点的坐标;

④检验是否每个坐标都符合题意.

类型 1:利用割补、拼接法解决面积最值问题

例 15 如图 4-2-39,抛物线 $y=x^2+bx+c$(b,c 是常数)的顶点为 C,与 x 轴交于 A,B 两点,$A(1,0)$,$AB=4$,P 为线段 AB 上的动点,过 P 作PQ∥BC交 AC 于点 Q.

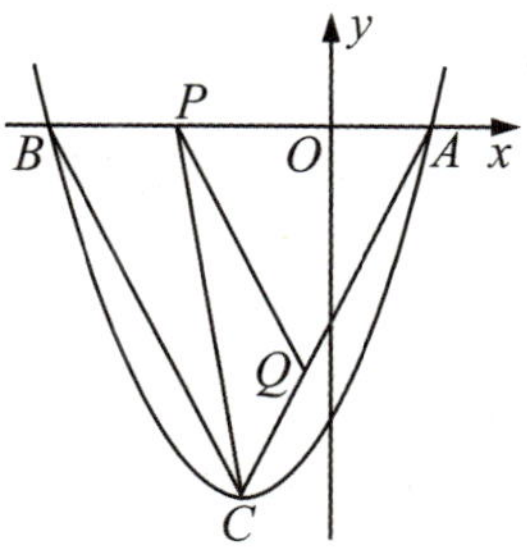

图 4-2-39

(1)求该抛物线的解析式;

(2)求△CPQ面积的最大值,并求此时点P的坐标.

【答案】(1)$y=x^2+2x-3$;(2)$S_{\triangle CPQ}=22$,$P(-1,0)$

【解析】(1)∵点A的坐标为$(1,0)$,$AB=4$,

∴点B的坐标为$(-3,0)$.

将点$A(1,0)$,$B(-3,0)$分别代入$y=x^2+bx+c$,

得$\begin{cases}0=1+b+c,\\0=9-3b+c,\end{cases}$解得$\begin{cases}b=2,\\c=-3.\end{cases}$

∴抛物线的解析式为$y=x^2+2x-3$.

(2)由(1)得抛物线的顶点式为$y=(x+1)^2-4$,则点C的坐标为$(-1,-4)$.

由$B(-3,0)$,$C(-1,-4)$可求得直线BC的解析式为$y=-2x-6$,

由$A(1,0)$,$C(-1,-4)$可求得直线AC的解析式为$y=2x-2$.

∵$PQ/\!/BC$,

设直线PQ的解析式为$y=-2x+n$,则其与x轴的交点为$P\left(\frac{n}{2},0\right)$.

由$\begin{cases}y=-2x+n,\\y=2x-2,\end{cases}$解得$Q\left(\frac{n+2}{4},\frac{n-2}{4}\right)$.

∵点P在线段AB上,

∴$-3<\frac{n}{2}<1$,则n的取值范围为$-6<n<2$.

∴$S_{\triangle CPQ}=S_{\triangle CPA}-S_{\triangle APQ}=\frac{1}{2}\times\left(1-\frac{n}{2}\right)\times4-\frac{1}{2}\times\left(1-\frac{n}{2}\right)\times\left(-\frac{n-2}{2}\right)$

$=-\frac{1}{8}(n+2)^2+2$.

∴当$n=-2$时,即点P的坐标为$(-1,0)$时,$S_{\triangle CPQ}$最大,最大值为2.

类型2:利用铅垂定理巧求斜三角形面积最值问题

例16　如图4-2-40,已知直线$y=\frac{4}{3}x+4$与x轴交于点A,与y轴交于点C,抛物线$y=ax^2+bx+c$经过A,C两点,且与x轴的另一个交点为B,对称轴为直线$x=-1$.

(1)求抛物线的表达式.

(2)D 是第二象限内抛物线上的动点,设点 D 的横坐标为 m,求四边形 $ABCD$ 面积 S 的最大值及此时点 D 的坐标.

(3)若点 P 在抛物线对称轴上,是否存在点 P,Q,使得以点 A,C,P,Q 为顶点的四边形是以 AC 为对角线的菱形?若存在,请求出 P,Q 两点的坐标;若不存在,请说明理由.

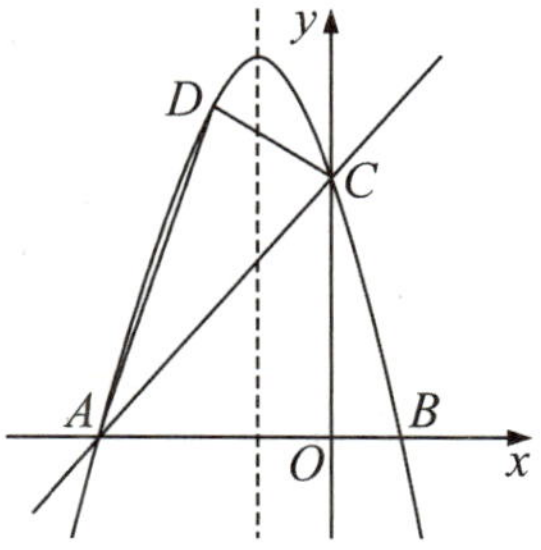

图 4-2-40

【答案】(1)$y=-\frac{4}{3}x^2-\frac{8}{3}x+4$;(2)$S_{最大}=\frac{25}{2}$,$D\left(-\frac{3}{2},5\right)$;(3)存在,$P\left(-1,\frac{13}{8}\right)$,$Q\left(-2,\frac{19}{8}\right)$

【解析】(1)∵当 $x=0$ 时,$y=4$,

∴$C(0,4)$.

∵当 $y=0$ 时,$\frac{4}{3}x+4=0$,得 $x=-3$,

∴$A(-3,0)$.

∵抛物线的对称轴为直线 $x=-1$,

∴$B(1,0)$.

∴可设抛物线的表达式为 $y=a(x-1)\cdot(x+3)$,

∴$4=-3a$,解得 $a=-\frac{4}{3}$.

∴抛物线的表达式为 $y=-\frac{4}{3}(x-1)\cdot(x+3)=-\frac{4}{3}x^2-\frac{8}{3}x+4$.

(2)如图 4-2-41,作 $DF\perp AB$ 于点 F,交 AC 于点 E.

∴$D\left(m,-\frac{4}{3}m^2-\frac{8}{3}m+4\right)$,$E\left(m,\frac{4}{3}m+4\right)$,

∴$DE=-\frac{4}{3}m^2-\frac{8}{3}m+4-\left(\frac{4}{3}m+4\right)=-\frac{4}{3}m^2-4m$.

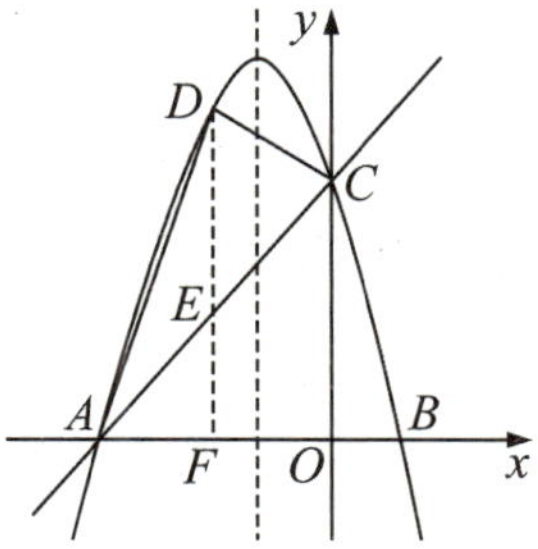

图 4-2-41

$\therefore S_{\triangle ADC}=\frac{1}{2}DE\cdot OA=\frac{3}{2}\cdot\left(-\frac{4}{3}m^2-4m\right)=-2m^2-6m.$

$\because S_{\triangle ABC}=\frac{1}{2}AB\cdot OC=\frac{1}{2}\times4\times4=8,$

$\therefore S=-2m^2-6m+8=-2\left(m+\frac{3}{2}\right)^2+\frac{25}{2}.$

$\therefore$ 当 $m=-\frac{3}{2}$ 时，$S_{最大}=\frac{25}{2}$，$y=-\frac{4}{3}\times\left(-\frac{3}{2}-1\right)\times\left(-\frac{3}{2}+3\right)=5$，

$\therefore D\left(-\frac{3}{2},5\right).$

(3)设 $P(-1,n)$.

$\because$ 以 A,C,P,Q 为顶点的四边形是以 AC 为对角线的菱形，

$\therefore PA=PC$，即 $PA^2=PC^2$.

$\therefore(-1+3)^2+n^2=1+(n-4)^2$，解得 $n=\frac{13}{8}$，

$\therefore P\left(-1,\frac{13}{8}\right).$

$\because x_P+x_Q=x_A+x_C, y_P+y_Q=y_A+y_C$，

$\therefore x_Q=-3-(-1)=-2, y_Q=4-\frac{13}{8}=\frac{19}{8}$，

$\therefore Q\left(-2,\frac{19}{8}\right).$

类型 3：构建平行线，利用同底等高解决面积最值问题

例 17 如图 4-2-42，抛物线 $y=mx^2+(m^2+3)x-(6m+9)$ 与 x 轴交于点 A,B，与 y 轴交于点 C，已知 $B(3,0)$.

(1)求 m 的值和直线 BC 对应的函数表达式；

(2)P 为抛物线上一点，若 $S_{\triangle PBC}=S_{\triangle ABC}$，请直接写出点 P 的坐标；

(3)Q 为抛物线上一点，若 $\angle ACQ=45°$，求点 Q 的坐标.

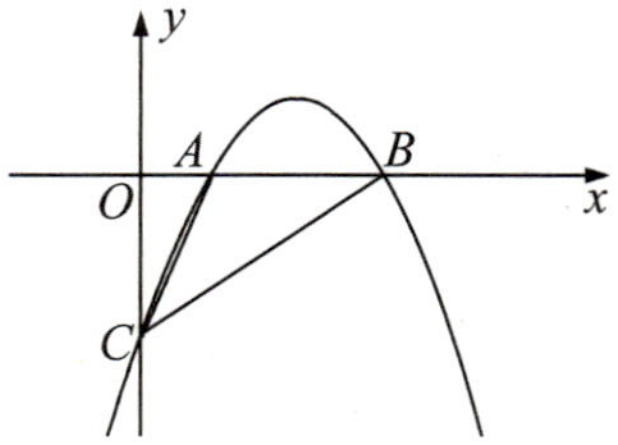

图 4-2-42

【答案】 (1)$m=-1$，$y=x-3$；(2)$P(2,1)$或$P\left(\frac{3+\sqrt{17}}{2},\frac{-7+\sqrt{17}}{2}\right)$或$P\left(\frac{3-\sqrt{17}}{2},\frac{-7-\sqrt{17}}{2}\right)$；(3)$Q\left(\frac{7}{2},-\frac{5}{4}\right)$

【解析】 (1)将点$B(3,0)$代入$y=mx^2+(m^2+3)x-(6m+9)$，

化简，得$m^2+m=0$，则$m=0$(舍)或$m=-1$.

$\therefore m=-1$，得$y=-x^2+4x-3$，则$C(0,-3)$.

设直线BC对应的函数表达式为$y=kx+b$，

将点$B(3,0)$，$C(0,-3)$分别代入，可得$\begin{cases}0=3k+b,\\-3=b,\end{cases}$解得$k=1$，

则直线BC对应的函数表达式为$y=x-3$.

(2)如图4-2-43，过点A作$AP_1\parallel BC$，设直线AP_1与y轴的交点为G，将直线BC向下平移GC个单位长度，得到直线P_3P_2.

由(1)知直线BC的解析式为$y=x-3$，$A(1,0)$，

则直线AG的表达式为$y=x-1$

联立$\begin{cases}y=x-1,\\y=-x^2+4x-3,\end{cases}$

解得$\begin{cases}x=1,\\y=0\end{cases}$(舍去)，或$\begin{cases}x=2,\\y=1,\end{cases}$

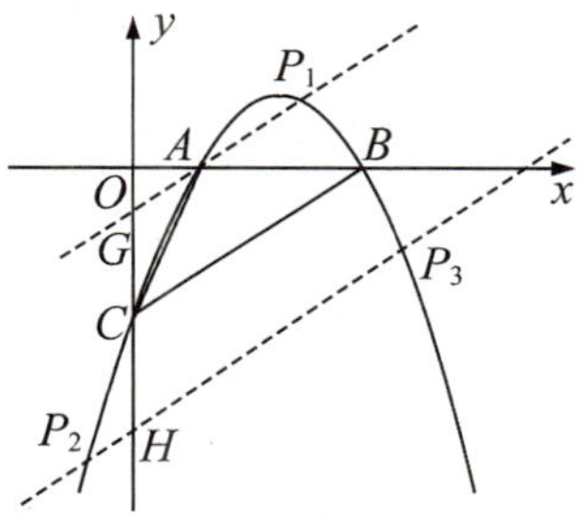

图4-2-43

$\therefore P_1(2,1)$.

由直线AG的表达式可得$G(-1,0)$，则$GC=2$，$CH=2$，

$\therefore$直线P_2P_3的表达式为$y=x-5$.

联立$\begin{cases}y=x-5,\\y=-x^2+4x-3,\end{cases}$解得$\begin{cases}x_1=\frac{3-\sqrt{17}}{2},\\y_1=\frac{-7-\sqrt{17}}{2},\end{cases}$或$\begin{cases}x_2=\frac{3+\sqrt{17}}{2},\\y_2=\frac{-7+\sqrt{17}}{2},\end{cases}$

$\therefore P_2\left(\frac{3-\sqrt{17}}{2},\frac{-7-\sqrt{17}}{2}\right)$，$P_3\left(\frac{3+\sqrt{17}}{2},\frac{-7+\sqrt{17}}{2}\right)$.

综上所述，可得符合题意的点P的坐标为$(2,1)$或

$\left(\frac{3-\sqrt{17}}{2},\frac{-7-\sqrt{17}}{2}\right)$或$\left(\frac{3+\sqrt{17}}{2},\frac{-7+\sqrt{17}}{2}\right)$.

(3)如图 4-2-44,取点 Q,连接 CQ,过点 A 作 $AD\perp CQ$ 于点 D,过点 D 作 $DF\perp x$ 轴于点 F,过点 C 作 $CE\perp DF$ 于点 E.

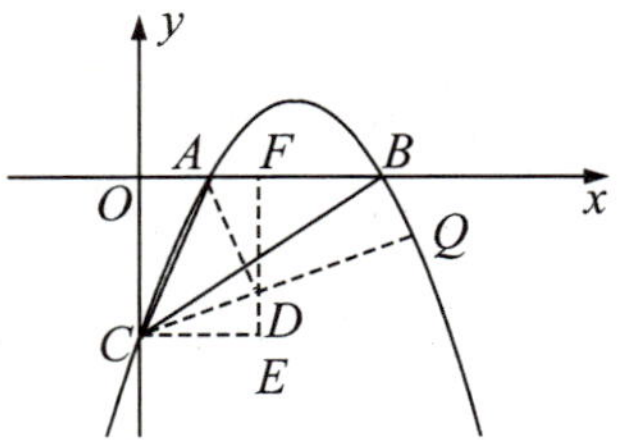

图 4-2-44

$\because \angle ACQ=45°$,

$\therefore AD=CD,\angle ADC=90°$.

又$\because \angle ADF+\angle CDE=90°$,

$\therefore \angle CDE+\angle DCE=90°,\angle DCE=\angle ADF$.

又$\because \angle E=\angle AFD=90°$,

$\therefore \triangle CDE\cong\triangle DAF$,则 $AF=DE,CE=DF$.

设 $DE=AF=a$.

$\because OA=1,OF=CE$,

$\therefore CE=DF=a+1$.

由 $OC=3$,则 $DF=3-a$,即 $a+1=3-a$,解得 $a=1$.

$\therefore D(2,-2)$.

又$\because C(0,-3)$,

$\therefore$直线 CD 对应的表达式为 $y=\frac{1}{2}x-3$.

设 $Q\left(m,\frac{1}{2}m-3\right)$,代入 $y=-x^2+4x-3$,

得$\frac{1}{2}m-3=-m^2+4m-3,\frac{1}{2}m=-m^2+4m,m^2-\frac{7}{2}m=0$.

又$\because m\neq0$,则 $m=\frac{7}{2}$,

$\therefore Q\left(\frac{7}{2},-\frac{5}{4}\right)$.

题型 8　利用二次函数解决定值问题

例 18　如图 4-2-45,在平面直角坐标系 xOy 中,抛物线 $y=ax^2+bx-\frac{3}{2}$与 x 轴交于$A(-1,0)$,$B(3,0)$两点,其顶点为 M,直线 $y=kx-k$ 与抛物线相交于E,F 两点(点 E 在点 F 的左侧).

(1)求抛物线的函数表达式和点 M 的坐标.

(2)当线段 EF 被抛物线的对称轴分成长度比为 $1:4$的两部分时,求 k 的值.

(3)连接 EM,FM,试探究$\angle EMF$ 的大小是否为定值.若是,请求出该定值,并说明理由.

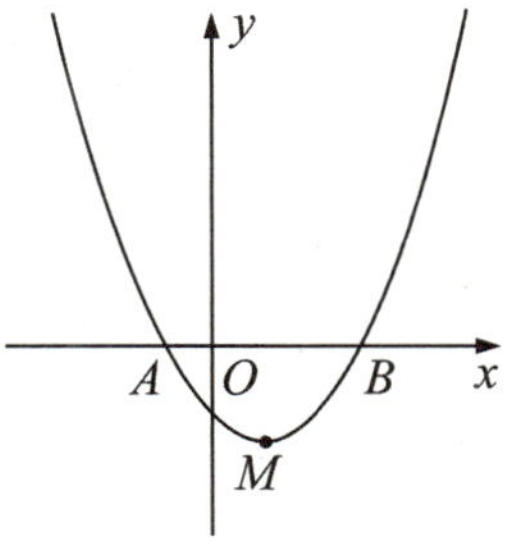

图 4-2-45

【答案】(1)$y=\frac{1}{2}x^2-x-\frac{3}{2}$,$M(1,-2)$;(2)$\frac{3}{2}$或$-\frac{3}{2}$;(3)定值,$\angle EMF=90°$

【解析】(1)由题意,得$\begin{cases}a-b-\frac{3}{2}=0,\\9a+3b-\frac{3}{2}=0,\end{cases}$解得$\begin{cases}a=\frac{1}{2},\\b=-1,\end{cases}$

$\therefore y=\frac{1}{2}x^2-x-\frac{3}{2}$.

$\because$当 $x=-\frac{-1}{2\times\frac{1}{2}}=1$ 时,$y=\frac{1}{2}-1-\frac{3}{2}=-2$,

$\therefore M(1,-2)$.

故抛物线的函数表达式为 $y=\frac{1}{2}x^2-x-\frac{3}{2}$,点 M 的坐标为$(1,-2)$.

(2)由 $y=kx-k$,得 $y=k(x-1)$.

当 $x=1$ 时,$y=0$,直线 $y=kx-k$ 过定点$G(1,0)$.

设 $F\left(m,\frac{1}{2}m^2-m-\frac{3}{2}\right)$,$E\left(n,\frac{1}{2}n^2-n-\frac{3}{2}\right)$,

则有 $F(m,km-k)$,$E(n,kn-k)$.

$\because$线段 EF 被抛物线的对称轴分成长度比为 $1:4$ 的两部分,

$\therefore \frac{EG}{FG}=\frac{1}{4}$或$\frac{EG}{FG}=4$.

①当$\frac{EG}{FG}=\frac{1}{4}$时,如图 4-2-46,过点 F 作 $FP\perp GM$ 交 GM 于点 P,过点 E 作 $EQ\perp GM$ 交 GM 于点 Q,

$\therefore EQ /\!/ PF, \dfrac{GQ}{GP}=\dfrac{EG}{FG}=\dfrac{1}{4}$.

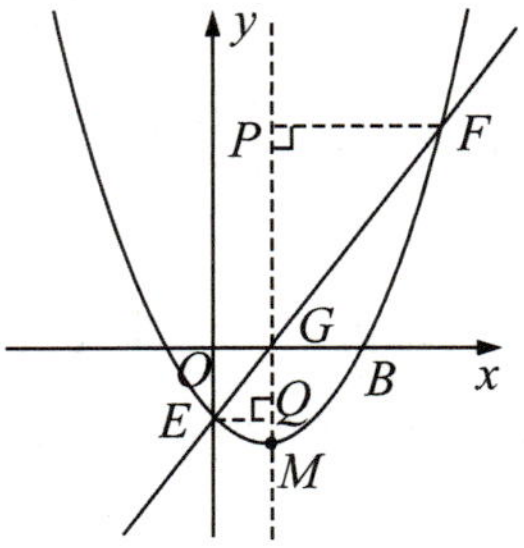

图 4-2-46

$\therefore PG=y_F=\dfrac{1}{2}m^2-m-\dfrac{3}{2}$ 或 $PG=km-k$,

$GQ=y_E=-\left(\dfrac{1}{2}n^2-n-\dfrac{3}{2}\right)$ 或 $GQ=-(kn-k)$,

$\therefore \begin{cases} km-k=-4(kn-k), \\ \dfrac{1}{2}m^2-m-\dfrac{3}{2}=-4\left(\dfrac{1}{2}n^2-n-\dfrac{3}{2}\right). \end{cases}$

整理,得 $\begin{cases} m=5-4n, \\ m^2-2m+4n^2-8n-15=0, \end{cases}$ 解得 $\begin{cases} m=5, \\ n=0, \end{cases}$ 或 $\begin{cases} m=-3, \\ n=2. \end{cases}$

$\because$ 此时 $m>0$,

$\therefore \begin{cases} m=-3, \\ n=2 \end{cases}$ (舍去),则 $\begin{cases} m=5, \\ n=0. \end{cases}$

$\because$ 当 $n=0$ 时,$y=-\dfrac{3}{2}$,

$\therefore E\left(0,-\dfrac{3}{2}\right)$.

由当 $x=0$ 时,$k\times 0-k=-\dfrac{3}{2}$,解得 $k=\dfrac{3}{2}$.

②当 $\dfrac{EG}{FG}=4$ 时,如图 4-2-47.

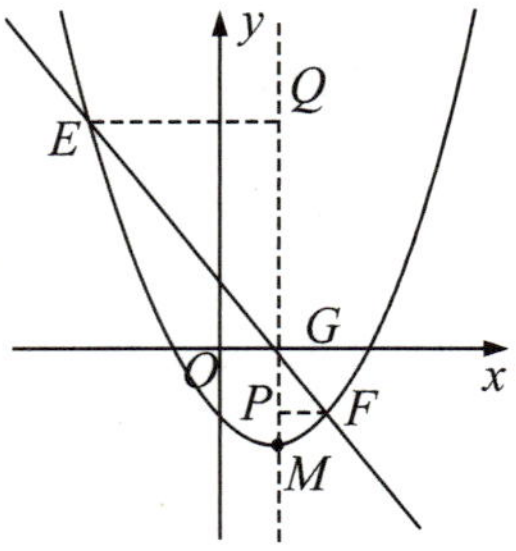

图 4-2-47

由①,同理可求 $\begin{cases} m=2, \\ n=-3. \end{cases}$

$\because$ 当 $n=-3$ 时,$y=\dfrac{1}{2}\times 9+3-\dfrac{3}{2}=6$,

$\therefore E(-3,6)$.

由当 $x=-3$ 时,$-3k-k=6$,解得 $k=-\dfrac{3}{2}$.

综上所述,k 的值为 $\dfrac{3}{2}$ 或 $-\dfrac{3}{2}$.

(3)定值,$\angle EMF=90^\circ$,理由如下:

如图 4-2-48，分别过点 E，F 作 y 轴的平行线，交过点 M 所作 x 轴的平行线于点 C，D，

$\therefore \angle ECM=\angle FDM=90^\circ$，$\angle DMF+\angle DFM=90^\circ$.

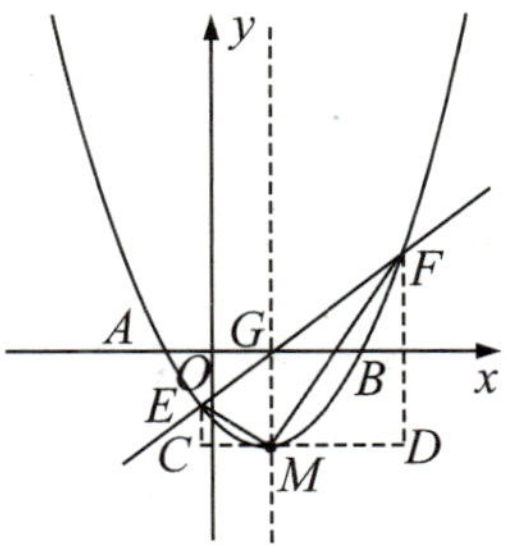

图 4-2-48

由(2)，得 $\frac{1}{2}x^2-x-\frac{3}{2}=kx-k$，

整理，得 $x^2-(2+2k)x+2k-3=0$，

则 $\begin{cases} m+n=2+2k, \\ mn=2k-3, \end{cases}$

$\therefore m+n-mn=5$.

$\therefore m+n-mn-1=4$，即 $(m-1)(1-n)=4$，则 $1-n=\frac{4}{m-1}$.

$\because$ 在 Rt$\triangle FDM$ 中，$\tan\angle DFM=\frac{MD}{FD}=\frac{m-1}{\frac{1}{2}m^2-m-\frac{3}{2}+2}=\frac{2}{m-1}$，

在 Rt$\triangle CME$ 中，$\tan\angle CME=\frac{EC}{CM}=\frac{\frac{1}{2}n^2-n-\frac{3}{2}+2}{1-n}=\frac{1}{2}(1-n)=\frac{1}{2}\times\frac{4}{m-1}=\frac{2}{m-1}$，

$\therefore \tan\angle DFM=\tan\angle CME$，则 $\angle DFM=\angle CME$.

$\therefore \angle DMF+\angle CME=90^\circ$.

$\therefore \angle EMF=90^\circ$.

第三讲　反比例函数

【技巧 1】由概念求字母参数的值

在反比例函数 $y=kx^{-1}$ 中，$k\neq 0$ 与 x 的指数为 -1 这两个条件必须同时具备，缺一不可. 解此类概念性的题目最容易犯的错误就是忽视 $k\neq 0$ 这一条件，得出错误的结论.

例 1　(1) 若函数 $y=\frac{|m|-2}{x}$ 是反比例函数，则 m 的取值范围

为________.

(2)设 $y=(n+1)x^{n^2+n-1}$，当 $n=$________时，y 是 x 的反比例函数.

【答案】(1)$m\neq\pm 2$；(2)0

【解析】(1)由题意，得 $|m|-2\neq 0$，解得 $m\neq\pm 2$.

(2)由题意，得 $n^2+n-1=-1$ 且 $n+1\neq 0$，解得 $n=0$.

【技巧 2】由图象和性质求字母的值(或范围)

反比例函数图象的位置和函数的增减性都是由比例系数 k 的符号决定的；反过来，由双曲线所在的位置和函数的增减性也可以推出 k 的符号.

例 2　若反比例函数 $y=\dfrac{k-1}{x}$ 的图象在每个象限内，y 的值随 x 值的增大而增大，则 k 的值可以为(　　).

A. 0　　B. 1　　C. 2　　D. 3

【答案】A

【解析】由题意，得 $k-1<0$，解得 $k<1$.

【技巧 3】计算与反比例函数有关的图形面积

(1)如图 4-3-1，若反比例函数的解析式为 $y=\dfrac{k}{x}$，则图(a)中，$S_{\triangle ABC}=2|k|$；图(b)中，$S_{\square ABCD}=2|k|$.

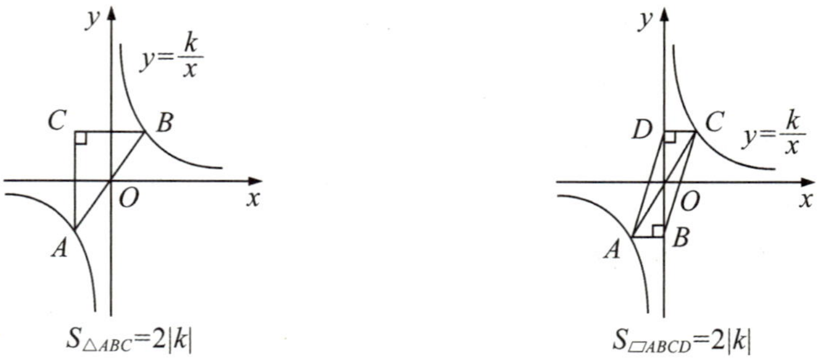

(a)　　(b)

图 4-3-1

(2)如图 4-3-2，若反比例函数的解析式为 $y=\dfrac{k}{x}$，则图中 $S_{\triangle AOB}=S_{\triangle ABC}=S_{\triangle ABC'}=\dfrac{|k|}{2}$.

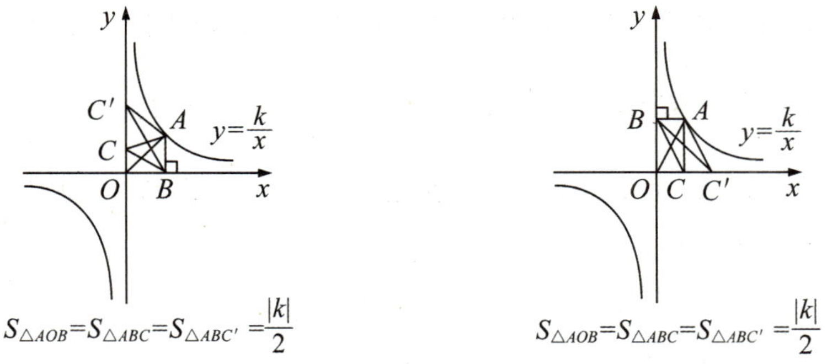

(a)　　　　　　　　(b)

图 4-3-2

(3)如图 4-3-3,若反比例函数的解析式为 $y=\frac{k}{x}$,则图(a)中,$S_{\square OACB}=2S_{\triangle AOB}=|k|$;图(b)中,$S_{\triangle OAB}=S_{梯形ABDC}$.

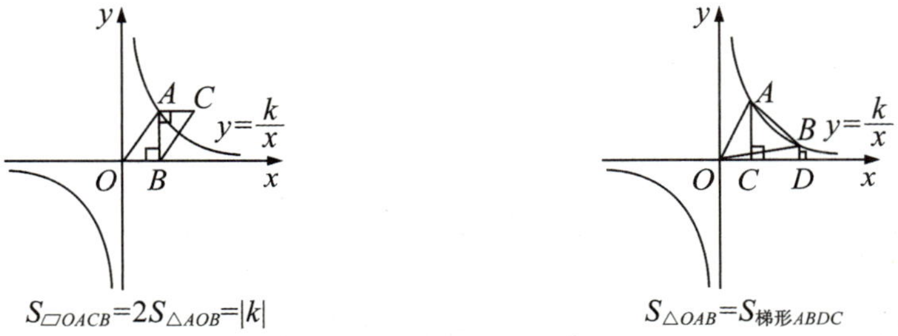

(a)　　　　　　　　(b)

图 4-3-3

(4)如图 4-3-4,若两个反比例函数的解析式分别为 $y=\frac{k_1}{x}$和 $y=\frac{k_2}{x}$,则图(a)中,$S_{\triangle AOB}=\frac{|k_1|}{2}+\frac{|k_2|}{2}$;图(b)中,$S_{\triangle AOB}=\frac{|k_1|}{2}-\frac{|k_2|}{2}$.

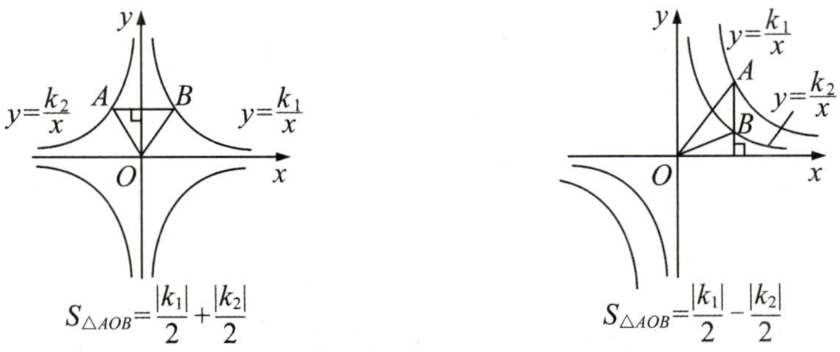

(a)　　　　　　　　(b)

图 4-3-4

例 3 如图 4-3-5，过 x 轴上任意一点 P 作 y 轴的平行线，分别与反比例函数 $y=\frac{3}{x}(x>0)$，$y=\frac{6}{x}(x>0)$ 的图象交于 A 点和 B 点. 若 C 为 y 轴上任意一点，连接 AC，BC，则 $\triangle ABC$ 的面积为________.

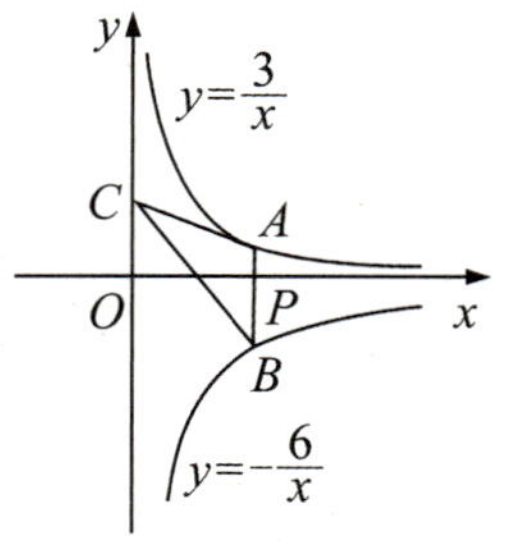

图 4-3-5

【答案】 $\frac{9}{2}$

【解析】 方法一：设点 $P(m,0)$，可得点 $A\left(m,\frac{3}{m}\right)$，$B\left(m,-\frac{6}{m}\right)$，

则 $AB=\frac{3}{m}+\frac{6}{m}=\frac{9}{m}$.

$\therefore S_{\triangle ABC}=\frac{1}{2}\cdot m\cdot\frac{9}{m}=\frac{9}{2}$.

方法二：连接 OA，OB.

$\because AB/\!/y$ 轴，

$\therefore S_{\triangle ABC}=S_{\triangle ABO}=S_{\triangle APO}+S_{\triangle BPO}=\frac{3}{2}+\frac{6}{2}=\frac{9}{2}$.

【技巧 4】一次函数与反比例函数综合题的解法

一次函数与反比例函数综合题的主要题型有：已知直线与双曲线的表达式求交点坐标；用待定系数法确定直线与双曲线的表达式；应用函数的图象和性质比较一次函数值与反比例函数值的大小等. 解题时，一定要灵活运用一次函数与反比例函数的知识，并结合图象分析、解答问题.

例 4 如图 4-3-6，已知反比例函数 $y=\frac{k_1}{x}(k_1\neq 0)$ 与一次函数 $y=k_2x+b(k_2\neq 0)$ 的图象交于 $A(1,8)$，$B(-4,m)$ 两点.

(1)求 k_1，k_2，b 的值；

(2)求 $\triangle AOB$ 的面积；

(3)请直接写出不等式 $\frac{k_1}{x}\leqslant k_2x+b$ 的解集.

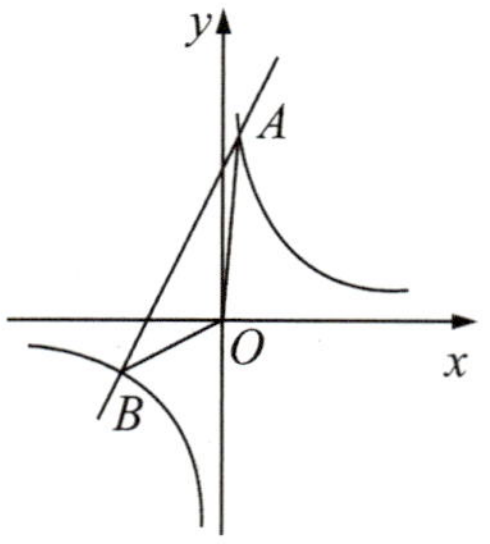

图 4-3-6

【答案】 (1) $k_1=8$，$k_2=2$，$b=6$；(2) $S_{\triangle AOB}=15$；(3) $-4\leqslant x<0$ 或 $x>1$

【解析】(1)∵反比例函数 $y=\frac{k_1}{x}(k_1\neq0)$ 与一次函数 $y=k_2x+b(k_2\neq0)$ 的图象交于点 $A(1,8)$，$B(-4,m)$，

∴$k_1=1\times8=8$，$m=8\div(-4)=-2$.

∴点 B 的坐标为 $(-4,-2)$.

将点 $A(1,8)$，$B(-4,-2)$ 分别代入 $y=k_2x+b$，

得 $\begin{cases}k_2+b=8,\\-4k_2+b=-2,\end{cases}$ 解得 $\begin{cases}k_2=2,\\b=6.\end{cases}$

综上，$k_1=8$，$k_2=2$，$b=6$.

(2)∵当 $x=0$ 时，$y=2x+6=6$，

∴直线 AB 与 y 轴的交点坐标为 $(0,6)$，

∴$S_{\triangle AOB}=\frac{1}{2}\times6\times4+\frac{1}{2}\times6\times1=15$.

(3)观察函数图象可知，当 $-4<x<0$ 或 $x>1$ 时，一次函数的图象在反比例函数图象的上方，

∴不等式 $\frac{k_1}{x}\leqslant k_2x+b$ 的解集为 $-4\leqslant x<0$ 或 $x>1$.

例 5　已知一次函数 $y=kx+b(k\neq0)$ 的图象与反比例函数 $y=\frac{4}{x}$ 的图象相交于点 $A(1,m)$，$B(n,-2)$.

(1)求一次函数的表达式，并在图 4-3-7 中画出这个一次函数的图象；

(2)根据函数图象，直接写出不等式 $kx+b>\frac{4}{x}$ 的解集；

(3)若点 C 是点 B 关于 y 轴的对称点，连接 AC，BC，求△ABC 的面积.

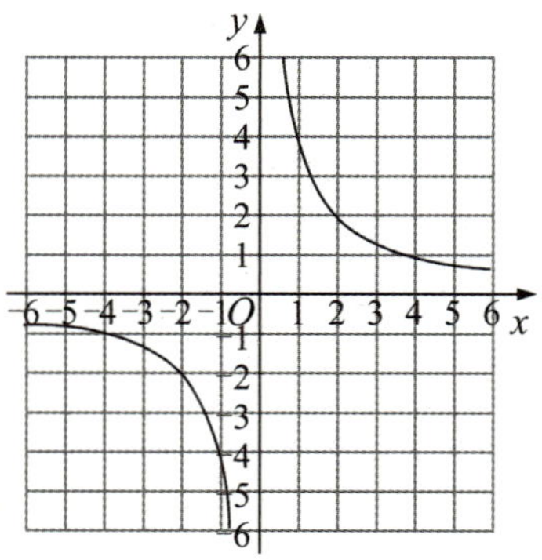

图 4-3-7

【答案】(1)$y=2x+2$，图象见解析；(2)$-2<x<0$ 或 $x>1$；(3)$S_{\triangle ABC}=12$

【解析】(1)将点 $A(1,m)$,$B(n,-2)$分别代入 $y=\frac{4}{x}$,得 $m=\frac{4}{1}$,$-2=\frac{4}{n}$,解得 $m=4$,$n=-2$,

$\therefore A(1,4)$,$B(-2,-2)$.

$\because$点 A,B 均在一次函数 $y=kx+b(k\neq0)$的图象上,

$\therefore\begin{cases}k+b=4,\\-2k+b=-2,\end{cases}$解得$\begin{cases}k=2,\\b=2,\end{cases}$

$\therefore$一次函数的表达式为 $y=2x+2$,其图象如图 4-3-8.

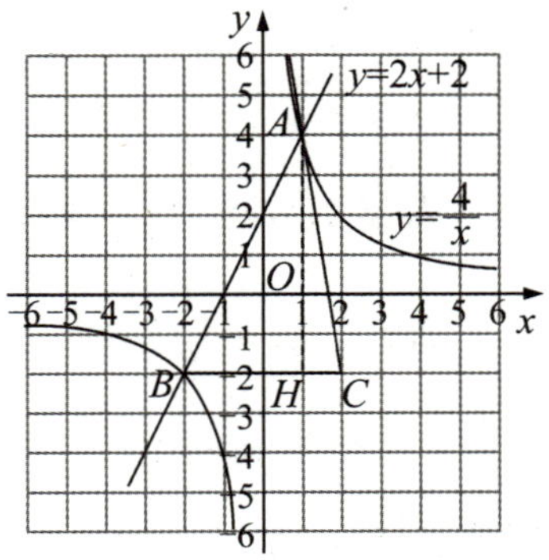

图 4-3-8

(2)由(1)中图象可得,不等式 $kx+b>\frac{4}{x}$的解为 $-2<x<0$ 或 $x>1$.

(3)$\because$点 C 是点 $B(-2,-2)$关于 y 轴的对称点,

$\therefore C(2,-2)$,则 $BC=2-(-2)=4$.

过点 A 作 $AH\perp BC$,交 BC 于点 H.

$\because A(1,4)$,则 $AH=4-(-2)=6$,

$\therefore S_{\triangle ABC}=\frac{1}{2}BC\cdot AH=\frac{1}{2}\times4\times6=12$.

专题五

图形性质与变换

第一讲 全等三角形的判定

一、判定方法

(1)SSS(边边边):如果两个三角形的三边分别对应相等,那么这两个三角形全等,简写成“边边边”或“SSS”.

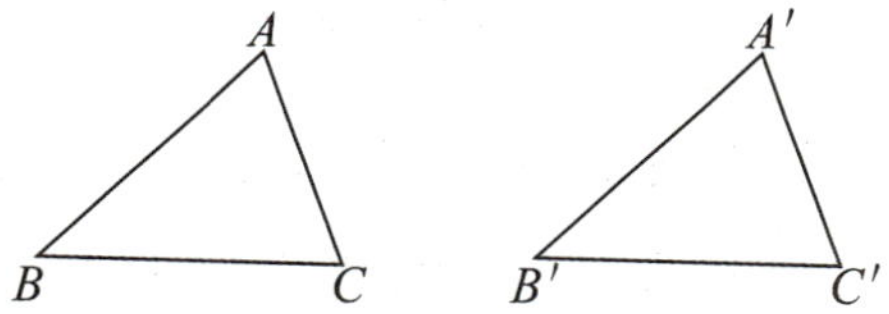

图 5-1-1

几何语言表达方式:如图 5-1-1,在$\triangle ABC$和$\triangle A'B'C'$中,由$AB=A'B'$,$BC=B'C'$,$AC=A'C'$,可得$\triangle ABC\cong\triangle A'B'C'$(SSS).

(2)SAS(边角边):如果两个三角形的两边及其夹角对应相等,那么这两个三角形全等,简写成“边角边”或“SAS”.

在列举此种情况下的两个三角形全等的条件时,一般把夹角相等写在中间,以突出两边及其夹角对应相等.

几何语言表达方式:如图 5-1-1,在$\triangle ABC$和$\triangle A'B'C'$中,由$AB=A'B'$,$\angle A=\angle A'$,$AC=A'C'$,可得$\triangle ABC\cong\triangle A'B'C'$(SAS).

特别提醒:①用“SAS”判定两个三角形全等时,必须满足“两边及两边夹角对应相等”这一条件,一般按“边角边”的顺序书写. ②两边和其中一角对应相等的两个三角形不一定全等.

(3)AAS(角角边):如果两个三角形的两角对应相等且其中一组等角的对边对应相等,那么这两个三角形全等,简写成“角角边”或“AAS”.

几何语言表达方式：如图 5-1-1，在$\triangle ABC$和$\triangle A'B'C'$中，由$\angle A=\angle A'$，$\angle B=\angle B'$，$AC=A'C'$，可得$\triangle ABC\cong\triangle A'B'C'$(AAS).

(4)ASA(角边角)：如果两个三角形的两角和它们的夹边对应相等，那么这两个三角形全等，简写成“角边角”或“ASA”.

几何语言表达方式：如图 5-1-1，在$\triangle ABC$和$\triangle A'B'C'$中，由$\angle A=\angle A'$，$AB=A'B'$，$\angle B=\angle B'$，可得$\triangle ABC\cong\triangle A'B'C'$(ASA).

(5)HL(斜边、直角边)：斜边和一条直角边对应相等的两个直角三角形全等，简写成“斜边、直角边”或“HL”.

几何语言表达方式：如图 5-1-2，在 Rt$\triangle ABC$和 Rt$\triangle DEF$中，由$AB=DE$，$AC=DF$，可得 Rt$\triangle ABC\cong$Rt$\triangle DEF$(HL).

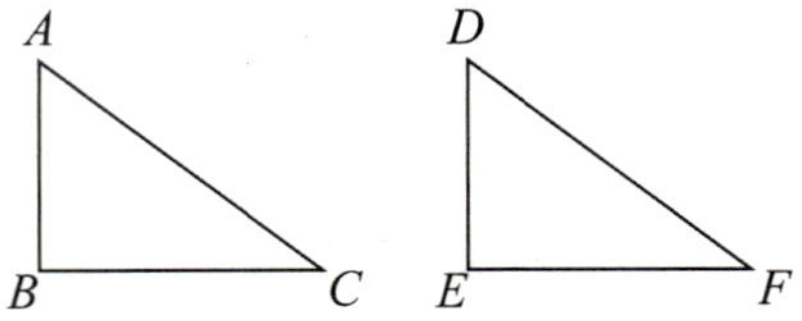

图 5-1-2

二、技巧讲解

【技巧 1】运用“倍长中线法”构造全等三角形

【方法说明】所谓倍长中线法，是指将三角形的中线延长一倍，以便构造出全等三角形. 该方法是解决几何问题的重要方法.

例 1 在$\triangle ABC$中，$AB=6$，$AC=4$，AD是BC边上的中线，求AD的取值范围.

【答案】$1<AD<5$

【解析】如图 5-1-3，延长AD到点E，使$AD=DE$，连接BE.

$\because AD$是BC边上的中线，$\therefore BD=CD$.

在$\triangle ADC$和$\triangle EDB$中，$\begin{cases}AD=DE,\\ \angle ADC=\angle EDB,\\ DC=BD,\end{cases}$

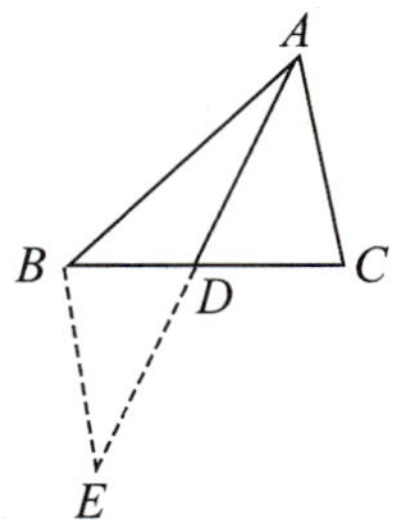

图 5-1-3

$\therefore\triangle ADC\cong\triangle EDB$(SAS).

$\therefore AC=BE=4$.

在$\triangle ABE$中，

$\because AB-BE<AE<AB+BE$，

$\therefore 6-4<2AD<6+4$，

$\therefore 1<AD<5$.

例 2　如图 5-1-4，在$\triangle ABC$中，CM是AB边上的中线，$AC=8$，$BC=12$，求CM的取值范围.

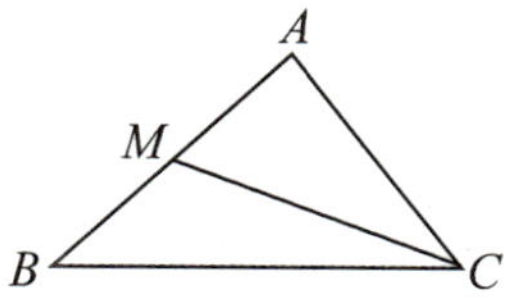

图 5-1-4

【答案】$2<CM<10$

【解析】如图 5-1-5，延长CM到点N，使$CM=MN$，连接BN.

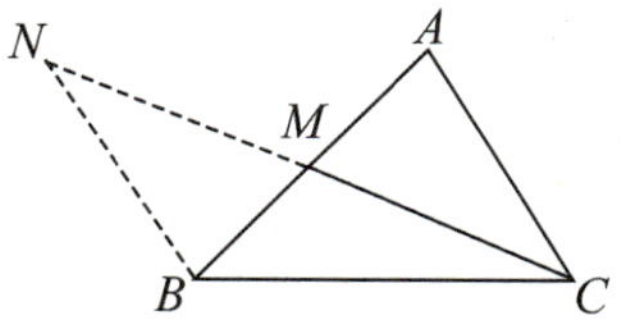

图 5-1-5

在$\triangle ACM$和$\triangle BNM$中，$\begin{cases}CM=NM,\\ \angle AMC=\angle BMN,\\ AM=BM,\end{cases}$

$\therefore\triangle ACM\cong\triangle BNM(\text{SAS})$，

$\therefore AC=BN=8$.

在$\triangle BCN$中，

$\because BC-BN<CN<BC+BN$，

$\therefore 12-8<CN<12+8$，即$4<CN<20$，

$\therefore 4<2CM<20$，即$2<CM<10$.

例 3　(1)如图 5-1-6，AD为$\triangle ABC$的中线，延长AD至点E，使$DE=AD$，连接BE.试证明：$\triangle ACD\cong\triangle EBD$；

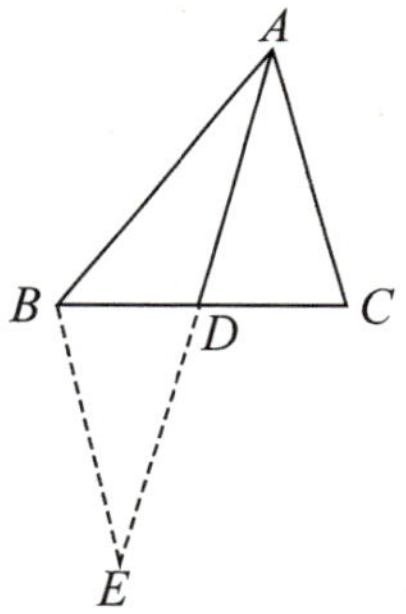

图 5-1-6

(2)如图 5-1-7，AD为$\triangle ABC$的中线，BM交AD于点G，交AC于点M，若$AM=GM$，求证：$BG=AC$.

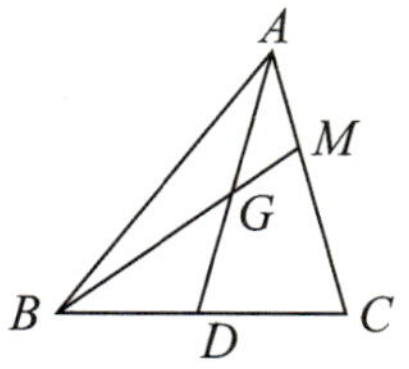

图 5-1-7

【答案】(1)见解析；(2)见解析

【解析】(1)$\because AD$是$\triangle ABC$的中线，

$\therefore BD=CD$.

在$\triangle ACD$和$\triangle EBD$中，$\begin{cases}CD=BD,\\ \angle ADC=\angle EDB,\\ AD=ED,\end{cases}$

$\therefore\triangle ACD\cong\triangle EBD(\text{SAS})$.

(2)如图 5-1-8，延长AD到点F，使$AD=DF$，连接BF.

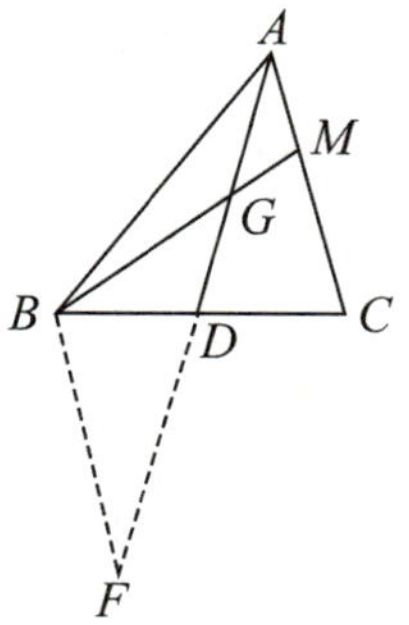

图 5-1-8

$\because AD$是$\triangle ABC$的中线，

$\therefore BD=DC$.

在△ADC和△FDB中，$\begin{cases} BD=DC, \\ \angle ADC=\angle BDF, \\ AD=DF, \end{cases}$

∴△ADC≌△FDB(SAS).

∴BF=AC，∠CAD=∠F.

∵AM=GM，

∴∠CAD=∠AGM.

∵∠AGM=∠BGF，

∴∠BGF=∠CAD=∠F，BG=BF.

∵BF=AC，

∴BG=AC.

【技巧2】"截长补短法"的应用

【方法说明】遇到求证线段和、差及倍半关系的问题时，可以采用截长补短的方法. 设有一条长线段和两条短线段，截长是指在长线段中截取一段线段，使之长度等于两条短线段中的任意一条的长度，然后证明长线段剩下部分长度等于另一条短线段长度的方法；补短是指将一条短线段延长，使延长部分的长度等于另一条短线段的长度，然后证明新线段长度等于长线段长度的方法. 题目中常见的条件有等腰三角形(即两条边相等)或角平分线(即两个角相等)，在求解过程中，可通过截长补短的方式，并连接一些点后，构建全等三角形而得出最终结论.

【方法归纳】

(1)如图5-1-9(a)，若要求证AB+BD=AC，可以在线段AC上截取线段AB′，使AB′=AB，连接DB′，证明B′C=BD即可[见图5-1-9(b)]；或延长AB至点C′，使AC′=AC，连接DC′，证明BC′=BD即可[见图5-1-9(c)].

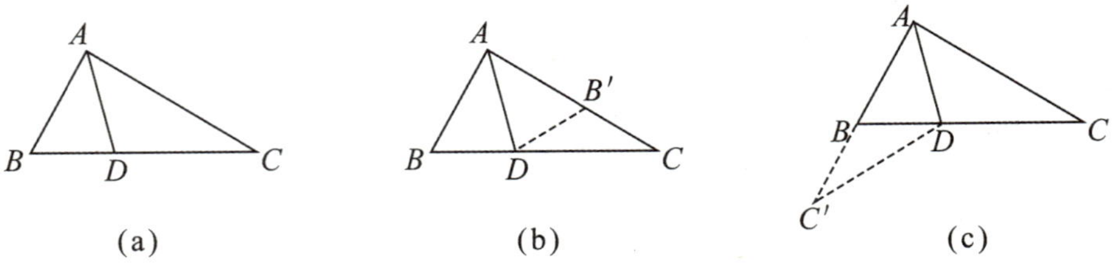

图5-1-9

(2)如图 5-1-10(a),若要求证 $AB+CD=BC$,可以在线段 BC 上截取线段 BF,使 $BF=AB$,再证明 $CD=CF$ 即可[见图 5-1-10(b)];或延长 BA 至点 F,使 $BF=BC$,再证明 $AF=CD$ 即可[见图 5-1-10(c)].

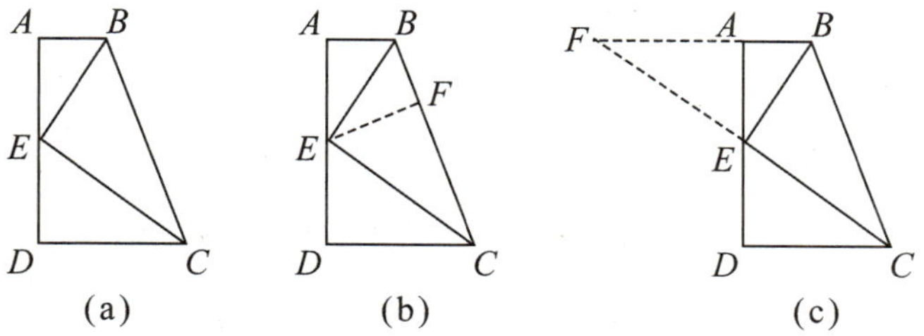

图 5-1-10

(3)如图 5-1-11(a),在一个对角互补的四边形中,有一组邻边相等($AB=AD$),可以使用补短的方法,延长另外两条边中的一条[如延长 CD 至点 E',使 $DE'=BC$,如图 5-1-11(b)],构建全等三角形(如$\triangle ABC\cong\triangle ADE'$).

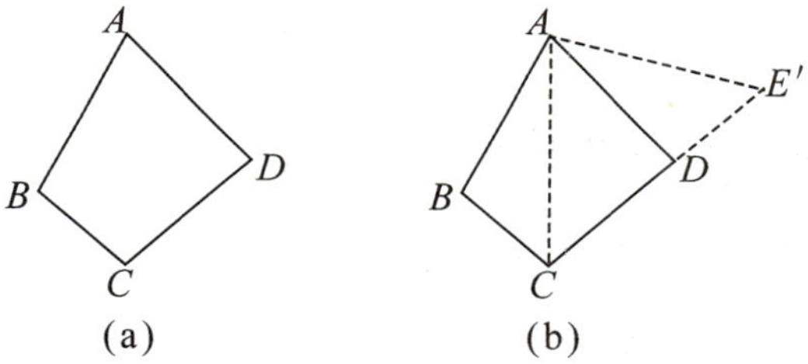

图 5-1-11

例 4　如图 5-1-12,已知在$\triangle ABC$ 中,$\angle ABC=60°$,AD,CE 分别平分$\angle BAC$,$\angle ACB$,AD,CE 交于点 O. 求证:$AC=AE+CD$.

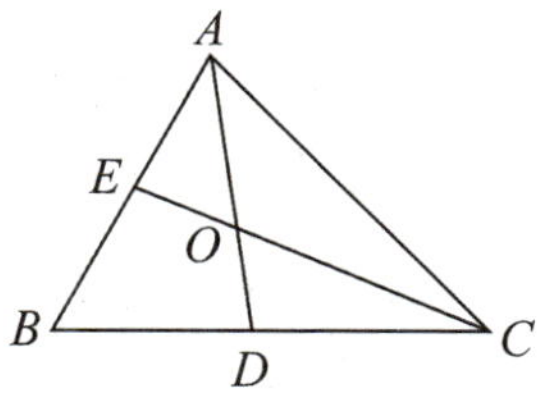

图 5-1-12

【答案】 见解析

【解析】 如图 5-1-13,在线段 AC 上截取线段 AF,使 $AF=AE$,连接 OF,则$\triangle AOE\cong\triangle AOF$.

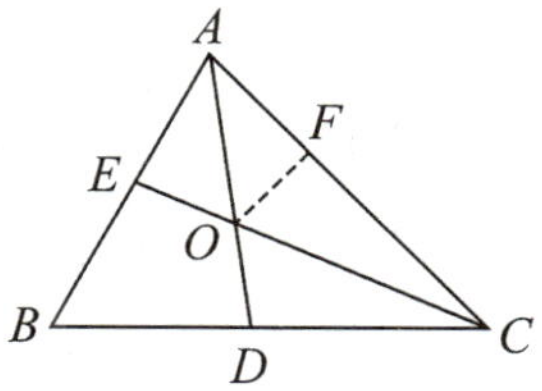

图 5-1-13

$\because\angle ABC=60°$,

$\therefore\angle BAC+\angle ACB=120°$.

$\because AD$,CE 分别平分$\angle BAC$,$\angle ACB$,

$\therefore\angle OAC+\angle ACO=60°$,则$\angle AOC=120°$.

$\therefore\angle AOE=\angle COD=\angle AOF=\angle COF=60°$.

在$\triangle COF$和$\triangle COD$中，$\begin{cases}\angle FCO=\angle DCO,\\ CO=CO,\\ \angle COF=\angle COD,\end{cases}$

$\therefore \triangle COF \cong \triangle COD$(ASA).

$\therefore CF=CD$.

$\therefore AC=AF+CF=AE+CD$.

例 5 如图 5-1-14，边长为 1 的正方形 $ABCD$ 被两条与边平行的线段 EF，GH 分割为四个矩形，EF 与 GH 交于点 P.

(1)若 $AG=AE$，证明：$AF=AH$；

(2)若$\angle FAH=45°$，证明：$AG+AE=FH$；

(3)若 Rt$\triangle GBF$ 的周长为 1，求矩形 $EPHD$ 的面积.

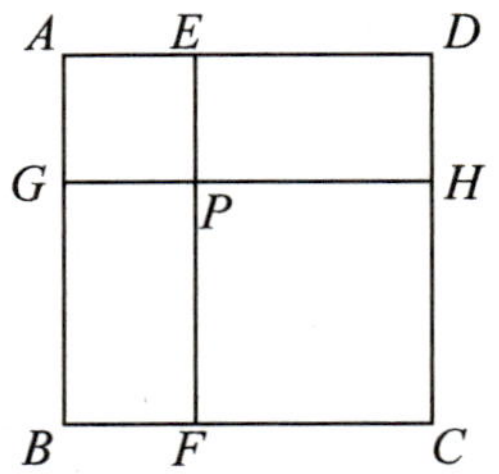

图 5-1-14

【答案】(1)见解析；(2)见解析；(3)$\dfrac{1}{2}$

【解析】(1)如图 5-1-15，连接 AH，AF.

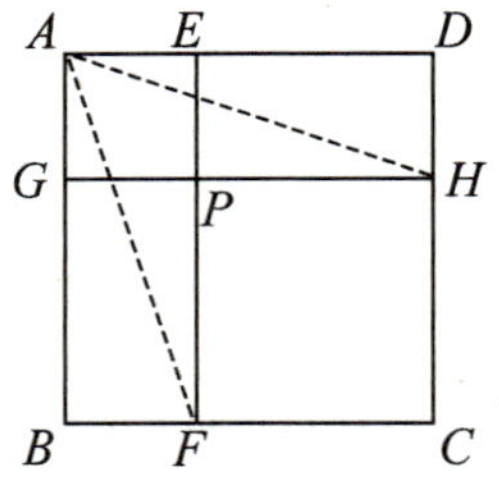

图 5-1-15

$\because$四边形 $ABCD$ 是正方形，

$\therefore AD=AB$，$\angle D=\angle B=90°$.

$\because$四边形 $ADHG$ 与四边形 $ABFE$ 都是矩形，

$\therefore DH=AG$，$AE=BF$.

又$\because AG=AE$，

$\therefore DH=BF$.

在 Rt$\triangle ADH$ 与 Rt$\triangle ABF$ 中，$\begin{cases}AD=AB,\\ \angle D=\angle B=90°,\\ DH=BF,\end{cases}$

$\therefore$ Rt$\triangle ADH \cong$ Rt$\triangle ABF$(SAS).

$\therefore AF=AH$.

(2)方法一：如图 5-1-16，延长 CB 至点 M，使 $BM=DH$，并连接 AM，AF，AH，FH.

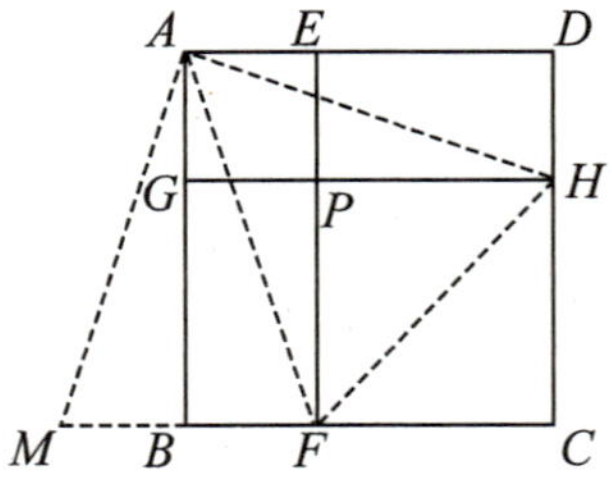

图 5-1-16

$\because$四边形 $ABCD$ 是正方形，

$\therefore AD=AB, \angle D=\angle ABF=90^\circ$，则$\angle D=\angle ABM=90^\circ$.

$\therefore \triangle ABM \cong \triangle ADH$(SAS).

$\therefore AM=AH, \angle MAB=\angle DAH$.

$\because \angle FAH=45^\circ$,

$\therefore \angle MAF=\angle BAF+\angle MAB=\angle BAF+\angle DAH=90^\circ-45^\circ=45^\circ=\angle FAH$.

又$\because AF=AF$,

$\therefore \triangle AMF \cong \triangle AHF$(SAS).

$\therefore MF=HF$.

$\because MF=MB+BF=HD+BF=AG+AE$,

$\therefore AG+AE=FH$.

方法二：如图 5-1-16，将$\triangle ADH$绕点A顺时针旋转90°至$\triangle ABM$的位置.

在$\triangle AMF$与$\triangle AHF$中，$\begin{cases} AM=AH, \\ AF=AF, \\ \angle MAF=\angle MAH-\angle FAH=90^\circ-45^\circ=45^\circ=\angle FAH, \end{cases}$

$\therefore \triangle AMF \cong \triangle AHF$(SAS).

$\therefore MF=HF$.

$\because MF=MB+BF=HD+BF=AG+AE$,

$\therefore AG+AE=FH$.

方法三：如图 5-1-17，在ED上取一点M，使$EM=AG$，连接AF, AH, FH, FM.

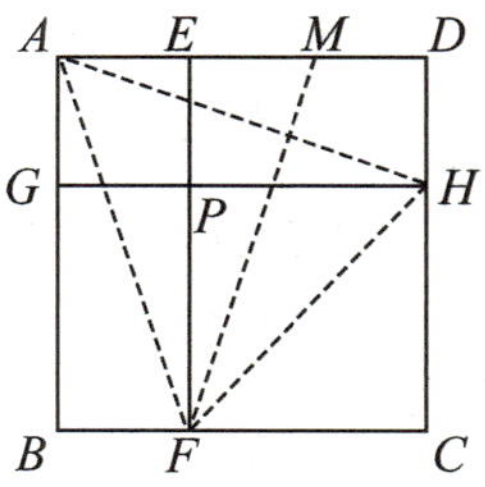

图 5-1-17

$\because GH=AD=AB=EF, \angle AGH=\angle MEF=90^\circ$,

$\therefore \triangle AGH \cong \triangle MEF$(SAS).

$\therefore AH=MF, \angle AHG=\angle MFE$.

$\because \angle FAH=45^\circ$,

$\therefore \angle AFM=\angle AFE+\angle MFE=\angle AFE+\angle AHG=\angle BAF+\angle DAH=45^\circ=\angle FAH$.

又$\because FA=FA$,

$\therefore \triangle AFH \cong \triangle FAM$(SAS),

$\therefore AE+AG=AE+EM=AM=FH$.

方法四:如图 5-1-18,连接 AF,AH,FH,过点 H 作 $HM \perp AF$,垂足为 N,并交 AB 于点 M,设 GH 与 AF 交于点 Q.

显然 $\angle HNF=\angle HNA=\angle AEF=\angle HGM=\angle ANM=90^{\circ}$.

$\because \angle HGM=\angle HNQ=90^{\circ}$,

$\therefore \angle HMG+\angle MHG=\angle HQF+\angle MHG=90^{\circ}$.

$\therefore \angle HMG=\angle HQF$.

$\because \angle ANM=90^{\circ}$,

$\therefore \angle HMG+\angle MAN=\angle FAE+\angle MAN=90^{\circ}$.

$\therefore \angle HMG=\angle FAE$.

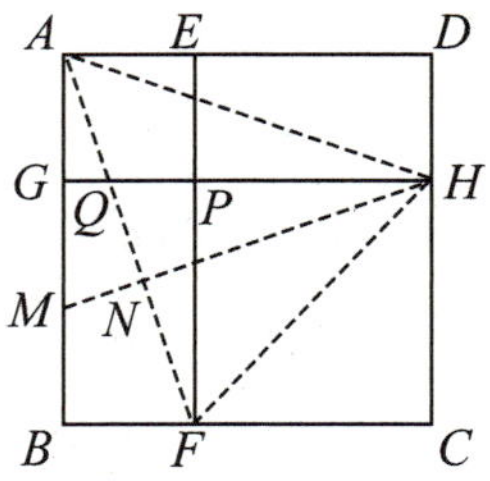

图 5-1-18

$\therefore \angle HMG=\angle HQF=\angle FAE$.

$\because EF=AB=BC=GH$,

$\therefore \triangle AEF \cong \triangle MGH$(AAS).

$\therefore AF=HM$,$AE=MG$,$\angle MHG=\angle AFE$.

$\because \angle FAH=45^{\circ}$,

$\therefore \angle AHM=\angle MHG+\angle AHG=\angle AFE+\angle AHG=\angle BAF+\angle DAH=90^{\circ}-45^{\circ}=45^{\circ}=\angle FAH$.

又$\because AH=HA$,

$\therefore \triangle AFH \cong \triangle HMA$(SAS).

$\therefore AE+AG=MG+AG=MA=FH$.

(3)如图 5-1-19,连接 GF,设 $ED=x$,$DH=y$,

则 $GB=AB-AG=1-y$,$BF=BC-FC=1-x$.

可得在 $\mathrm{Rt}\triangle GBF$ 中,$GF^2=GB^2+BF^2=(1-y)^2+(1-x)^2$.

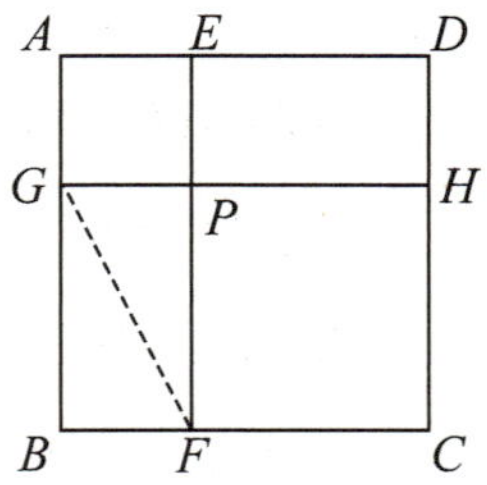

图 5-1-19

$\because \mathrm{Rt}\triangle GBF$ 的周长为 1,

$\therefore GF=1-GB-BF=1-(1-x)-(1-y)=x+y-1$,

$\therefore (x+y-1)^2=(1-y)^2+(1-x)^2$,解得 $xy=\frac{1}{2}$.

$\therefore S_{矩形EPHD}=ED\cdot DH=xy=\frac{1}{2}$.

【技巧3】全等三角形中作辅助线的方法

【方法归纳】

(1)连接两点法,具体应用示例如下:

例6 如图5-1-20,已知$AB=AC$,$BD=CD$,$\angle A=60°$,$\angle D=140°$,则$\angle B=$(　　).

A. 50°　　B. 40°

C. 40°或70°　　D. 30°

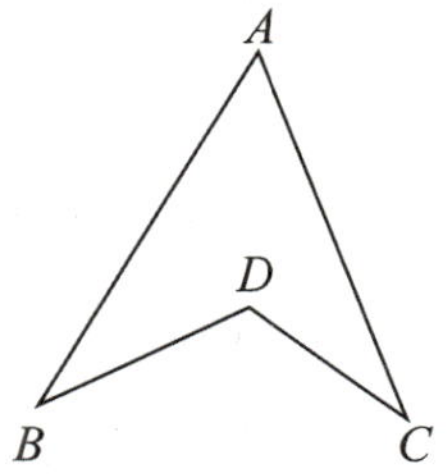

图5-1-20

【答案】 B

【解析】 如图5-1-21,连接AD.

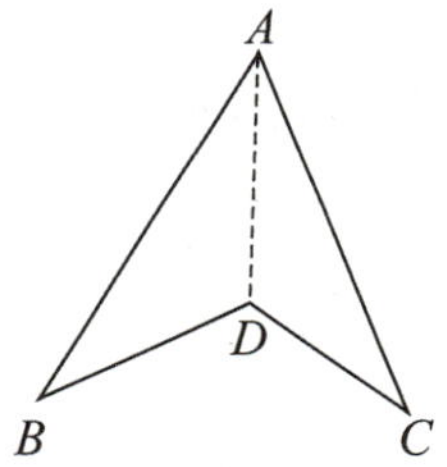

图5-1-21

在$\triangle ABD$与$\triangle ACD$中,$\begin{cases}AB=AC,\\BD=CD,\\AD=AD,\end{cases}$

$\therefore\triangle ABD\cong\triangle ACD$(SSS).

$\therefore\angle BAD=\angle CAD=\frac{1}{2}\angle BAC=30°$,

$\angle ADB=\angle ADC=\frac{1}{2}\times(360°-140°)=110°$.

$\because\angle BAD+\angle ADB+\angle B=180°$,

$\therefore\angle B=40°$.

(2)作平行线法,具体应用示例如下:

例7 如图5-1-22,$\triangle ABC$是边长为4的等边三角形,点P在AB上,过点P作$PE\perp AC$,垂足为E,延长BC至点Q,使$CQ=PA$,连接PQ交AC于点D,则DE的长为(　　).

A. 1　　B. 1.8

C. 2　　D. 2.5

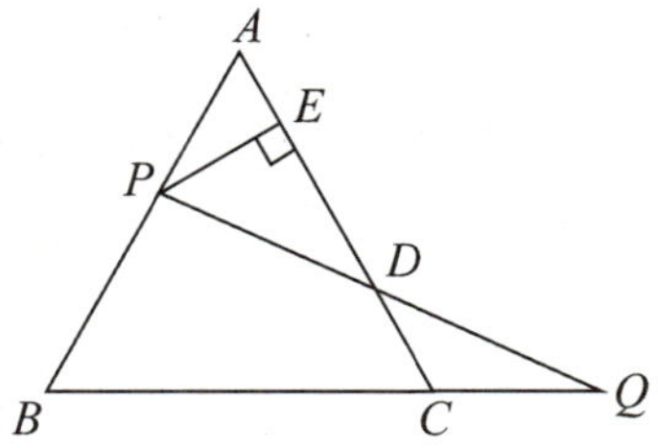

图5-1-22

【答案】 C

【解析】如图5-1-23，过点P作BC的平行线交AC于点F，易得$\angle Q=\angle FPD$.

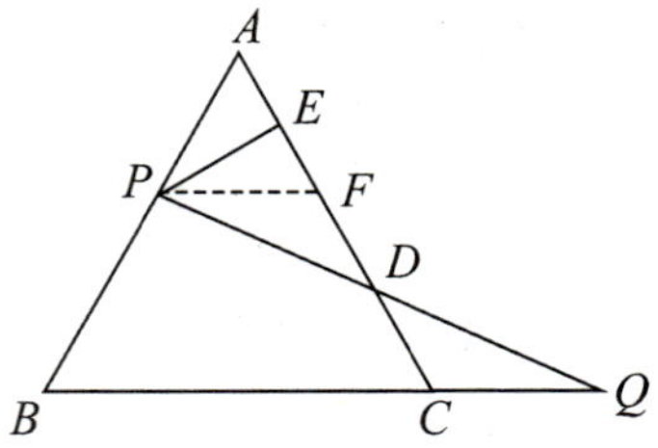

图5-1-23

$\because \triangle ABC$是等边三角形，

$\therefore \angle APF=\angle B=60^\circ$，$\angle AFP=\angle ACB=60^\circ$.

$\therefore \triangle APF$是等边三角形，则$AP=PF$.

$\because CQ=PA$，

$\therefore PF=CQ$.

在$\triangle PFD$和$\triangle QCD$中，$\begin{cases}\angle FPD=\angle Q,\\ \angle PDF=\angle QDC,\\ PF=CQ,\end{cases}$

$\therefore \triangle PFD\cong\triangle QCD$(AAS)，$FD=CD$.

$\because PE\perp AC$于点E，$\triangle APF$是等边三角形，

$\therefore AE=EF$，则$AE+DC=EF+FD=ED$.

$\therefore DE=\dfrac{1}{2}AC$.

$\because AC=4$，

$\therefore DE=2$.

(3)作垂线法，具体应用示例如下：

例8 如图5-1-24，已知四边形$ABCD$，连接AC，其中$AD\perp AC$，$BC\perp AC$，$AC=BC$，延长CA到点E，使得$AE=AD$，F为AB上一点，连接FE，FD，FD交AC于点G.

(1)求证：$\triangle EAF\cong\triangle DAF$；

(2)如图5-1-25，连接CF，若$EF=FC$，求$\angle DCF$的大小.

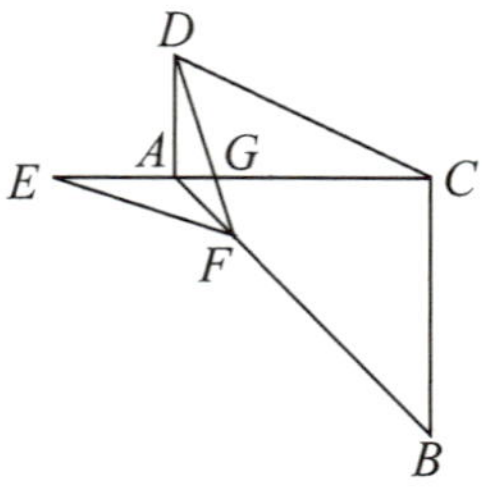

图5-1-24

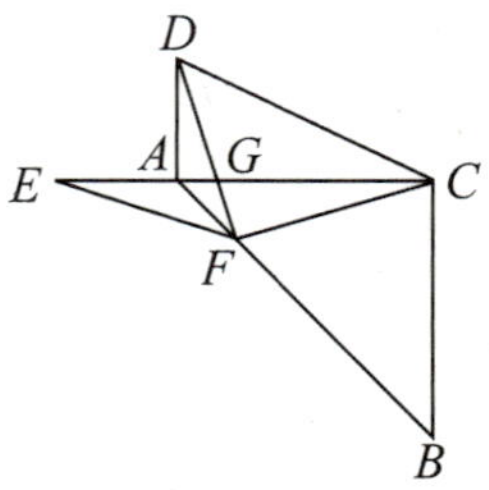

图5-1-25

【答案】(1)见解析;(2)$\angle DCF=45^\circ$

【解析】(1)$\because AD\perp AC,BC\perp AC$,

$\therefore \angle CAD=\angle ACB=90^\circ$.

$\because AC=BC$,

$\therefore \angle BAC=\angle B=45^\circ$,

$\therefore \angle EAF=180^\circ-\angle BAC=135^\circ,\angle DAF=\angle CAD+\angle BAC=135^\circ$,

$\therefore \angle EAF=\angle DAF$.

在$\triangle EAF$和$\triangle DAF$中,$\begin{cases}AE=AD,\\ \angle EAF=\angle DAF,\\ AF=AF,\end{cases}$

$\therefore \triangle EAF\cong\triangle DAF$(SAS).

(2)如图5-1-26,过点F作$FM\perp FA$,FM交AC于点M.

$\because FA\perp FM,\angle FAM=45^\circ$,

$\therefore \angle FMA=45^\circ=\angle FAM$,

$\therefore FA=FM,\angle FMC=\angle FAE=135^\circ$.

$\because EF=FC$,

$\therefore \angle FEM=\angle FCA$.

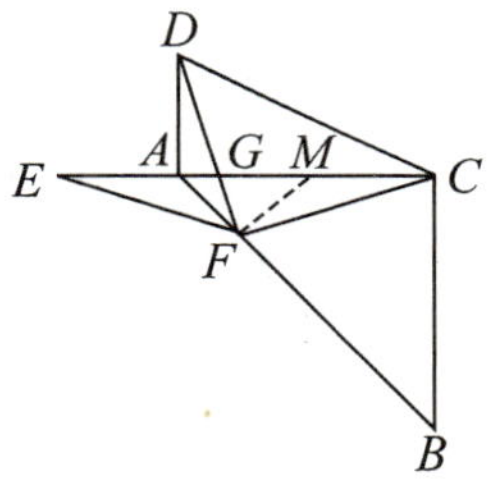

图5-1-26

在$\triangle AEF$和$\triangle MCF$中,$\begin{cases}\angle FEA=\angle FCM,\\ \angle EAF=\angle CMF,\\ AF=FM,\end{cases}$

$\therefore \triangle AEF\cong\triangle MCF$(AAS).

$\therefore \angle AFE=\angle MFC$.

$\because \triangle EAF\cong\triangle DAF$,

$\therefore \angle EFA=\angle DFA,EF=DF$,

$\therefore \angle DFA=\angle MFC,\angle DFC=\angle AFM=90^\circ$.

又$\because DF=EF=CF$,

$\therefore \triangle CDF$是等腰直角三角形,$\angle DCF=45^\circ$.

(4)补全图形法,具体应用示例如下:

例 9 如图 5-1-27,在$\triangle ABC$中,$AC=BC$,$\angle ACB=90°$,AD平分$\angle BAC$并交BC于点D.过点B作$BE\perp AD$,交AD的延长线于点E.F为AB的中点,连接CF,交AD于点G,连接BG.

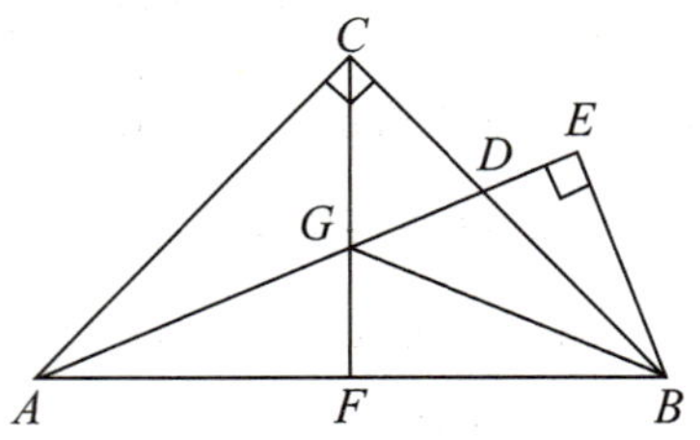

图 5-1-27

(1)判断线段BE与线段AD之间的数量关系,并说明理由;

(2)判断$\triangle BEG$的形状,并说明理由.

【答案】(1)$BE=\frac{1}{2}AD$,理由见解析;(2)$\triangle BEG$是等腰直角三角形,理由见解析

【解析】(1)$BE=\frac{1}{2}AD$,理由如下:

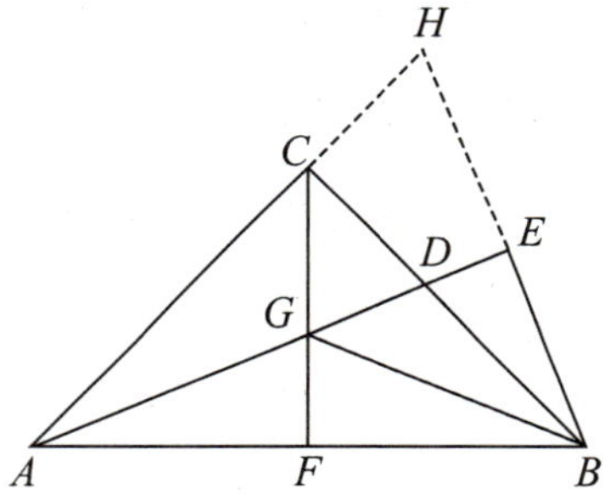

图 5-1-28

如图 5-1-28,延长BE,AC交于点H.

$\because BE\perp AD$,$\therefore \angle AEB=\angle AEH=90°$.

$\because AD$平分$\angle BAC$,$\therefore \angle BAE=\angle HAE$.

在$\triangle BAE$和$\triangle HAE$中,$\begin{cases}\angle AEB=\angle AEH,\\ AE=AE,\\ \angle BAE=\angle HAE,\end{cases}$

$\therefore \triangle BAE\cong\triangle HAE(\text{ASA})$,$BE=HE=\frac{1}{2}BH$.

$\because \angle ACB=90°$,

$\therefore \angle BCH=180°-\angle ACB=90°=\angle ACD$,

$\angle CBH=90°-\angle H=\angle CAD$.

在$\triangle BCH$和$\triangle ACD$中,$\begin{cases}\angle BCH=\angle ACD,\\ BC=AC,\\ \angle CBH=\angle CAD,\end{cases}$

$\therefore \triangle BCH\cong\triangle ACD(\text{ASA})$.

$\therefore BH=AD$,$BE=\frac{1}{2}AD$.

(2)$\triangle BEG$是等腰直角三角形，理由如下：

$\because AC=BC, AF=BF$，

$\therefore CF\perp AB, AG=BG, \angle GAB=\angle GBA$.

$\because AC=BC, \angle ACB=90°$，

$\therefore \angle CAB=\angle CBA=45°$.

又$\because AD$平分$\angle BAC$，

$\therefore \angle GAB=\frac{1}{2}\angle CAB=22.5°$，$\angle GBA=\angle GAB=22.5°$，$\angle EGB=\angle GAB+\angle GBA=45°$.

$\because \angle BEG=90°$，

$\therefore \angle EBG=\angle EGB=45°, EG=EB$，$\triangle BEG$是等腰直角三角形.

(5)旋转法，具体应用示例如下：

例 10　如图 5-1-29，在 $Rt\triangle ABC$ 中，$\angle ACB=90°, AC=BC$，E 为$\triangle ABC$外一点，且$\angle CEA=45°$. 求证：$AE\perp BE$.

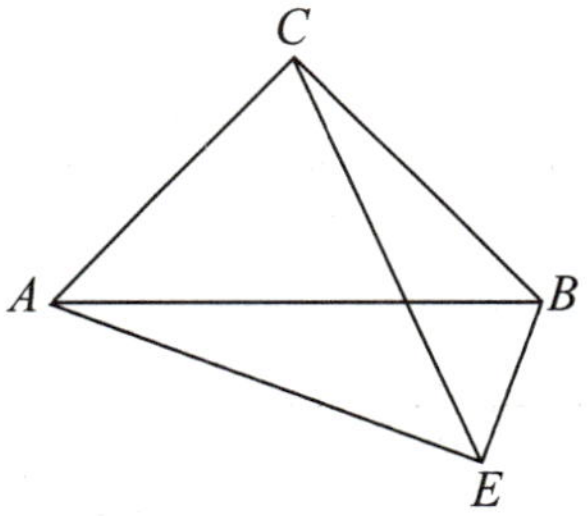

图 5-1-29

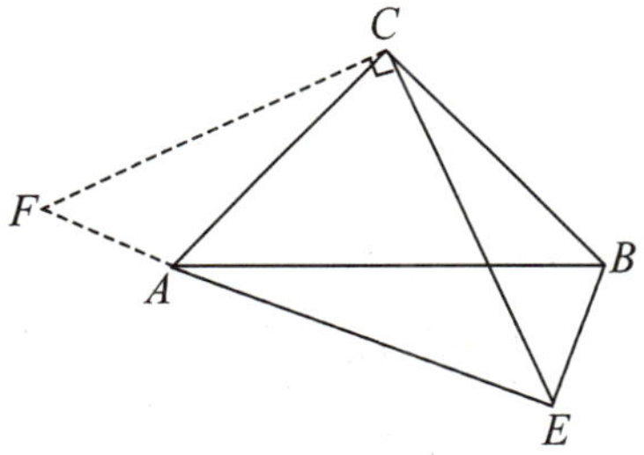

图 5-1-30

【答案】见解析

【解析】如图 5-1-30，过点 C 作 $CF\perp CE$，交 EA 的延长线于点 F.

$\because \angle CEA=45°, \therefore \angle F=\angle CEA=45°, CF=CE$.

$\because \angle FCA+\angle ACE=\angle ACE+\angle ECB=90°$，

$\therefore \angle FCA=\angle ECB$.

在$\triangle FCA$和$\triangle ECB$中，$\begin{cases} CF=CE, \\ \angle FCA=\angle ECB, \\ AC=BC, \end{cases}$

$\therefore \triangle ACF\cong\triangle BCE(SAS)$.

$\therefore \angle BEC=\angle F=45°$，$\angle AEB=\angle AEC+\angle BEC=90°$，则 $AE\perp BE$.

【技巧 4】“一线三等角”模型

【方法归纳】

(1)如图 5-1-31，同侧型条件和结论如下：

①条件：$CP=DP$，$\angle CAP=\angle CPD=\angle DBP$.

②结论：$\triangle ACP\cong\triangle BPD$.

(2)如图 5-1-32，异侧型条件和结论如下：

①条件：$CP=DP$，$\angle CAH=\angle DBH=\angle DPC$.

②结论：$\triangle ACP\cong\triangle BPD$.

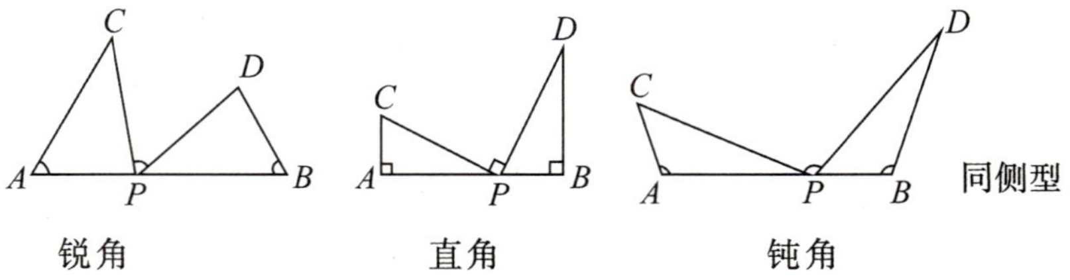

图 5-1-31

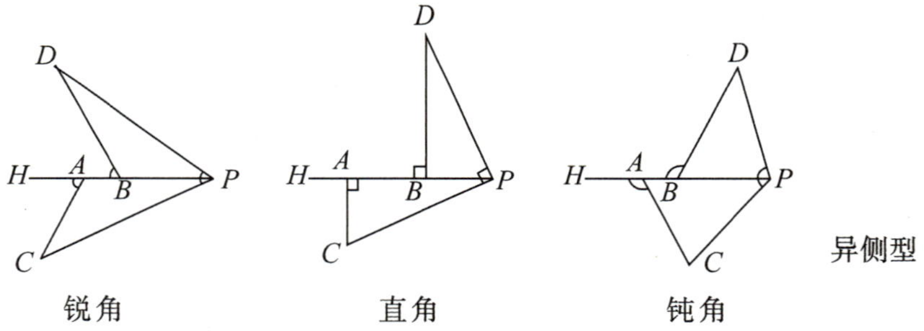

图 5-1-32

例 11 在 $\triangle ABC$ 中，$\angle ACB=90°$，$AC=BC$，直线 MN 经过点 C，且 $AD\perp MN$ 于点 D，$BE\perp MN$ 于点 E.

(1)当直线 MN 绕点 C 旋转到图 5-1-33 的位置时，求证：

①$\triangle ADC\cong\triangle CEB$；②$DE=AD+BE$.

(2)当直线 MN 绕点 C 旋转到图 5-1-34 的位置时，求证：$DE=AD-BE$.

(3)当直线 MN 绕点 C 旋转到图 5-1-35 的位置时，试问 DE，AD，BE 具有怎样的等量关系？请写出这个等量关系，并加以证明.

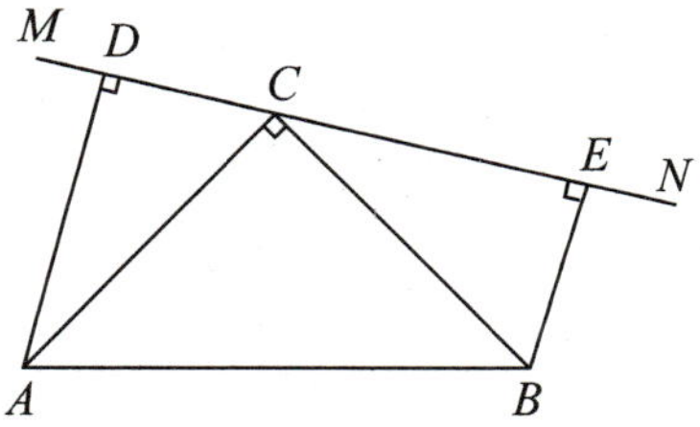

图 5-1-33

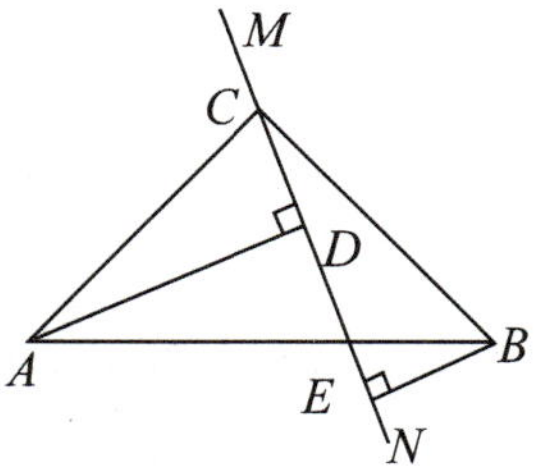

图 5-1-34

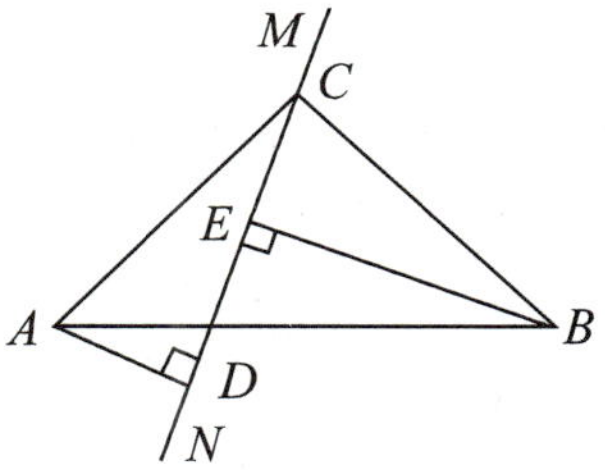

图 5-1-35

【答案】(1)见解析;(2)见解析;(3)$DE=EB-AD$

【解析】(1)$\because \angle ACB=90^\circ$,

$\therefore \angle ACD+\angle BCE=90^\circ$.

又$\because AD\perp MN$ 于点 D,$BE\perp MN$ 于点 E,

$\therefore \angle ADC=\angle CEB=90^\circ$,$\angle BCE+\angle CBE=90^\circ$,$\angle ACD=\angle CBE$.

在$\triangle ADC$ 和$\triangle CEB$ 中,$\begin{cases}\angle ADC=\angle CEB,\\ \angle ACD=\angle CBE,\\ AC=CB,\end{cases}$

$\therefore \triangle ADC\cong\triangle CEB$(AAS).

$\therefore AD=CE$,$DC=EB$,则 $DE=DC+CE=EB+AD$.

(2)在$\triangle ADC$ 和$\triangle CEB$ 中,$\begin{cases}\angle ADC=\angle CEB=90^\circ,\\ \angle ACD=\angle CBE,\\ AC=CB,\end{cases}$

$\therefore \triangle ADC\cong\triangle CEB$(AAS).

$\therefore AD=CE$,$DC=EB$,则 $DE=CE-CD=AD-EB$.

(3)$DE=EB-AD$.

易证得$\triangle ADC\cong\triangle CEB$,

$\therefore AD=CE$,$DC=EB$,则 $DE=CD-CE=EB-AD$.

例 12　如图 5-1-36,把一块直角三角尺 ABC 的直角顶点 C 放置在水平直线 MN 上,在$\triangle ABC$ 中,$\angle C=90^\circ$,$AC=BC$,试回答下列问题:

(1)若把三角尺 ABC 绕着点 C 按顺时针方向旋转,当 $AB\parallel MN$ 时,$\angle 2=$________;

(2)如图 5-1-37,在三角尺 ABC 绕着点 C 按顺时针方向旋转过程中,分别作 $AM\perp MN$ 于点 M,$BN\perp MN$ 于点 N,若 $AM=6$,$BN=2$,求 MN;

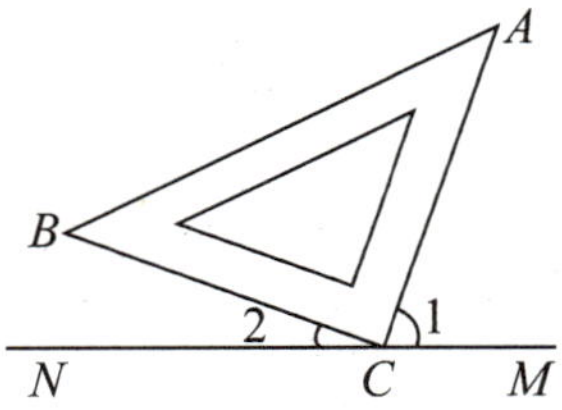

图 5-1-36

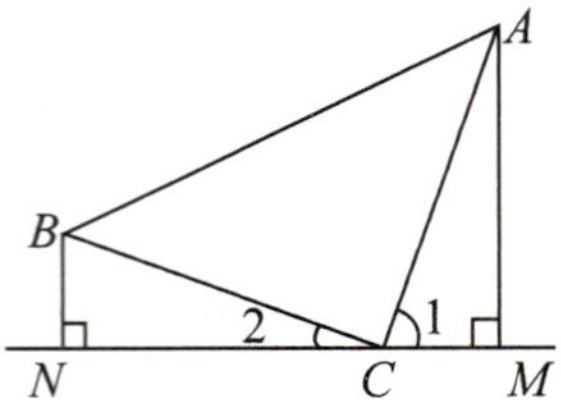

图 5-1-37

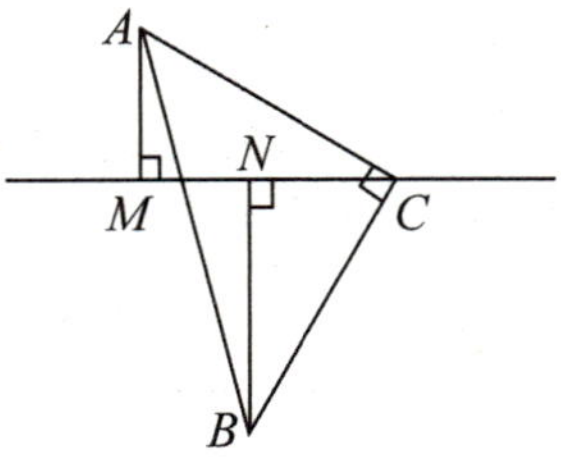

图 5-1-38

(3)把三角尺 ABC 绕着点 C 按顺时针方向继续旋转到图 5-1-38 的位置,其他条件不变,则 AM,BN 与 MN 之间有什么关系?请说明理由.

【答案】(1)45°;(2)8;(3)$MN=BN-AM$

【解析】(1)在$\triangle ABC$ 中,$BC=AC$,$\angle ACB=90°$,

$\therefore \angle B=\angle A=45°$.

$\because AB /\!/ MN$,

$\therefore \angle 2=\angle B=45°$.

(2)$\because AM\perp MN$ 于点 M,$BN\perp MN$ 于点 N,

$\therefore \angle AMC=90°$,$\angle BNC=90°$,$\angle 1+\angle CAM=90°$.

又$\because \angle 1+\angle 2=90°$,$\therefore \angle 2=\angle CAM$.

同理可得$\angle 1=\angle CBN$.

在$\triangle AMC$ 和$\triangle CNB$ 中,$\begin{cases}\angle 1=\angle CBN,\\ AC=BC,\\ \angle CAM=\angle 2,\end{cases}$

$\therefore \triangle AMC\cong\triangle CNB$(ASA).

$\therefore AM=CN$,$MC=BN$,

$\therefore MN=MC+CN=AM+BN=2+6=8$.

(3)$MN=BN-AM$,理由如下:

可采用与(2)中相同的方法得到$\triangle AMC\cong\triangle CNB$,

$\therefore AM=CN$,$MC=BN$.

$\therefore MN=MC-CN=BN-AM$.

【技巧 5】"手拉手"模型

【方法归纳】如图 5-1-39,左手拉左手(即连接 BD),右手拉右手(即连接

CE)，可得$\triangle ABD\cong\triangle ACE$."手拉手"模型的条件是共顶点、等顶角、双等腰，结论是左手拉右手，右手拉右手，围成的两个三角形全等.常见的"手拉手"模型有等边三角形"手拉手"、等腰直角三角形"手拉手"和一般等腰三角形"手拉手"，分别如图5-1-40(a)(b)(c)所示，图中$\triangle ABC$和$\triangle ADE$分别为等边三角形、等腰直角三角形和一般等腰三角形，可得$\triangle ACE\cong\triangle ABD$.

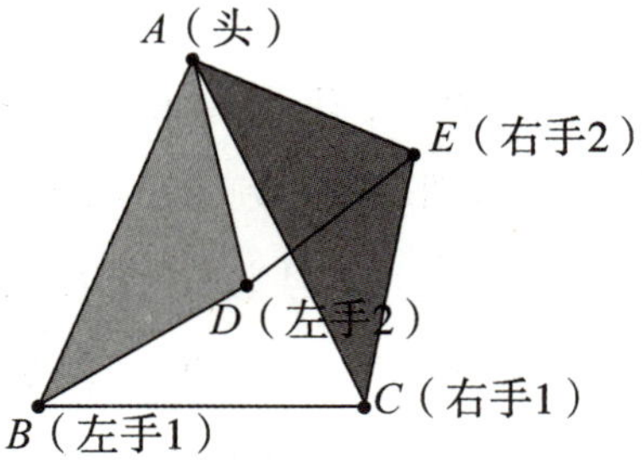

图5-1-39

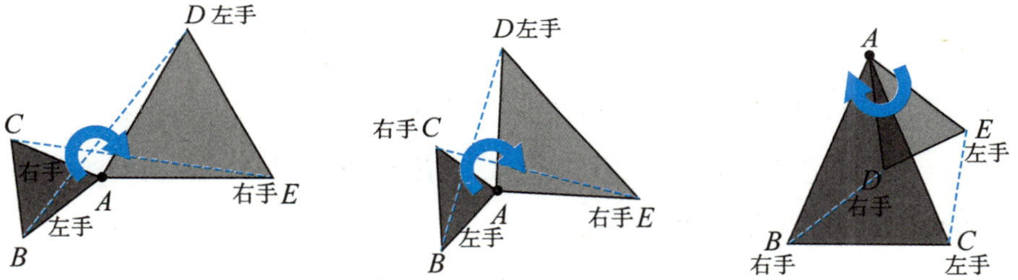

图5-1-40

例13　如图5-1-41，在$\triangle ABC$和$\triangle CDE$中，$AC=BC$，$CD=CE$，$\angle ACB=\angle DCE=90°$，连接$AE$，$BD$.

(1)求证：$\triangle ACE\cong\triangle BCD$；

(2)求证：$AE\perp BD$.

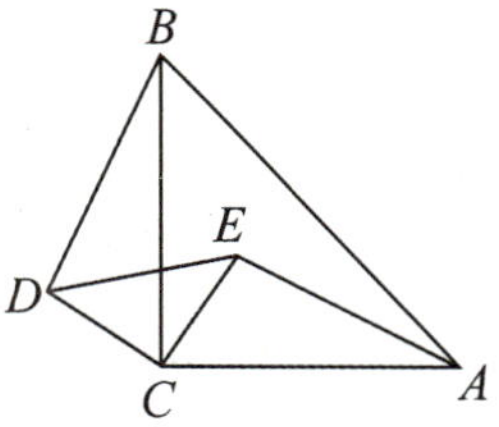

图5-1-41

【答案】(1)见解析；(2)见解析

【解析】(1)$\because\angle ACB=\angle DCE$，

$\therefore\angle ACE=\angle BCD$.

在$\triangle ACE$和$\triangle BCD$中，$\begin{cases}AC=BC,\\\angle ACE=\angle BCD,\\EC=DC,\end{cases}$

$\therefore\triangle ACE\cong\triangle BCD$(SAS).

(2)如图 5-1-42,延长 AE 交 CB 于点 T,交 BD 于点 H.

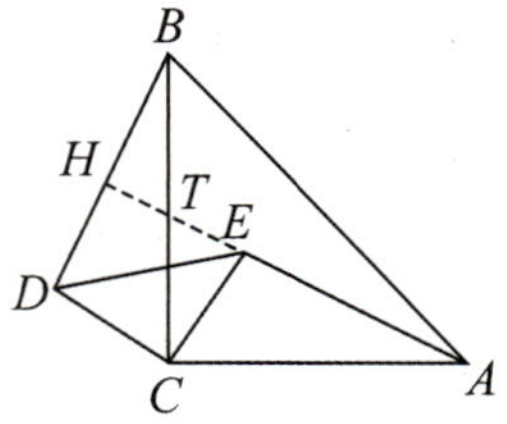

图 5-1-42

$\because \triangle ACE \cong \triangle BCD$, $\therefore \angle CAE = \angle CBD$.

$\because \angle CAE + \angle CTE = 90^\circ$, $\angle CTE = \angle BTH$,

$\therefore \angle CBD + \angle BTH = 90^\circ$,

$\therefore \angle BHT = 90^\circ$,则 $AE \perp BD$.

例 14 如图 5-1-43,点 A,B,C 在一条直线上,$\triangle ABD$,$\triangle BCE$ 均为等边三角形,连接 AE,CD,PN,BF. 现有下列结论:① $\triangle ABE \cong \triangle DBC$;② $\angle DFA = 60^\circ$;③ $\triangle BPN$ 为等边三角形;④ 若 $\angle 1 = \angle 2$,则 FB 平分 $\angle AFC$. 其中正确的有(　　).

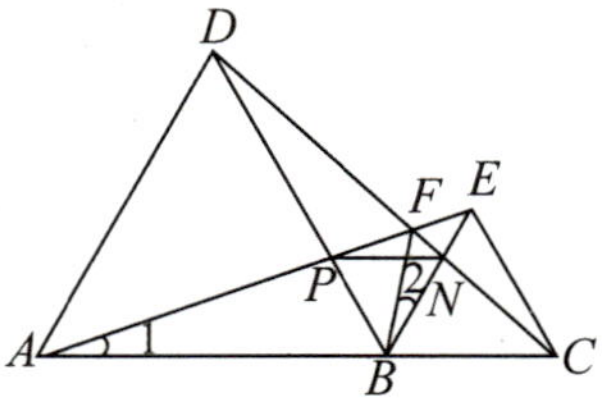

图 5-1-43

A. 4 个　　B. 3 个　　C. 2 个　　D. 1 个

【答案】A

【解析】$\because \triangle ABD$,$\triangle BCE$ 均为等边三角形,

$\therefore AB = DB$, $\angle ABD = \angle CBE = 60^\circ$, $BE = BC$,

$\therefore \angle ABE = \angle DBC$, $\angle PBN = 60^\circ$.

在$\triangle ABE$ 和$\triangle DBC$ 中,$\begin{cases} AB = DB, \\ \angle ABE = \angle DBC, \\ BE = BC, \end{cases}$

$\therefore \triangle ABE \cong \triangle DBC$(SAS).

$\therefore$①正确.

$\because \triangle ABE \cong \triangle DBC$,

$\therefore \angle BAE = \angle BDC$.

$\because \angle BDC + \angle BCD = 180^\circ - 60^\circ - 60^\circ = 60^\circ$,

$\therefore \angle DFA = \angle BAE + \angle BCD = \angle BDC + \angle BCD = 60^\circ$.

$\therefore$②正确.

在$\triangle ABP$ 和$\triangle DBN$ 中,$\begin{cases} \angle BAP = \angle BDN, \\ AB = DB, \\ \angle ABP = \angle DBN = 60^\circ, \end{cases}$

∴$\triangle ABP \cong \triangle DBN$(ASA).

∴$BP = BN$.

∴$\triangle BPN$ 为等边三角形.

∴③正确.

∵$\angle DFA = 60°$,

∴$\angle AFC = 120°$,$\angle AFC + \angle PBN = 180°$,

∴P,B,N,F 四点共圆.

∵$BP = BN$,

∴$\overset{\frown}{BP} = \overset{\frown}{BN}$.

∴$\angle BFP = \angle BFN$,即 FB 平分$\angle AFC$.

∴④正确.

例 15 如图 5-1-44,点 E 在$\triangle DBC$ 的边 DB 上,点 A 在$\triangle DBC$ 内部,$\angle DAE = \angle BAC = 90°$,$AD = AE$,$AB = AC$. 给出下列结论:① $BD = CE$;② $\angle ABD + \angle ECB = 45°$;③ $BD \perp CE$;④ $BE^2 = 2(AD^2 + AB^2) - CD^2$. 其中正确的是(　　).

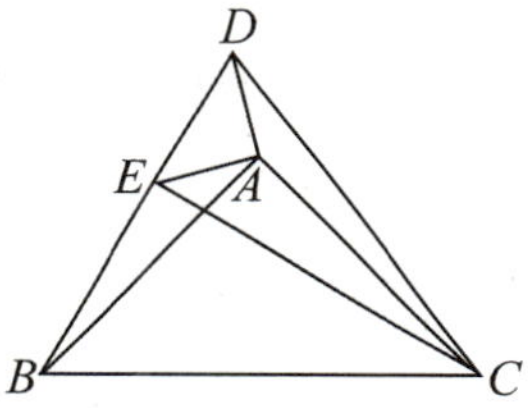

图 5-1-44

A. ①②③④　　B. ②④　　C. ①②③　　D. ①③④

【答案】 A

【解析】 ∵$\angle DAE = \angle BAC = 90°$,$AD = AE$,$AB = AC$,

∴$\triangle DAE$ 和$\triangle BAC$ 均为等腰直角三角形,$\angle ACB = 45°$.

∴$\triangle ABD \cong \triangle ACE$,$BD = CE$,$\angle ABD + \angle ECB = \angle ACE + \angle ECB = \angle ACB = 45°$.

∴$\angle CED = \angle ECB + \angle EBC = \angle ABD + \angle ECB + \angle ABC = \angle ACE + \angle ECB + \angle ABC = 45° + 45° = 90°$.

∴$BE^2 = BC^2 - EC^2 = 2AB^2 - (CD^2 - DE^2) = 2AB^2 - CD^2 + 2AD^2 = 2(AD^2 + AB^2) - CD^2$.

故①②③④均正确.

三、真题演练

1.如图 5-1-45,在 Rt△ABC 中,$\angle ACB=90°$. E 是 AB 上的一点,且 $BE=BC$. 过 E 作 $DE\perp AB$ 交 AC 于点 D. 如果 $AC=4$ cm,则 $AD+DE$ 等于(　　).

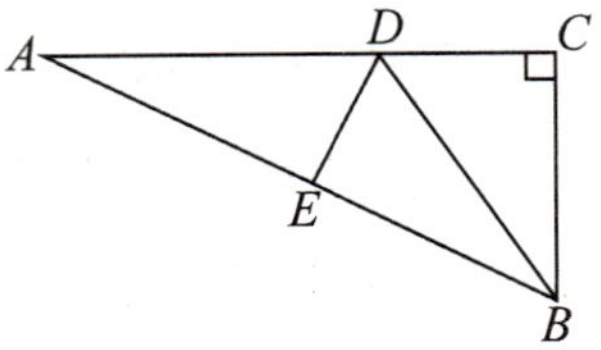

图 5-1-45

A. 4 cm　　B. 5 cm　　C. 8 cm　　D. 10 cm

【答案】A

【解析】∵$DE\perp AB$,

∴$\angle DEB=90°=\angle C$.

在 Rt△BED 和 Rt△BCD 中,$\begin{cases}BD=BD,\\BE=BC,\end{cases}$

∴Rt△BED≌Rt△BCD(HL).

∴$DE=DC$.

∴$AD+DE=AD+CD=AC=4$ cm.

2.如图 5-1-46,在△ABC 中,$AB=BC$,$BD=CE$,$\angle ABC=\angle C=55°$,则$\angle APE$ 的大小是(　　).

A. 70°　　B. 65°

C. 60°　　D. 55°

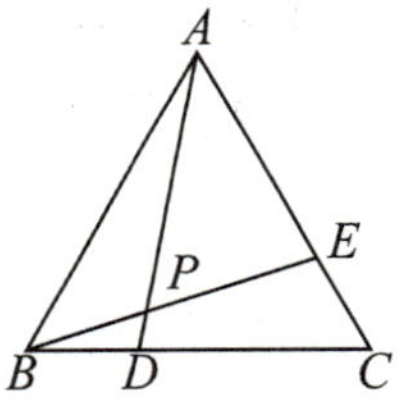

图 5-1-46

【答案】D

【解析】在△ABD 和△BCE 中,$\begin{cases}AB=BC,\\\angle ABC=\angle C=55°,\\BD=CE,\end{cases}$

∴△ABD≌△BCE(SAS),$\angle BAD=\angle CBE$.

∵$\angle APE=\angle ABE+\angle BAD$,$\angle ABE+\angle CBE=\angle ABC=55°$,$\angle BAD=\angle CBE$,

∴$\angle APE=\angle ABC=55°$.

3.如图 5-1-47,要测量河两岸相对的两点 A,B 的距离,可在河的一侧取 AB 的垂线 BM 上的两点 C,D,使 $BC=CD$,再画出 BM 的垂线 DE,使 E 在 AC 的延长线上.

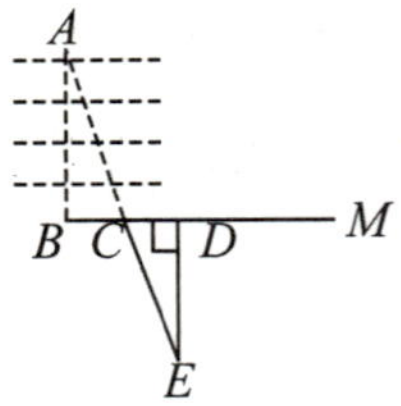

图 5-1-47

若 $BD=10$ m，$DE=10$ m，$CE=13$ m，则 A，B 两点之间的距离是(　　).

A. 5 m　　B. 10 m　　C. 12 m　　D. 13 m

【答案】C

【解析】∵$BC=DC$，$BD=10$ m，

∴$DC=BC=5$ m.

∵$AB\perp BC$，$ED\perp BD$，

∴$\angle ABC=\angle EDC=90°$.

在$\triangle ABC$和$\triangle EDC$中，$\begin{cases}\angle ABC=\angle EDC,\\ \angle ACB=\angle ECD,\\ BC=DC,\end{cases}$

∴$\triangle ABC\cong\triangle EDC$(AAS).

∴$AB=ED=12$ m.

4.如图 5-1-48，要测量池塘两岸相对的两点 A，B 之间的距离，作线段 AC 与 BD 相交于点 O. 若 $AC=BD$，$AO=DO=6$ m，$CD=15$ m，则 A，B 两点之间的距离为________ m.

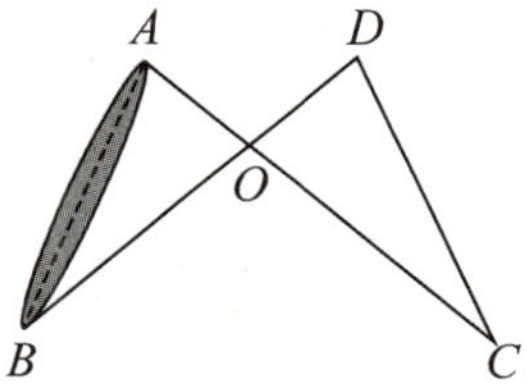

图 5-1-48

【答案】15

【解析】∵$AC=BD$，$AO=DO=6$ m，

∴$BO=CO$.

在$\triangle ABO$和$\triangle DCO$中，$\begin{cases}AO=DO,\\ \angle AOB=\angle DOC,\\ BO=CO,\end{cases}$

∴$\triangle ABO\cong\triangle DCO$(SAS).

∴$AB=DC=15$ m.

5.如图 5-1-49，要测量河两岸相对的两点 A，B 之间的距离，在 AB 的垂线 BF 上取两点 C，D，使 $BC=CD$，过 D 作 BF 的垂线 DE，与 AC 的延长线交于点 E. 若测得 DE 的长为 25 m，则河宽 AB 为________ m.

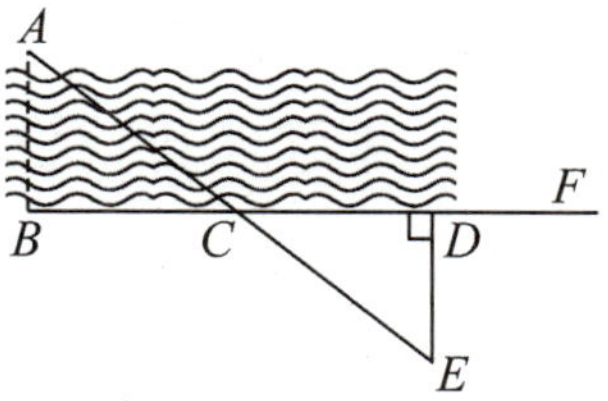

图 5-1-49

【答案】25

【解析】在△ABC 和△EDC 中，$\begin{cases}\angle ABC=\angle EDC=90^\circ,\\ BC=DC,\\ \angle ACB=\angle ECD,\end{cases}$

∴△ABC≌△EDC(ASA).

∴$AB=ED=25$ m.

6. 要测量圆形工件的外径，工人师傅设计了如图 5-1-50 所示的卡钳，O 为卡钳两柄交点，且有 $OA=OB=OC=OD$，如果圆形工件恰好通过 AB，则这个工件的外径必是 CD 之长，其依据的全等三角形的判定条件是(　　).

A. ASA　　B. AAS　　C. SAS　　D. SSS

【答案】C

【解析】如图 5-1-50，连接 AB，CD.

在△ABO 和△DCO 中，$\begin{cases}OA=OD,\\ \angle AOB=\angle DOC,\\ OB=OC,\end{cases}$

∴△ABO≌△DCO(SAS).

∴$AB=CD$.

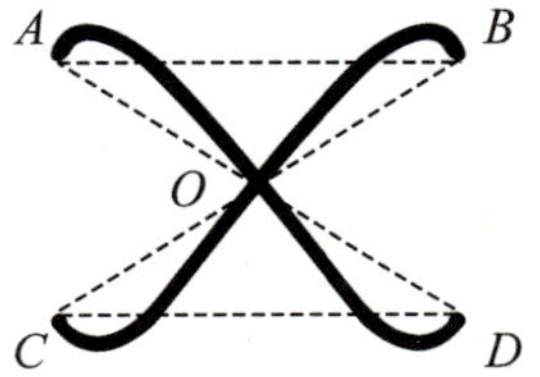

图 5-1-50

7.打碎的一块三角形玻璃如图 5-1-51 所示，现在要去玻璃店配一块完全一样的玻璃，最方便的方法是(　　).

A. 带①②去　　B. 带②③去

C. 带③④去　　D. 带②④去

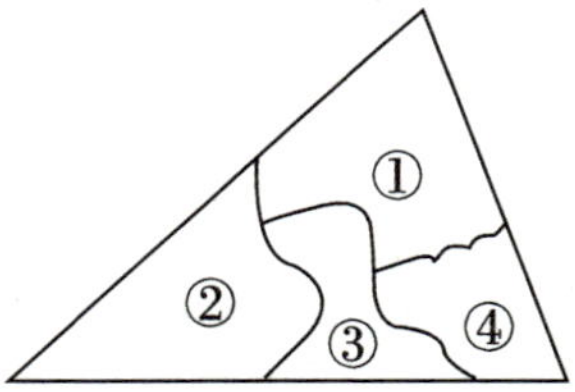

图 5-1-51

【答案】A

【解析】A. 带①②去，可根据 ASA 判定方法还原出原三角形玻璃，选项符合题意.

B. 带②③去，仅保留了原三角形的一个角和部分边，不符合任何全等三角形判定方法，选项不符合题意.

C. 带③④去，仅保留了原三角形的一个角和部分边，不符合任何全等三角形判定方法，选项不符合题意.

D. 带②④去，仅保留了原三角形的两个角和部分边，不符合任何全等三角形判定方法，选项不符合题意.

第二讲　中位线

一、基础知识

(1)三角形中位线:连接三角形两边中点的线段叫作三角形的中位线.

(2)三角形中位线性质定理:三角形的中位线平行于第三边且等于第三边的二分之一.

(3)面积关系:由三角形的三条中位线构成的内部三角形的面积是原三角形面积的四分之一.

(4)周长关系:三条中位线构成的三角形的周长是原三角形周长的二分之一.

(5)角度关系:任意两条中位线的夹角的大小等于该夹角所对的原三角形的顶角的大小.

(6)中位线与中线的交点:如果一条中位线与一条中线相交,那么它们会在交点处相互平分.

二、技巧讲解

【技巧 1】与三角形中位线有关的长度求解问题

例 1　如图 5-2-1,在$\triangle ABC$中,D,E,F分别是边AB,AC,BC的中点,$AH\perp BC$于点H.若$EF=8$,则DH的长为(　　).

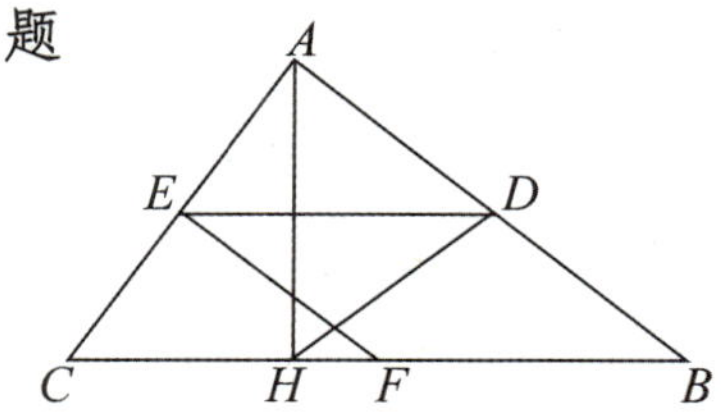

图 5-2-1

A. 6　　　　B. $6\sqrt{2}$

C. 8　　　　D. 10

【答案】C

【解析】$\because E$,F分别是AC,BC的中点,

$\therefore EF$是$\triangle ABC$的中位线,$EF=\dfrac{1}{2}AB$(三角形中位线定理).

又$\because D$是AB的中点,$AH\perp BC$,

$\therefore DH=\frac{1}{2}AB$，

$\therefore DH=EF=8$.

例 2 如图 5-2-2，平行四边形 $ABCD$ 的对角线 AC，BD 相交于点 O，$\angle ADC$ 的平分线与边 AB 相交于点 P，E 是 PD 的中点. 若 $AD=4$，$CD=6$，则 EO 的长为（　　）.

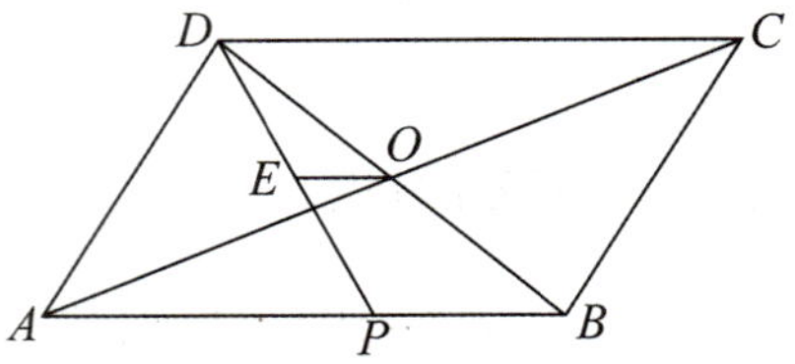

图 5-2-2

A. 1　　B. $\frac{1}{2}$　　C. $\frac{1}{3}$　　D. 2

【答案】A

【解析】$\because$ 在平行四边形 $ABCD$ 中，$AB\parallel CD$，

$\therefore \angle CDP=\angle DPA$.

又 $\because DP$ 平分 $\angle ADC$，

$\therefore \angle ADP=\angle CDP$，则 $\angle ADP=\angle DPA$.

$\therefore AP=AD=4$，$PB=AB-AP=2$.

$\because E$ 是 PD 的中点，$OD=OB$，

$\therefore OE=\frac{1}{2}PB=\frac{1}{2}\times 2=1$.

例 3 如图 5-2-3，在平行四边形 $ABCD$ 中，对角线 AC，BD 相交于点 O，E，F 分别是 AB，AO 的中点，连接 EF. 若 $EF=3$，则 OB 的长为________.

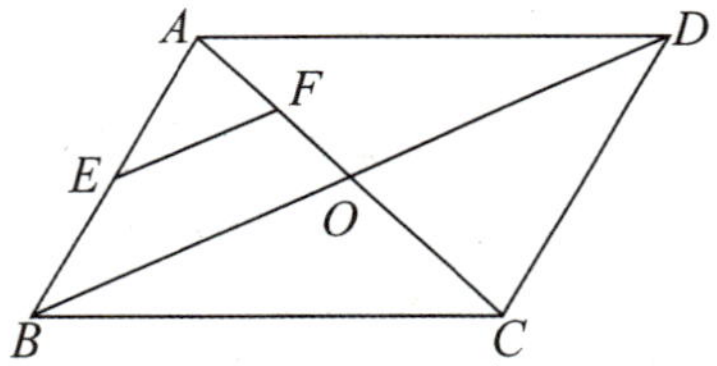

图 5-2-3

【答案】6

【解析】$\because E$，F 分别是 AB，AO 的中点，

$\therefore EF$ 是 $\triangle AOB$ 的中位线，$OB=2EF=6$.

例 4 如图 5-2-4，在平行四边形 $ABCD$ 中，$DE\perp AB$ 于点 E，F 是 AD 的中点，G 是 EB 的中点，连接 FG. 若 $AB=8$，$DE=6$，则 FG 的长是________.

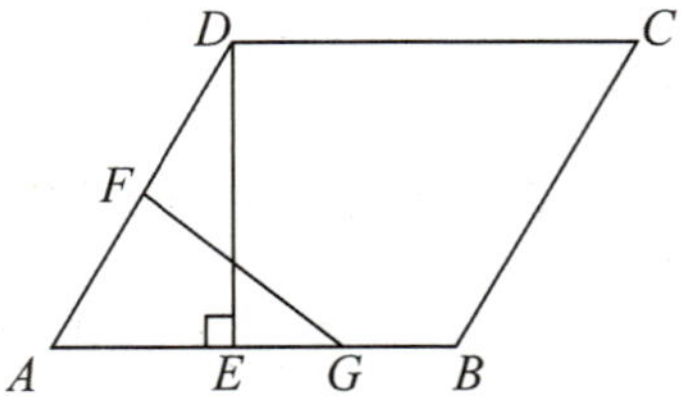

图 5-2-4

【答案】5

【解析】如图 5-2-5，连接 AC，BD，并设它们相交于点 O，连接 OF，OG.

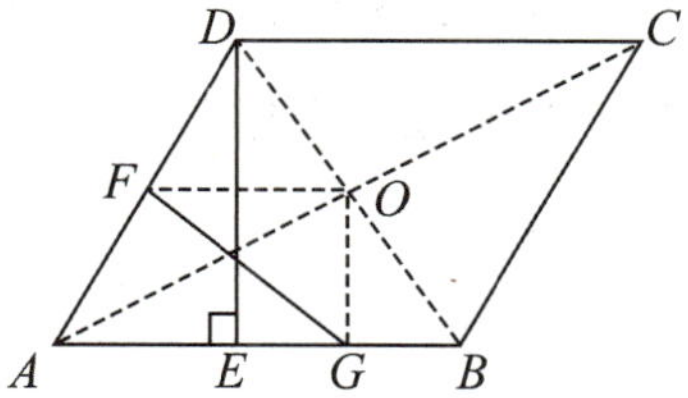

图 5-2-5

∵四边形 $ABCD$ 是平行四边形，

∴$OD=OB$.

∵F 是 AD 的中点，G 是 EB 的中点，

∴FO 是$\triangle ABD$ 的中位线，OG 是$\triangle BDE$ 的中位线.

∴$FO\parallel AB$，$FO=\frac{1}{2}AB=4$，$OG\parallel DE$，$OG=\frac{1}{2}DE=3$.

∵$DE\perp AB$，

∴$DE\perp FO$，$FO\perp OG$，即$\angle FOG=90^\circ$，则$\triangle FOG$ 是直角三角形.

∴$FG=\sqrt{FO^2+OG^2}=\sqrt{4^2+3^2}=5$.

【技巧 2】三角形中位线与面积问题

例 5　如图 5-2-6，在$\triangle ABC$ 中，D，E，F 分别是 BC，AD，EC 的中点. 若$\triangle ABC$ 的面积等于 40，则$\triangle BEF$ 的面积为(　　).

【答案】10

【解析】∵D，E，F 分别是 BC，AD，EC 的中点，

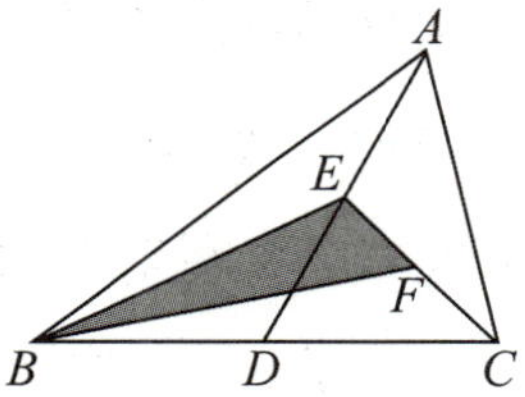

图 5-2-6

∴$AE=DE=\frac{1}{2}AD$，$EF=CF=\frac{1}{2}CE$，$BD=DC=\frac{1}{2}BC$.

∵$\triangle ABC$ 的面积等于 40，

∴$S_{\triangle ABD}=S_{\triangle ACD}=\frac{1}{2}S_{\triangle ABC}=20$，

$S_{\triangle BED}=\frac{1}{2}S_{\triangle ABD}=10$，$S_{\triangle CDE}=\frac{1}{2}S_{\triangle ACD}=10$，

$S_{\triangle BEC}=S_{\triangle BDE}+S_{\triangle CDE}=10+10=20$，

$S_{\triangle BEF}=S_{\triangle BCF}=\frac{1}{2}S_{\triangle BEC}=\frac{1}{2}\times 20=10$.

例 6 如图 5-2-7，在$\triangle ABC$中，D，E，F分别是BC，AD，CE边的中点，且$S_{\triangle ABC}=12$，则$S_{\triangle BEF}=$(　　).

A. 2　　B. 3

C. 4　　D. 6

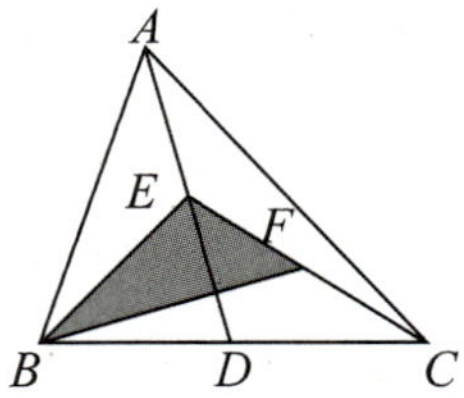

图 5-2-7

【答案】B

【解析】∵D是BC的中点，

$\therefore S_{\triangle ABD}=S_{\triangle ACD}=\frac{1}{2}S_{\triangle ABC}=6$.

∵E是AD的中点，

$\therefore S_{\triangle BED}=S_{\triangle AEB}=S_{\triangle AEC}=S_{\triangle DEC}=\frac{1}{2}S_{\triangle ABD}=\frac{1}{2}S_{\triangle ADC}=3$,

$S_{\triangle BEC}=S_{\triangle BED}+S_{\triangle CED}=6$.

∵F是EC的中点，

$\therefore S_{\triangle BEF}=\frac{1}{2}S_{\triangle BEC}=3$.

【技巧 3】与中位线有关的证明

例 7 如图 5-2-8，在平行四边形$ABCD$中，E，F分别为AD，BC的中点，点G，H在对角线BD上，且$BG=DH$.

(1)求证：四边形$EHFG$是平行四边形；

(2)如图 5-2-9，连接AC交BD于点O，若$AC\perp EH$，$OH=BH$，$OH=2$，求AB的长.

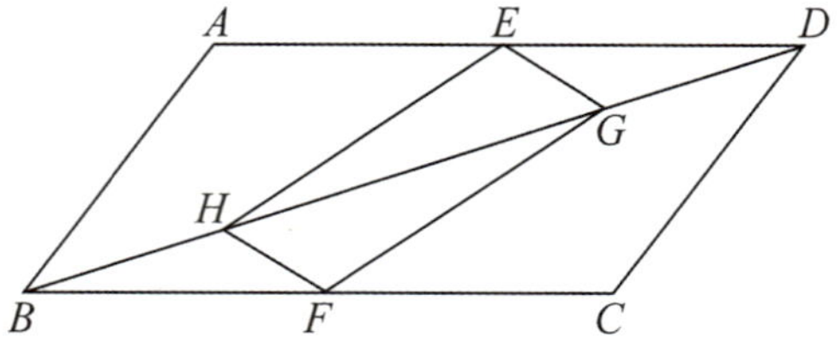

图 5-2-8

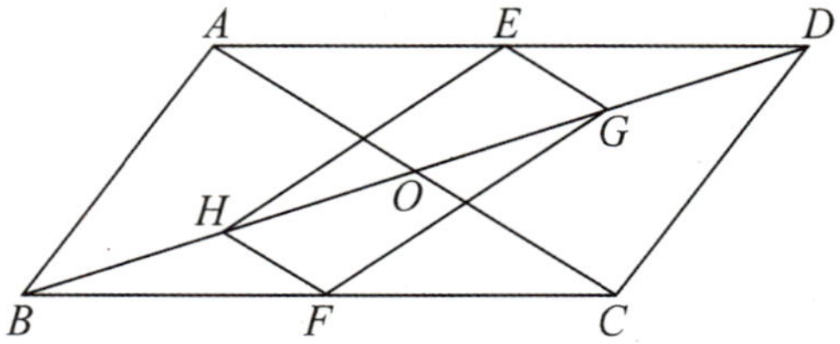

图 5-2-9

【答案】(1)见解析；(2)AB的长是 4

【解析】(1)∵四边形$ABCD$是平行四边形，

$\therefore AD=BC$，$AD/\!/BC$，

$\therefore \angle EDH=\angle FBG$.

∵E,F 分别为 AD,BC 的中点,

∴$DE=AE=\frac{1}{2}AD$,$BF=CF=\frac{1}{2}BC$,

∴$DE=BF$.

在$\triangle DHE$ 和$\triangle BGF$ 中,$\begin{cases}DE=BF,\\ \angle EDH=\angle FBG,\\ DH=BG,\end{cases}$

∴$\triangle DHE\cong\triangle BGF$(SAS).

∴$EH=FG$,$\angle EHD=\angle FGB$.

∴$EH\parallel FG$.

∴四边形 $EHFG$ 是平行四边形.

(2)如图 5-2-10,设 AC 交 EH 于点 L,连接 OF.

∵$OH=BH$,$CF=BF$,

∴$FH\parallel AC$.

∵$AC\perp EH$,

∴$\angle FHE=\angle ALH=90°$,

∴四边形 $EHFG$ 是矩形,

∴$\angle GFH=90°$.

∵$OG=OH=2$,

∴$OF=OG=\frac{1}{2}GH=2$.

∵$CO=AO$,$CF=BF$,

∴$AB=2OF=2\times2=4$.

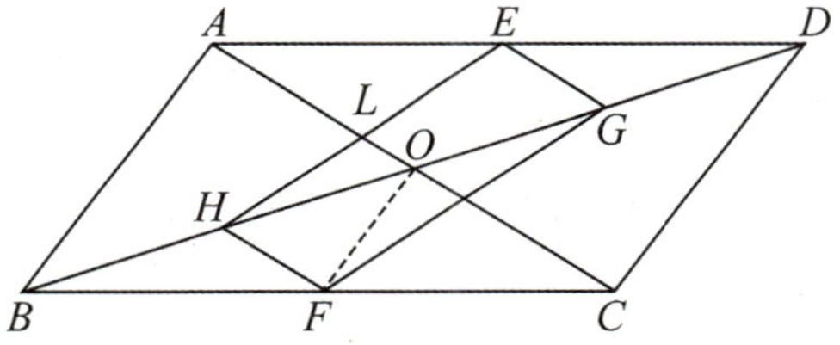

图 5-2-10

例 8　如图 5-2-11,在 Rt$\triangle ABC$ 中,$\angle A=90°$,$AB=AC$,点 D,E 分别在 AB,AC 上,且 $AD=AE$.连接 DE,CD,M,N 分别为 DE,CD 的中点.

(1)判断 MN 与 BD 的数量关系,并说明理由.

(2)如图 5-2-12,若将$\triangle ADE$ 旋转至图中位置,(1)中结论是否依然成立?并说明理由.

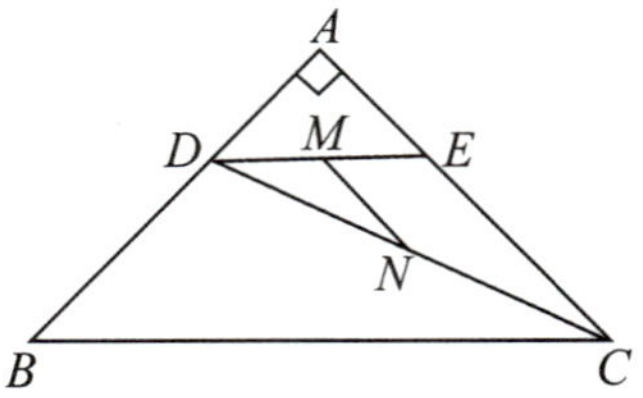

图 5-2-11

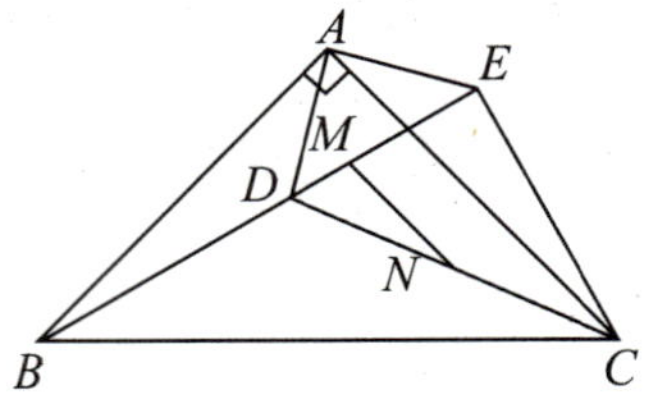

图 5-2-12

(3)若 $AD=2$，$AB=5$，直接写出将 $\triangle ADE$ 绕点 A 在平面内旋转过程中 MN 的最大值.

【答案】(1)$MN=\frac{1}{2}BD$；(2)成立，理由见解析；(3)$\frac{7}{2}$

【解析】(1)$MN=\frac{1}{2}BD$，理由如下：

$\because AB=AC$，$AD=AE$，

$\therefore AB-AD=AC-AE$，即 $BD=CE$.

$\because M$，N 分别为 DE，CD 的中点，

$\therefore MN$ 是 $\triangle CDE$ 的中位线，$MN=\frac{1}{2}CE$.

$\therefore MN=\frac{1}{2}BD$.

(2)$MN=\frac{1}{2}BD$ 仍成立，理由如下：

$\because \angle BAC=\angle DAE=90^\circ$，

$\therefore \angle BAD+\angle DAC=\angle EAC+\angle DAC$，得$\angle BAD=\angle CAE$.

又$\because AB=AC$，$AD=AE$，

$\therefore \triangle ABD\cong\triangle ACE$.

$\therefore BD=CE$.

$\because M$，N 分别为 DE，CD 的中点，

$\therefore MN$ 是 $\triangle CDE$ 的中位线，$MN=\frac{1}{2}CE$.

$\therefore MN=\frac{1}{2}BD$.

(3)如图 5-2-13,将$\triangle ADE$绕点A在平面内旋转.

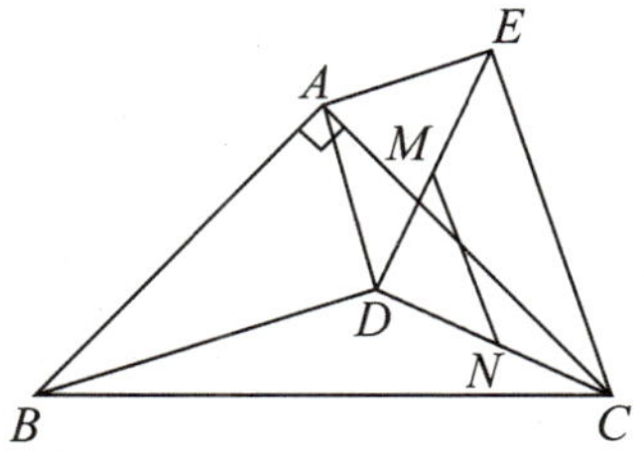

图 5-2-13

同(2)可证$MN=\frac{1}{2}CE$,$MN=\frac{1}{2}BD$,

∴当BD最大时,MN最大.

∵$AD=2$,$AB=5$,

∴如图 5-2-14,当D,A,B三点共线且D在BA的延长线上时,BD最大,BD的最大值即为$AD+AB=7$,此时$MN=\frac{1}{2}BD=\frac{7}{2}$.

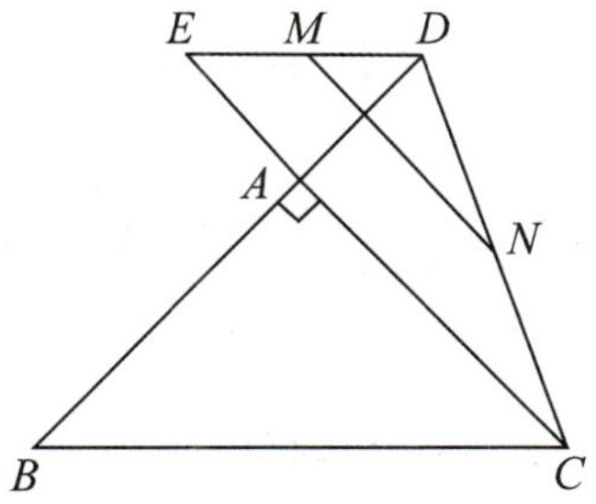

图 5-2-14

∴MN的最大值是$\frac{7}{2}$.

三、真题演练

1.如图 5-2-15,在$\triangle ABC$中,D,E分别为AC,BC的中点,AF平分$\angle CAB$并交DE于点F.若$DF=3$,求AC的长.

【答案】$AC=6$

【解析】∵D,E分别为AC,BC的中点,

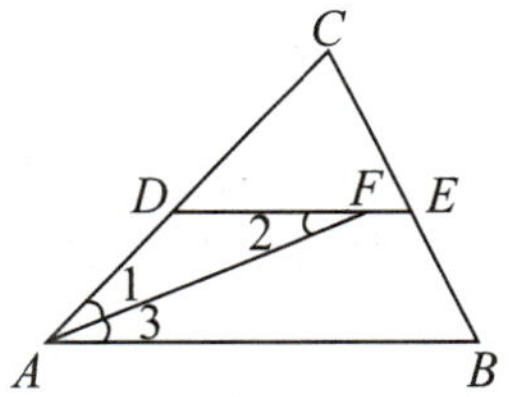

图 5-2-15

∴$DE\parallel AB$.

∴$\angle 2=\angle 3$.

又∵AF平分$\angle CAB$,

∴$\angle 1=\angle 3$.

∴$\angle 1=\angle 2$,则$AD=DF=3$.

∴$AC=2AD=2DF=6$.

2.如图 5-2-16,在四边形$ABCD$中,$AB=CD$,M,N,P分别是AD,BC,BD的中点,$\angle ABD=20°$,$\angle BDC=70°$,求$\angle PMN$的大小.

【答案】$\angle PMN=25°$

【解析】∵M,N,P分别是AD,BC,BD的中点,

∴PN,PM分别是$\triangle CDB$与$\triangle DAB$的中位线.

∴$PM=\frac{1}{2}AB$,$PN=\frac{1}{2}DC$,$PM\parallel AB$,$PN\parallel DC$.

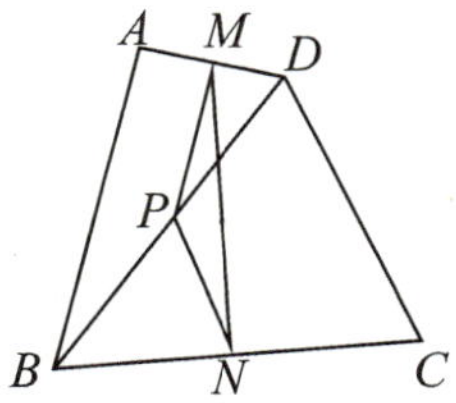

图 5-2-16

$\because AB=CD$，

$\therefore PM=PN$.

$\therefore \triangle PMN$ 是等腰三角形.

$\because PM \parallel AB, PN \parallel DC$，

$\therefore \angle MPD=\angle ABD=20^\circ, \angle BPN=\angle BDC=70^\circ$.

$\therefore \angle MPN=\angle MPD+(180^\circ-\angle NPB)=130^\circ$，

$\therefore \angle PMN=(180^\circ-130^\circ)\div 2=25^\circ$.

第三讲 相似三角形

一、基础知识

(1)相似三角形的对应角相等，对应边成比例.

(2)相似三角形中对应高、对应中线、对应角平分线的比等于相似比.

(3)相似三角形周长的比等于相似比.

证明如下：

如图 5-3-1，由$\triangle ABC \backsim \triangle A'B'C'$，

得$\dfrac{AB}{A'B'}=\dfrac{BC}{B'C'}=\dfrac{CA}{C'A'}=k$.

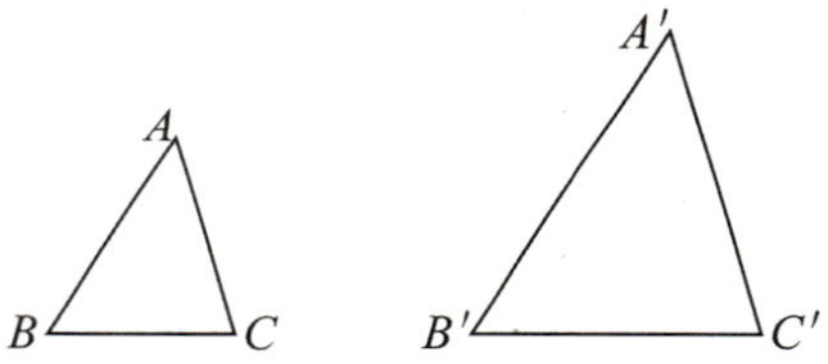

图 5-3-1

由比例的性质，可得$\dfrac{AB+BC+CA}{A'B'+B'C'+C'A'}=\dfrac{k(A'B'+B'C'+C'A')}{A'B'+B'C'+C'A'}=k$.

(4)相似三角形面积的比等于相似比的平方. 证明如下：

如图 5-3-2，由$\triangle ABC \backsim \triangle A'B'C'$，

得$\dfrac{AB+BC+CA}{A'B'+B'C'+C'A'}=k$.

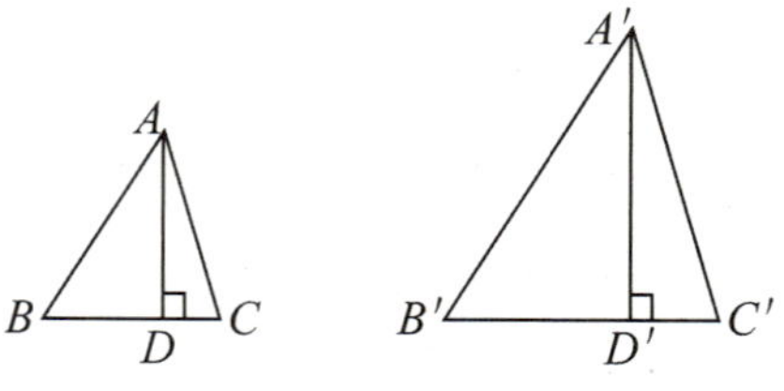

图 5-3-2

作$\triangle ABC$ 的边 BC 上的高 AD，$\triangle A'B'C'$ 的边 $B'C'$ 上的高 $A'D'$，得

$$\frac{S_{\triangle ABC}}{S_{\triangle A'B'C'}}=\frac{\frac{1}{2}BC\cdot AD}{\frac{1}{2}B'C'\cdot A'D'}=\frac{\frac{1}{2}k\cdot B'C'\cdot k\cdot A'D'}{\frac{1}{2}B'C'\cdot A'D'}=k^2.$$

二、技巧讲解

【技巧 1】相似三角形的判定及常见相似三角形

【方法归纳】

1.判定定理

(1)如果一个三角形的两个角与另一个三角形的两个角对应相等,那么这两个三角形相似. 简述为:两角对应相等,两个三角形相似.

(2)如果两个三角形的两组对边对应成比例,并且相应的夹角相等,那么这两个三角形相似. 简述为:两边对应成比例且夹角相等,两个三角形相似.

(3)如果两个三角形的三组对边对应成比例,那么这两个三角形相似. 简述为: 三边对应成比例,两个三角形相似.

(4)如果两个三角形构成了“A”型结构,且两底边平行,那么这两个三角形相似.

(5)如果两个直角三角形的斜边和一条直角边对应成比例,那么这两个三角形相似.

2.常见的相似三角形

图 5-3-3 为常见的相似三角形.

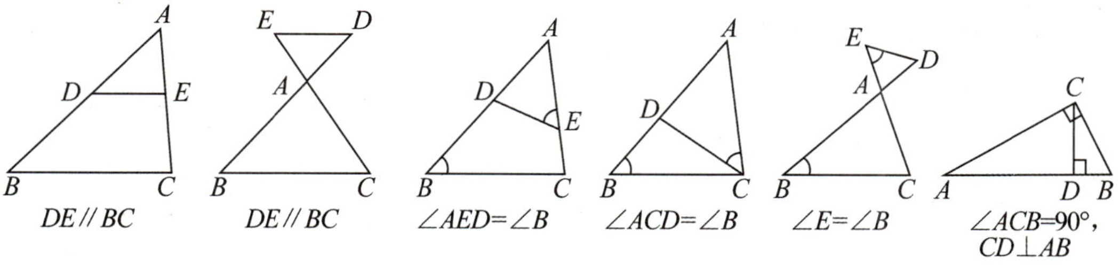

图 5-3-3

例 1　如图 5-3-4,在$\triangle ABC$中,$BC=8$,$AC=4$,D是BC边上一点,$CD=2$.求证:$\triangle ABC\backsim\triangle DAC$.

【答案】见解析

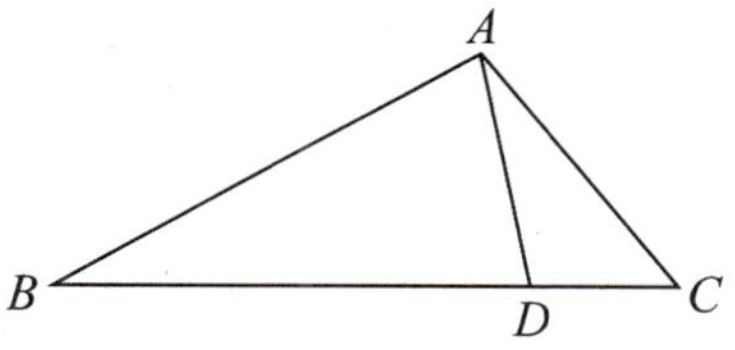

图 5-3-4

【解析】$\because BC=8, AC=4, CD=2,$

$\therefore \dfrac{AC}{CD}=\dfrac{4}{2}=2=\dfrac{8}{4}=\dfrac{BC}{AC}.$

又$\because \angle C=\angle C,$

$\therefore\triangle ABC\backsim\triangle DAC$.

例 2　如图 5-3-5,已知 CD 为 Rt$\triangle ABC$ 斜边上的中线,过点 D 作 AC 的平行线,过点 C 作 CD 的垂线,两线相交于点 E. 求证:$\triangle ABC\backsim\triangle DEC$.

【答案】见解析

【解析】$\because CD$ 为 Rt$\triangle ABC$ 斜边上的中线,

$\therefore CD=AD,\angle ACD=\angle A$.

$\because DE/\!/AC$,

$\therefore\angle ACD=\angle CDE$.

$\therefore\angle A=\angle CDE$.

$\because\angle ACB=90^\circ,CE\perp CD$,

$\therefore\angle ACB=\angle DCE$.

$\therefore\triangle ABC\backsim\triangle DEC$.

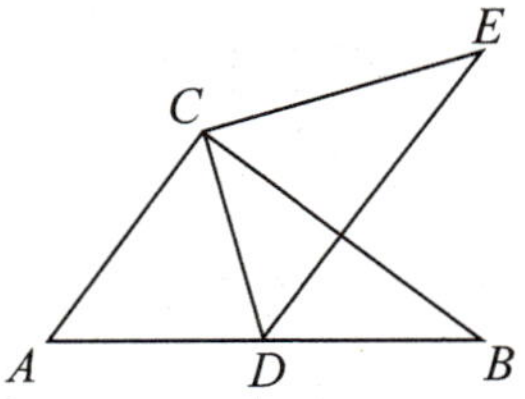

图 5-3-5

例 3　如图 5-3-6,已知 $ABCD$ 是正方形,E 是边 AB 延长线上一点,DE 交 CB 于点 M,$MN/\!/AE$. 求证:$MN=MB$.

【答案】见解析

【解析】$\because$ 四边形 $ABCD$ 是正方形,

$\therefore AE/\!/CD,BC/\!/AD,CD=AD$,

$\therefore BM:AD=EM:ED$.

$\because MN/\!/AE$,

$\therefore MN/\!/CD$,

$\therefore MN:CD=EM:ED=BM:AD$.

又$\because CD=AD$,

$\therefore MN=MB$.

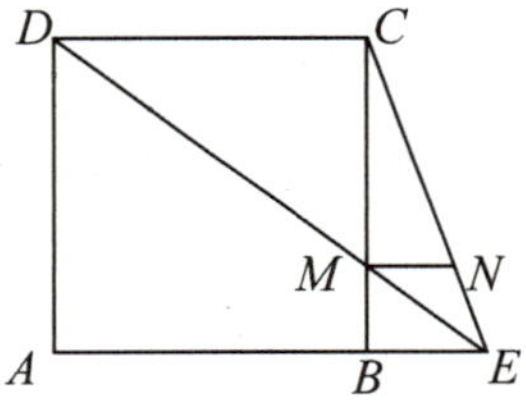

图 5-3-6

例 4　如图 5-3-7,将矩形 $ABCD$ 折叠,使得顶点 B 落在 CD 边上的 P 点处,已知折痕与边 BC 交于点 O,连接 AP,OP,OA.

(1)求证:$\triangle OCP\backsim\triangle PDA$;

(2)如图 5-3-8,擦去折痕 AO、线段 OP,连接 BP. 动点 M 在线段 AP 上(点 M 与点 P,A 不重合),动点 N 在线段 AB 的延长线上,且 $BN=PM$,连接 MN,MN 交 PB 于点 F,作 $ME\perp BP$ 于点 E. 探究:点 M,N 在移动过程

中，线段 EF 与线段 PB 有何数量关系？并说明理由.

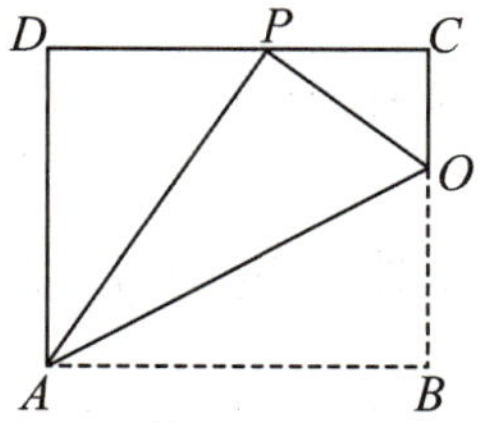

图 5-3-7

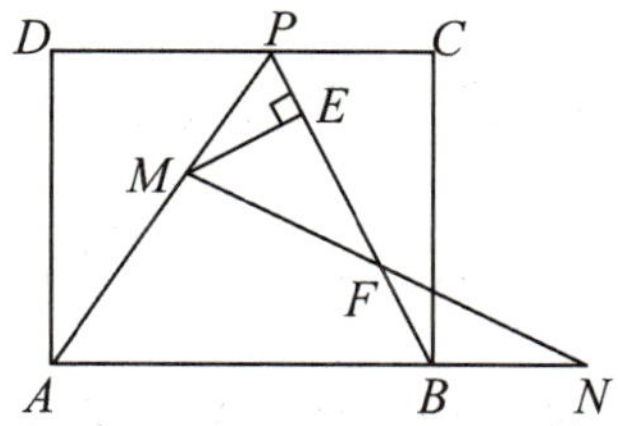

图 5-3-8

【答案】(1)见解析；(2)$EF=\frac{1}{2}PB$

【解析】(1)∵四边形 $ABCD$ 是矩形，

∴$AD=BC$，$DC=AB$，$\angle DAB=\angle B=\angle C=\angle D=90^\circ$.

由折叠可得：$AP=AB$，$PO=BO$，$\angle PAO=\angle BAO$，$\angle APO=\angle B$.

∴$\angle APO=90^\circ$，$\angle APD=90^\circ-\angle CPO=\angle POC$.

∴$\triangle OCP\backsim\triangle PDA$.

(2)作 $MQ\parallel AN$，交 PB 于点 Q，如图 5-3-9.

∵$AP=AB$，$MQ\parallel AN$，

∴$\angle APB=\angle ABP$，$\angle ABP=\angle MQP$，

∴$\angle APB=\angle MQP$，$MP=MQ$.

∵$MP=MQ$，$ME\perp PQ$，

∴$PE=EQ=\frac{1}{2}PQ$.

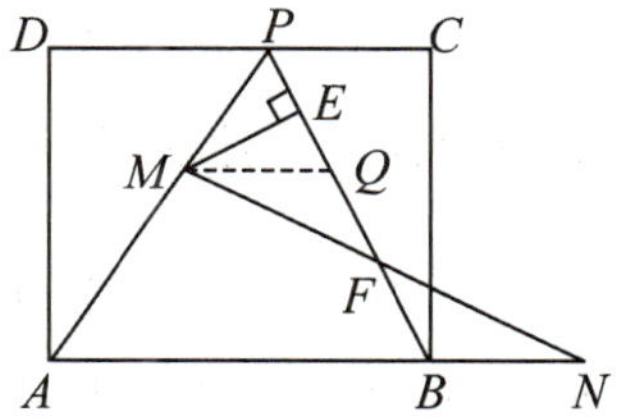

图 5-3-9

∵$BN=PM$，$MP=MQ$，

∴$BN=QM$.

∵$MQ\parallel AN$，

∴$\angle QMF=\angle BNF$.

在$\triangle MFQ$ 和$\triangle NFB$ 中，$\begin{cases}\angle QMF=\angle BNF,\\ \angle QFM=\angle BFN,\\ QM=BN,\end{cases}$

∴$\triangle MFQ\cong\triangle NFB$(AAS).

∴$QF=BF$，$QF=\frac{1}{2}QB$.

$\therefore EF=EQ+QF=\frac{1}{2}PQ+\frac{1}{2}QB=\frac{1}{2}PB$.

【技巧 2】利用相似的性质计算周长、面积以及角的大小

例 5 如图 5-3-10，已知$\triangle ABC\backsim\triangle A'B'C'$，对应边的比为$\frac{1}{2}$，则相似比、对应高的比、周长比、对应中线的比、面积比、对应角平分线的比分别为多少？

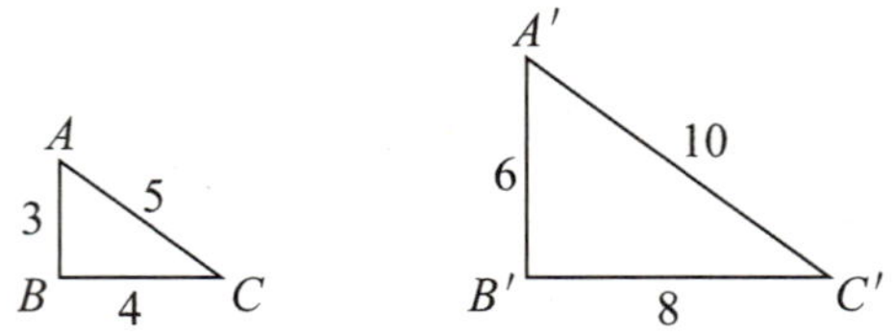

图 5-3-10

【答案】 $\frac{1}{2}$；$\frac{1}{2}$；$\frac{1}{2}$；$\frac{1}{4}$；$\frac{1}{2}$

【解析】 相似比为$\frac{1}{2}$，对应高的比为$\frac{1}{2}$，周长比为$\frac{1}{2}$，对应中线的比为$\frac{1}{2}$，面积比为$\frac{1}{4}$，对应角平分线的比为$\frac{1}{2}$.

例 6 如图 5-3-11，D 是$\triangle ABC$ 的边 AB 上一点，过点 D 作 $DE\parallel BC$ 并交 AC 于点 E. 已知 $S_{\triangle ADE}:S_{\triangle ABC}=4:25$，则 $AD:DB$ 的值为(　　).

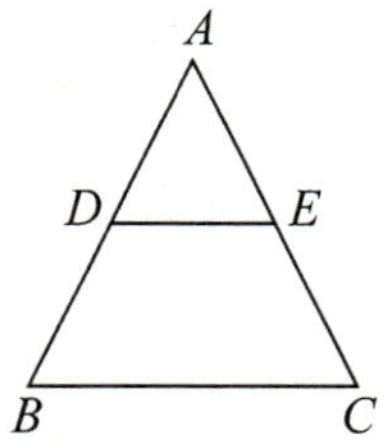

图 5-3-11

A. 2∶3　　B. 4∶9

C. 2∶5　　D. 4∶21

【答案】 A

【解析】 $\because DE\parallel BC$，

$\therefore \triangle ADE\backsim\triangle ABC$.

$\therefore \frac{S_{\triangle ADE}}{S_{\triangle ABC}}=\left(\frac{AD}{AB}\right)^2$.

$\because S_{\triangle ADE}:S_{\triangle ABC}=4:25$，

$\therefore \left(\frac{AD}{AB}\right)^2=\frac{4}{25}$，得$\frac{AD}{AB}=\frac{2}{5}$，$\frac{AD}{AD+DB}=\frac{2}{5}$，$\frac{AD}{DB}=\frac{2}{3}$.

例 7　如图 5-3-12，在$\triangle ABC$中，点D，E分别在边AC，AB上，$AB=2AD$，$AC=2AE$.

(1)求证：$\triangle ADE\backsim\triangle ABC$；

(2)若$\triangle ADE$的面积为 2，求四边形$BCDE$的面积.

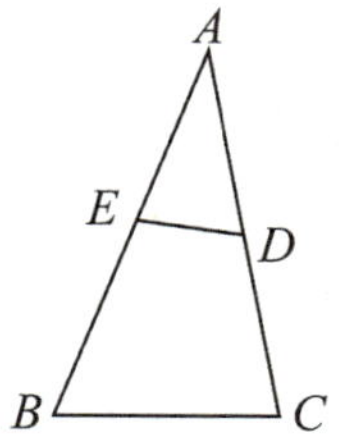

图 5-3-12

【答案】(1)见解析；(2)$S_{四边形BCDE}=6$

【解析】(1)$\because AB=2AD$，$AC=2AE$，

$\therefore \frac{AD}{AB}=\frac{AE}{AC}=\frac{1}{2}$.

又$\because \angle A=\angle A$，

$\therefore \triangle ADE\backsim\triangle ABC$.

(2)$\because \triangle ADE\backsim\triangle ABC$，

$\therefore \frac{S_{\triangle ADE}}{S_{\triangle ABC}}=\left(\frac{AE}{AC}\right)^2=\left(\frac{1}{2}\right)^2=\frac{1}{4}$.

$\because \triangle ADE$的面积为 2，

$\therefore \triangle ABC$的面积为 8，

$\therefore S_{四边形BCDE}=S_{\triangle ABC}-S_{\triangle ADE}=8-2=6$.

【技巧 3】"手拉手"模型

【方法归纳】

常见的"手拉手"模型的条件和结论见表 5-3-1.

表 5-3-1

模型	条件	结论
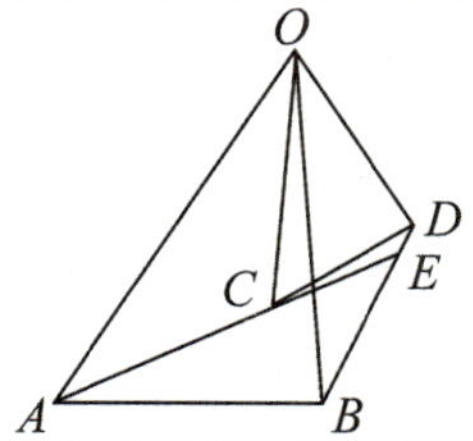	$\triangle OCD\backsim\triangle OAB$，$\angle AOB=\angle COD=\alpha$	(1)$\triangle OAC\backsim\triangle OBD$；(2)$\angle BEC=\angle BOA=\alpha$
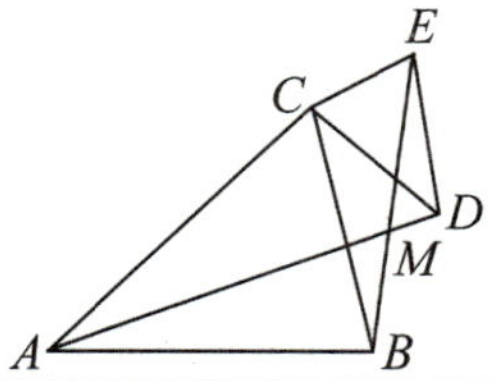	$\triangle ACB\backsim\triangle DCE$，$\angle ACB=\angle DCE=\alpha$	(1)$\triangle ACD\backsim\triangle BCE$；(2)$\angle AMB=\angle ACB=\alpha$

例 8 如图 5-3-13，在$\triangle OAB$和$\triangle OCD$中，$\angle AOB=\angle COD=90^\circ$，$\angle OAB=\angle OCD=30^\circ$，连接$BD$并延长交$AC$于点$M$.

(1)求$\dfrac{AC}{BD}$的值；

(2)求$\angle AMB$的大小.

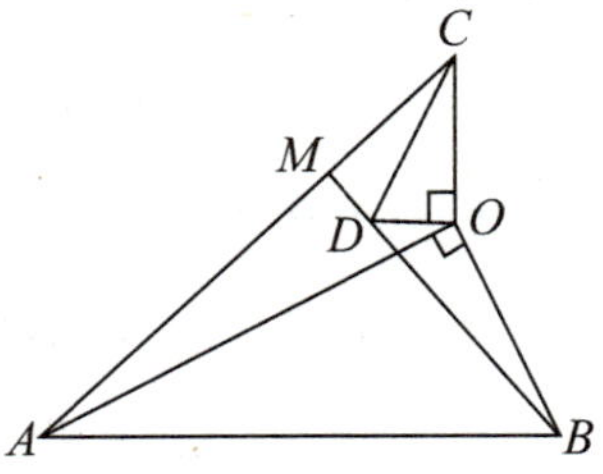

图 5-3-13

【答案】(1)$\dfrac{AC}{BD}=\sqrt{3}$；(2)$\angle AMB=90^\circ$

【解析】(1)$\because \angle AOB=\angle COD=90^\circ$，

$\angle OAB=\angle OCD=30^\circ$，

$\therefore \dfrac{CO}{DO}=\dfrac{AO}{BO}=\sqrt{3}$.

又$\because \angle COD+\angle AOD=\angle AOB+\angle AOD$，即$\angle AOC=\angle BOD$，

$\therefore \triangle AOC\backsim\triangle BOD$.

$\therefore \dfrac{AC}{BD}=\dfrac{CO}{DO}=\sqrt{3}$.

(2)$\because \triangle AOC\backsim\triangle BOD$，

$\therefore \angle CAO=\angle DBO$.

$\because \angle AOB=90^\circ$，

$\therefore \angle DBO+\angle ABD+\angle BAO=90^\circ$，

$\therefore \angle CAO+\angle ABD+\angle BAO=90^\circ$，

$\therefore \angle AMB=90^\circ$.

例 9 如图 5-3-14，$\triangle ABC$和$\triangle CDE$均为等腰直角三角形，$\angle ABC=\angle DEC=90^\circ$，$AB=BC$，$DE=EC$，直线$AD$和直线$BE$交于点$F$. 请判断$\angle AFB$的大小及线段$AD$，$BE$之间的数量关系.

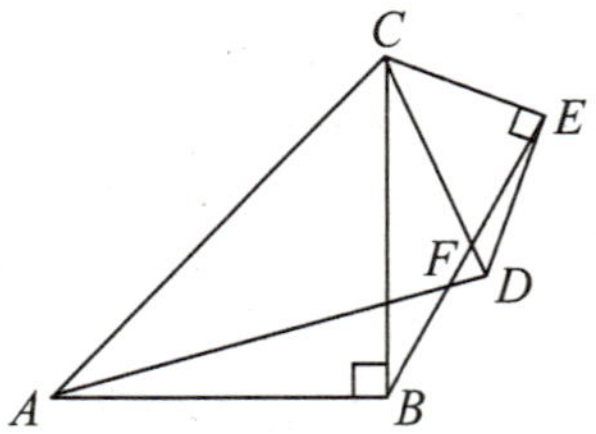

图 5-3-14

【答案】$\angle AFB=45^\circ$；$AD=\sqrt{2}BE$

【解析】$\because \triangle ABC$和$\triangle CDE$均为等腰直角三角形，

$\therefore \triangle ABC\backsim\triangle DEC$.

$\therefore \dfrac{AC}{DC}=\dfrac{BC}{EC}$，则$\dfrac{AC}{BC}=\dfrac{DC}{EC}$.

又∵$\angle ACD=\angle ACB+\angle BCD=\angle BCD+\angle DCE=\angle BCE$，

∴$\triangle ACD\backsim\triangle BCE$.

∴$\angle CAD=\angle CBE$，$\dfrac{AD}{BE}=\dfrac{AC}{BC}=\sqrt{2}$.

∴$\angle AFB=180^\circ-\angle FAB-\angle ABC-\angle CBE=180^\circ-\angle FAB-\angle CAD-\angle ABC=180^\circ-90^\circ-45^\circ=45^\circ$，$AD=\sqrt{2}BE$.

【技巧 4】相似三角形常考题型

1."A"字模型

例 10　如图 5-3-15，P 为平行四边形 $ABCD$ 的边 AD 上的一点，E，F 分别为 PB，PC 的中点，$\triangle PEF$，$\triangle PDC$，$\triangle PAB$ 的面积分别为 S，S_1，S_2. 若 $S=3$，则 S_1+S_2 的值是(　　).

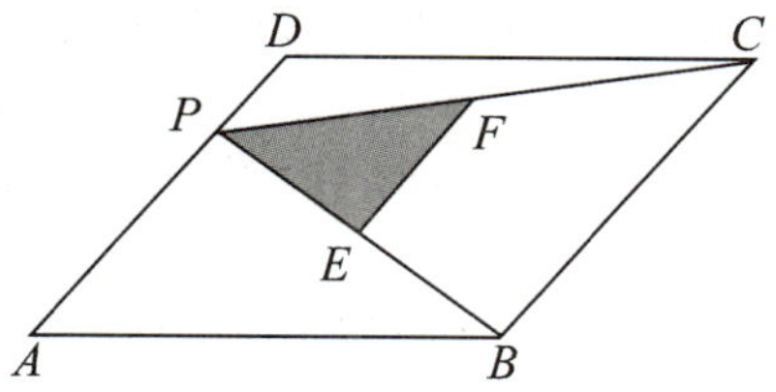

图 5-3-15

A. 24　　B. 12　　C. 6　　D. 10

【答案】 B

【解析】 如图 5-3-16，过点 P 作 $PQ\parallel DC$ 交 BC 于点 Q，由 $DC\parallel AB$，得到 $PQ\parallel AB$.

∴四边形 $PQCD$ 与四边形 $APQB$ 都为平行四边形，

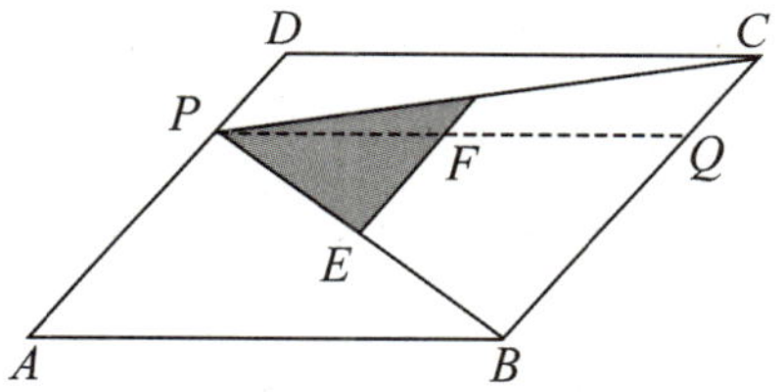

图 5-3-16

∴$\triangle PDC\cong\triangle CQP$，$\triangle ABP\cong\triangle QPB$.

∴$S_{\triangle PDC}=S_{\triangle CQP}$，$S_{\triangle ABP}=S_{\triangle QPB}$.

∵EF 为 $\triangle PCB$ 的中位线，

∴$EF\parallel BC$，$EF=\dfrac{1}{2}BC$.

∴$\triangle PEF\backsim\triangle PBC$，且相似比为 $1:2$.

∴$S_{\triangle PEF}:S_{\triangle PBC}=1:4$.

又∵$S_{\triangle PEF}=3$，

∴$S_{\triangle PBC}=S_{\triangle CQP}+S_{\triangle QPB}=S_{\triangle PDC}+S_{\triangle ABP}=S_1+S_2=12$.

例 11 如图 5-3-17，在$\triangle ABC$中，点 D，E 分别在 AB，AC 上，$\angle ADE=\angle C$. 如果 $AD=3$，$\triangle ADE$ 的面积为 9，四边形 $BDEC$ 的面积为 16，则 AC 的长为________.

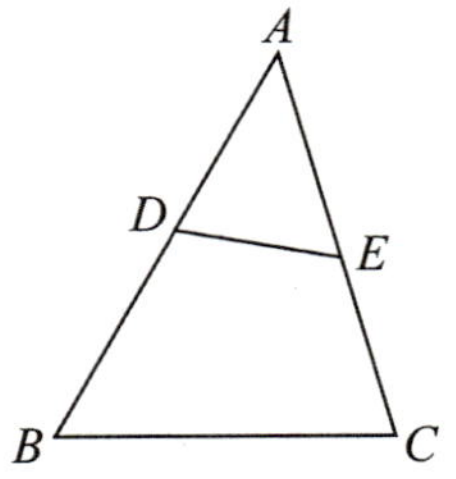

图 5-3-17

【答案】5

【解析】$\because \angle ADE=\angle C$，而$\angle DAE=\angle CAB$，

$\therefore \triangle DAE\backsim\triangle CAB$.

$\therefore S_{\triangle DAE}:S_{\triangle CAB}=\left(\dfrac{AD}{AC}\right)^2$.

$\because \triangle ADE$ 的面积为 9，四边形 $BDEC$ 的面积为 16，

$\therefore S_{\triangle CAB}=9+16=25$，则$\left(\dfrac{AD}{AC}\right)^2=\dfrac{9}{25}$，得 $AC=5$.

例 12 如图 5-3-18，已知 F 是$\triangle ABC$ 内的一点，$DF/\!/BC$，$EF/\!/AB$. 若四边形 $BDFE$ 的面积为 2，$BD=\dfrac{1}{3}BA$，$BE=\dfrac{1}{4}BC$，则$\triangle ABC$ 的面积是(　　).

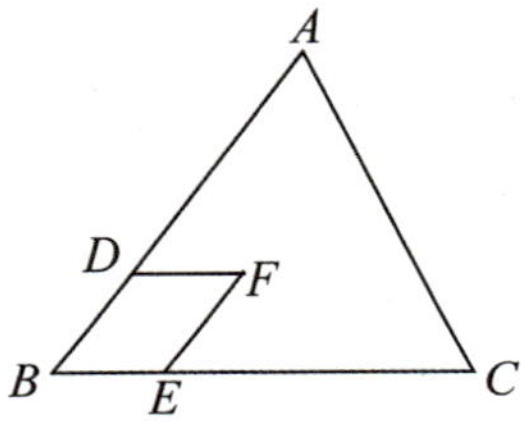

图 5-3-18

A. 6　　B. 8

C. 10　　D. 12

【答案】D

【解析】如图 5-3-19，延长 EF，DF 分别交 AC 于点 M，N.

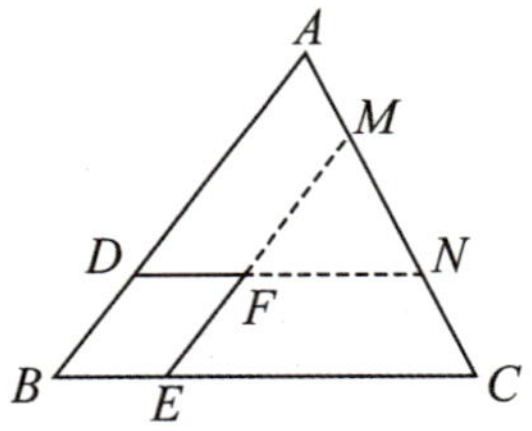

图 5-3-19

$\because BD=\dfrac{1}{3}BA$，$BE=\dfrac{1}{4}BC$，

$\therefore CE=3BE$，$AD=2BD$.

$\because DF/\!/BC$，$EF/\!/AB$，

$\therefore \dfrac{CM}{AM}=\dfrac{CE}{BE}=3$，$\dfrac{AN}{CN}=\dfrac{AD}{BD}=2$.

令 $AM=x$，则 $CM=3x$，$AC=4x$.

$\therefore AN=\dfrac{2}{3}AC=\dfrac{8}{3}x$，$CN=\dfrac{1}{3}AC=\dfrac{4}{3}x$，

$\therefore MN=AC-AM-CN=\dfrac{5}{3}x$，

$\therefore \frac{MN}{AN}=\frac{5}{8},\frac{MN}{CM}=\frac{5}{9}.$

$\because MF /\!/ AD, NF /\!/ CE,$

$\therefore \triangle NMF \backsim \triangle NAD, \triangle NMF \backsim \triangle CME.$

$\therefore \frac{S_{\triangle NMF}}{S_{\triangle NAD}}=\left(\frac{MN}{AN}\right)^2=\frac{25}{64},\frac{S_{\triangle NMF}}{S_{\triangle CME}}=\left(\frac{MN}{CM}\right)^2=\frac{25}{81}.$

设 $S_{\triangle NMF}=25a$，则 $S_{\triangle NAD}=64a$，$S_{\triangle CME}=81a$，$S_{四边形FECN}=56a$，

$\therefore S_{\triangle ABC}=S_{四边形BDFE}+S_{\triangle NAD}+S_{\triangle CME}-S_{\triangle NMF}=2+120a.$

$\because DN /\!/ BC,$

$\therefore \triangle ADN \backsim \triangle ABC.$

$\therefore \frac{S_{\triangle ADN}}{S_{\triangle ABC}}=\frac{64a}{2+120a}=\left(\frac{AD}{AB}\right)^2=\frac{4}{9}$，解得 $a=\frac{1}{12}$.

$\therefore S_{\triangle ABC}=2+120a=12.$

2.“8”字模型

例 13　如图 5-3-20，在 $\triangle ABC$ 中，$\angle ACB=90°$，$AB=12$，D，E 分别是边 AB，BC 的中点，CD 与 AE 交于点 O，则 OD 的长是(　　).

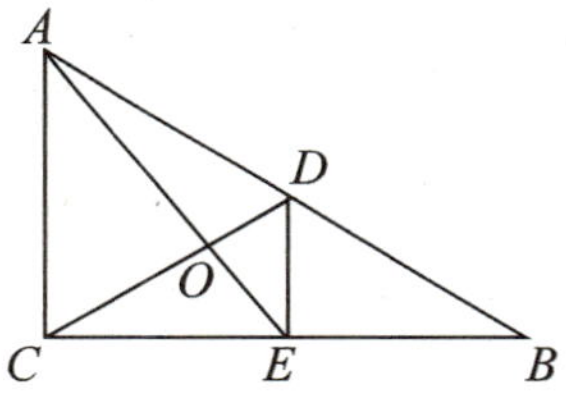

图 5-3-20

A. 1.5　　B. 1.8

C. 2　　D. 2.4

【答案】 C

【解析】 $\because \triangle ABC$ 为直角三角形，D 为 AB 的中点，

$\therefore CD=\frac{1}{2}AB=6.$

$\because D$，E 分别为 AB，BC 的中点，

$\therefore DE /\!/ AC, DE=\frac{1}{2}AC.$

$\therefore \triangle AOC \backsim \triangle EOD.$

$\therefore \frac{OD}{OC}=\frac{DE}{AC}=\frac{1}{2}$，则 $OD=\frac{1}{3}CD=2.$

例 14　如图 5-3-21，平行四边形 $ABCD$ 的对角线 AC，BD 相交于点 O，CE 平分 $\angle DCB$ 交 BD 于点 F，且 $\angle ABC=60°$，$AB=2BC$，连接 OE. 现有下

列结论：①$\angle ACD=30°$；②$S_{\square ABCD}=AC\cdot BC$；③$OE:AC=1:4$；④$S_{\triangle OCF}=2S_{\triangle OEF}$. 其中正确的有(　　).

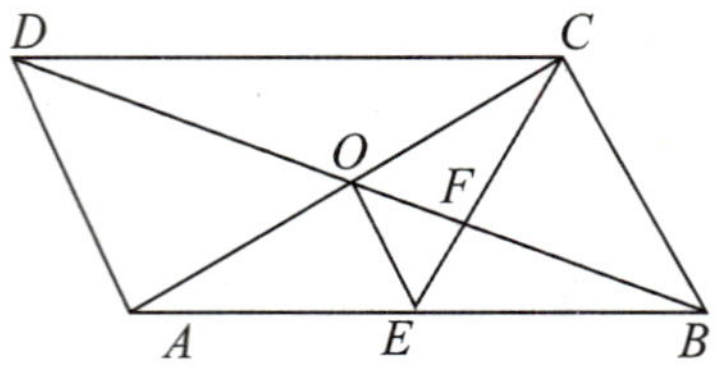

图 5-3-21

A. 1 个　　B. 2 个　　C. 3 个　　D. 4 个

【答案】C

【解析】∵四边形 $ABCD$ 是平行四边形,

∴$\angle ABC=\angle ADC=60°$, $\angle BCD=120°$.

∵CE 平分$\angle BCD$ 交 AB 于点 E,

∴$\angle DCE=\angle BCE=60°$.

∴$\triangle CBE$ 是等边三角形.

∴$BE=BC=CE$.

∵$AB=2BC$,

∴$AE=BC=CE$,

∴$\angle ACB=90°$, $\angle ACD=\angle CAB=30°$, 故①正确.

∵$AC\perp BC$,

∴$S_{\square ABCD}=AC\cdot BC$, 故②正确.

在 Rt$\triangle ACB$ 中, $\angle ACB=90°$, $\angle CAB=30°$,

∴$AC=\sqrt{3}BC$.

∵$AO=OC$, $AE=BE$,

∴$OE=\dfrac{1}{2}BC$, $OE:AC=\sqrt{3}:6$, 故③错误.

∵$AO=OC$, $AE=BE$,

∴$OE/\!/BC$,

∴$\triangle OEF\backsim\triangle BCF$.

∴$\dfrac{CF}{EF}=\dfrac{BC}{OE}=2$.

$\therefore S_{\triangle OCF}:S_{\triangle OEF}=\frac{CF}{EF}=2$，则 $S_{\triangle OCF}=2S_{\triangle OEF}$，故④正确.

故有 3 个正确结论.

3.双垂直模型

“母子型”模型是一个常用的相似模型，双垂直模型（射影定理模型）是其中的一个特例，其图形、条件和结论见表 5-3-2.

表 5-3-2

图形	条件	结论
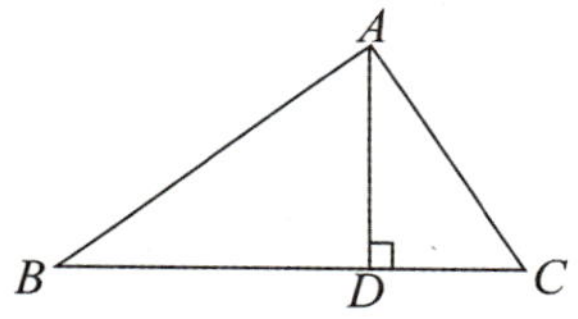	$\triangle ABC$ 是直角三角形，$CD\perp AB$	(1) $\triangle ABD\backsim\triangle CAD\Rightarrow\frac{AD}{BD}=\frac{CD}{AD}\Rightarrow AD^2=BD\cdot CD$； (2) $\triangle ABD\backsim\triangle CBA\Rightarrow\frac{AB}{BD}=\frac{CB}{AB}\Rightarrow AB^2=BD\cdot BC$； (3) $\triangle CAD\backsim\triangle CBA\Rightarrow\frac{AC}{CD}=\frac{BC}{AC}\Rightarrow AC^2=BC\cdot CD$； (4)等积式：$AB\cdot AC=BC\cdot AD$

例 15 如图 5-3-22，在 $Rt\triangle ABC$ 中，CD 是斜边 AB 上的高，则图中的相似三角形共有（　　）.

A. 1 对　　B. 2 对

C. 3 对　　D. 4 对

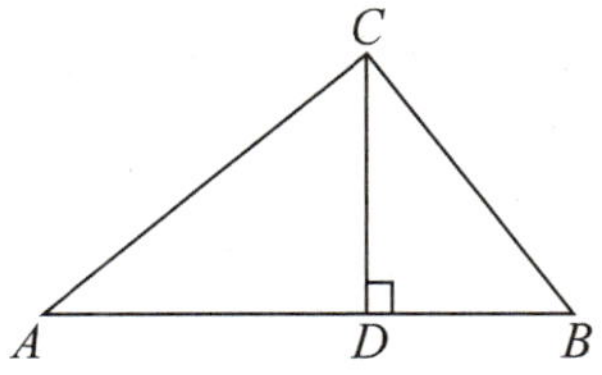

图 5-3-22

【答案】C

【解析】$\because\angle ACB=90^\circ$，$CD\perp AB$，

$\therefore\triangle ABC\backsim\triangle ACD$，$\triangle ACD\backsim\triangle CBD$，$\triangle ABC\backsim\triangle CBD$，

$\therefore$ 有 3 对相似三角形.

例 16 如图 5-3-23，在矩形 $ABCD$ 中，F 是 DC 上的一点，$BF\perp AC$，垂足为 E，$\frac{AD}{AB}=\frac{1}{2}$，

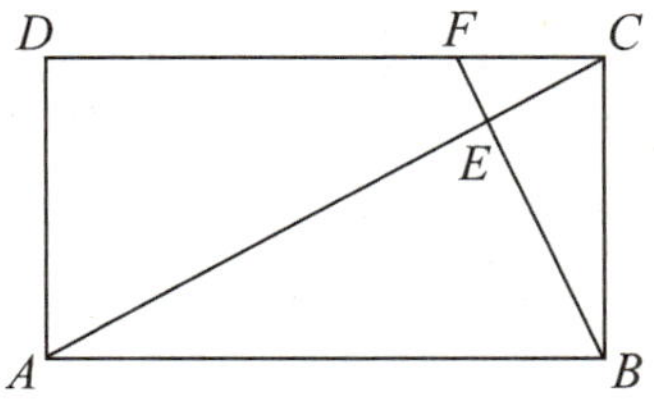

图 5-3-23

$\triangle CEF$ 的面积为 S_1，$\triangle AEB$ 的面积为 S_2，则$\frac{S_1}{S_2}$的值等于(　　).

A. $\frac{1}{16}$　　B. $\frac{1}{5}$　　C. $\frac{1}{4}$　　D. $\frac{1}{25}$

【答案】A

【解析】$\because \frac{AD}{AB}=\frac{1}{2}$，

设 $AD=BC=a$，则 $AB=CD=2a$，

$\therefore AC=\sqrt{5}a$.

$\because BF\perp AC$，

$\therefore \triangle CBE\backsim\triangle CAB$，$\triangle AEB\backsim\triangle ABC$，

$\therefore BC^2=CE\cdot CA$，$AB^2=AE\cdot AC$，即 $a^2=CE\cdot\sqrt{5}a$，$(2a)^2=AE\cdot\sqrt{5}a$，

解得 $CE=\frac{\sqrt{5}a}{5}$，$AE=\frac{4\sqrt{5}a}{5}$，则$\frac{CE}{AE}=\frac{1}{4}$.

$\because \triangle CEF\backsim\triangle AEB$，

$\therefore \frac{S_1}{S_2}=\left(\frac{CE}{AE}\right)^2=\frac{1}{16}$.

例 17　如图 5-3-24，在锐角$\triangle ABC$ 中，AD，CE 分别为 BC，AB 边上的高，$\triangle ABC$ 和$\triangle BDE$ 的面积分别等于 18 和 2，$DE=2$，则 AC 边上的高为________.

【答案】6

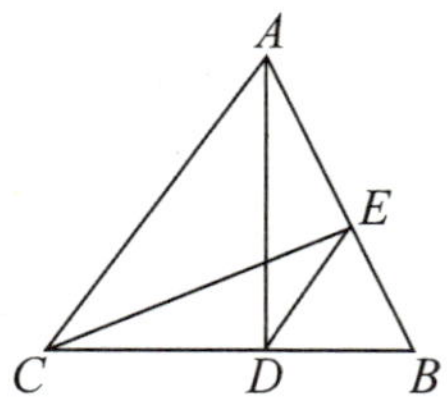

图 5-3-24

【解析】$\because AD$，CE 分别为 BC，AB 边上的高，

$\therefore \angle ADB=\angle BEC=90°$，$\angle ABD=\angle EBC$，

$\therefore \text{Rt}\triangle ABD\backsim\text{Rt}\triangle CBE$.

$\therefore \frac{AB}{BC}=\frac{BD}{BE}$，则$\frac{AB}{BD}=\frac{BC}{BE}$.

又$\because \angle B=\angle B$，

$\therefore \triangle ABC\backsim\triangle DBE$.

$\because$相似三角形的面积之比为相似比的平方，$\triangle ABC$ 和$\triangle BDE$ 的面积分

别等于 18 和 2，

$\therefore \left(\dfrac{AC}{DE}\right)^2=\dfrac{18}{2}=9$，即 $\dfrac{AC}{DE}=3$，则 $AC=3DE=3\times2=6$.

$\therefore AC$ 边上的高是 $\dfrac{2S_{\triangle ABC}}{AC}=\dfrac{2\times18}{6}=6$.

例 18　如图 5-3-25，在四边形 $ABCD$ 中，$\angle ADC=90°$，$AC\perp BC$，$\angle ABC=45°$，AC 与 BD 交于点 E. 若 $AB=2\sqrt{10}$，$CD=2$，则 $\triangle ABE$ 的面积为________.

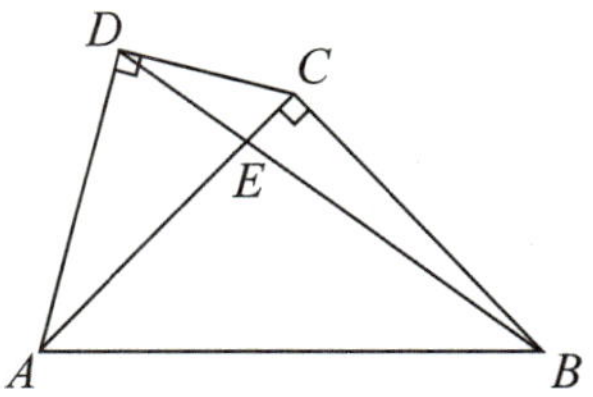

图 5-3-25

【答案】 $\dfrac{60}{7}$

【解析】 如图 5-3-26，过点 D 作 $DF\perp AC$ 于点 F.

$\because AC\perp BC$，$\angle ABC=45°$，

$\therefore \triangle ABC$ 为等腰直角三角形，

$\therefore AC=BC=\dfrac{\sqrt{2}}{2}AB=2\sqrt{5}$.

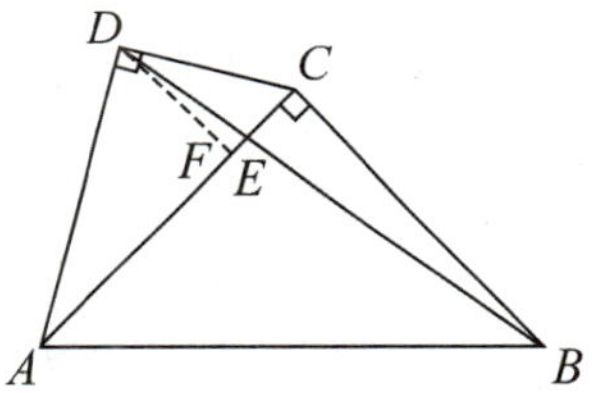

图 5-3-26

$\because \angle ADC=90°$，$CD=2$，

$\therefore AD=\sqrt{AC^2-CD^2}=4$.

$\because S_{\triangle ACD}=\dfrac{1}{2}AC\cdot DF=\dfrac{1}{2}AD\cdot CD$，

$\therefore DF=\dfrac{4}{5}\sqrt{5}$，则 $AF=\sqrt{AD^2-DF^2}=\dfrac{8}{5}\sqrt{5}$.$CF=\sqrt{CD^2-DF^2}=\dfrac{2}{5}\sqrt{5}$.

$\because DF\parallel BC$，

$\therefore \triangle DEF\backsim\triangle BEC$，

$\therefore \dfrac{EF}{EC}=\dfrac{DF}{BC}$，即 $\dfrac{EF}{\frac{2}{5}\sqrt{5}-EF}=\dfrac{\frac{4}{5}\sqrt{5}}{2\sqrt{5}}$，解得 $EF=\dfrac{4\sqrt{5}}{35}$，

$\therefore AE=\dfrac{12}{7}\sqrt{5}$.

$\therefore S_{\triangle ABE}=\dfrac{1}{2}AE\cdot BC=\dfrac{1}{2}\times\dfrac{12}{7}\sqrt{5}\times2\sqrt{5}=\dfrac{60}{7}$.

4.三平行模型

例 19 如图 5-3-27,已知 AB,CD,EF 都与 BD 垂直,垂足分别是 B,D,F,且 $AB=1$,$CD=3$,那么 EF 的长是(　　).

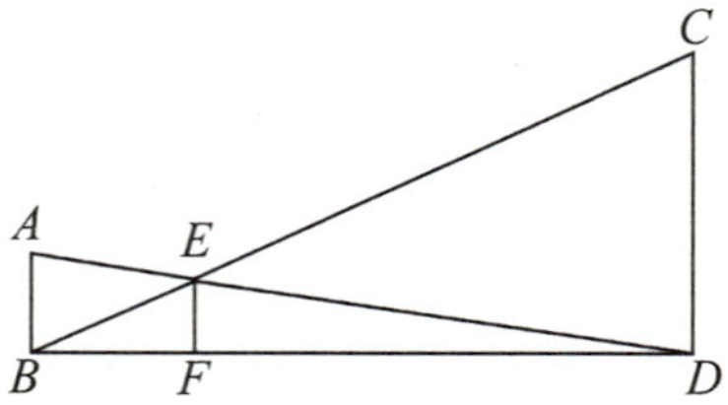

图 5-3-27

A. $\frac{1}{3}$　　B. $\frac{2}{3}$　　C. $\frac{3}{4}$　　D. $\frac{4}{5}$

【答案】C

【解析】$\because AB,CD,EF$ 都与 BD 垂直,

$\therefore AB\parallel CD\parallel EF$,

$\therefore \triangle DEF\backsim\triangle DAB,\triangle BEF\backsim\triangle BCD$.

$\therefore \frac{EF}{AB}=\frac{DF}{DB},\frac{EF}{CD}=\frac{BF}{BD}$,则$\frac{EF}{AB}+\frac{EF}{CD}=\frac{DF}{DB}+\frac{BF}{BD}=\frac{BD}{BD}=1$.

$\because AB=1,CD=3$,

$\therefore \frac{EF}{1}+\frac{EF}{3}=1$,解得 $EF=\frac{3}{4}$.

例 20 如图 5-3-28,在$\triangle ABC$ 中,D,E 为边 AB 的三等分点,F,G 在边 BC 上,$AC\parallel DG\parallel EF$,$H$ 为 AF 与 DG 的交点. 若 $HD=3$,则 AC 的长为(　　).

【答案】18

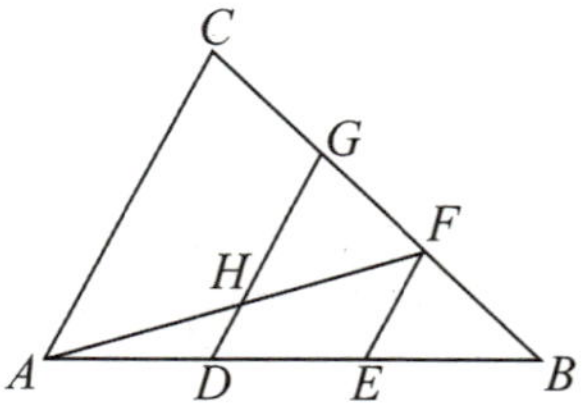

图 5-3-28

【解析】$\because D,E$ 为边 AB 的三等分点,

$\therefore BE=ED=DA$.

$\because AC\parallel DG\parallel EF$,

$\therefore BF:FG:GC=BE:ED:DA,AH:FH=AD:ED=1$,

$\therefore BF=GF=CG,AH=HF$.

$\therefore AB=3BE$，DH 是$\triangle AEF$ 的中位线，$DH=\frac{1}{2}EF$.

由 $DH=3$，则 $EF=6$.

$\because EF \parallel AC$，

$\therefore \angle BEF=\angle BAC$，$\angle BFE=\angle BCA$，

$\therefore \triangle BEF \backsim \triangle BAC$，

$\therefore \frac{EF}{AC}=\frac{BE}{AB}$，即$\frac{6}{AC}=\frac{BE}{3BE}$，解得 $AC=18$.

5.一线三等角模型

例 21　如图 5-3-29，在正方形 $ABCD$ 中，E 是 BC 的中点，F 是 CD 上的一点，$AE \perp EF$，则 $S_{\triangle ABE} : S_{\triangle ECF}$ 等于(　　).

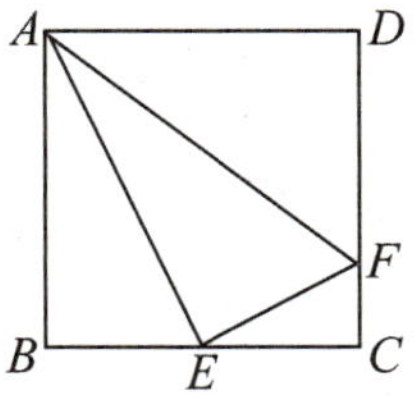

图 5-3-29

A. 1 ∶ 2　　　B. 4 ∶ 1

C. 2 ∶ 1　　　D. 1 ∶ 4

【答案】B

【解析】已知$\triangle ABE$ 和$\triangle ECF$ 相似，相似比为2 ∶ 1，则面积比为 4 ∶ 1.

例 22　如图 5-3-30，在平面直角坐标系 xOy 中，直线 $y=-x+m$ 分别交 x 轴、y 轴于点 A，B，已知点 C 的坐标为(2，0)，P 为线段 OB 的中点，连接 PA，PC. 若$\angle CPA=\angle ABO$，则 m 的值是________.

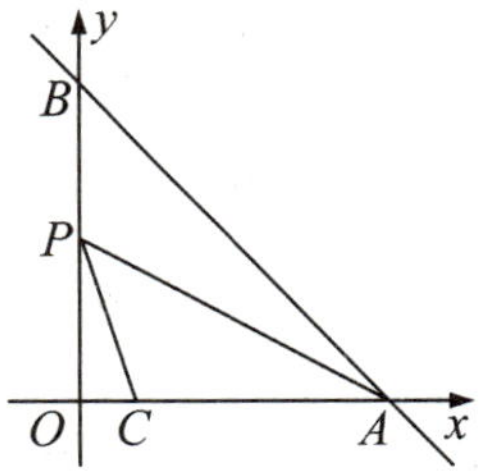

图 5-3-30

【答案】12

【解析】如图 5-3-31，在 y 轴的负半轴上截取 $OD=OC$，连接 DC，则$\angle ODC=45°$.

由直线解析式可得$\angle CPA=\angle ABO=45°=\angle ODC$.

易知$\triangle ABP \backsim \triangle PDC$，则 $\frac{BP}{DC}=\frac{AB}{PD}$.

由 $y=-x+m$ 易得点 $A(m，0)$，B 的坐标为$(0，m)$.

又$\because C(2，0)$，

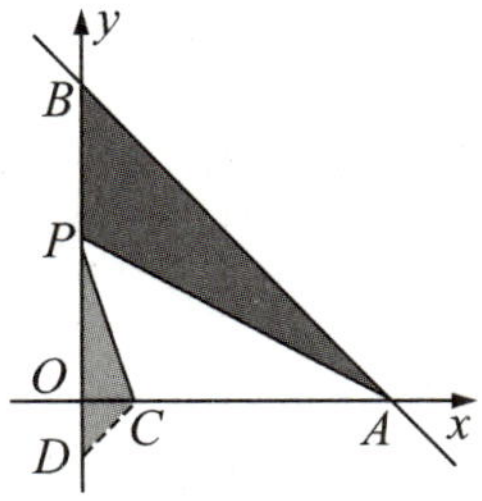

图 5-3-31

则 $BP=\frac{m}{2}$，$DC=2\sqrt{2}$，$AB=\sqrt{2}m$，$PD=\frac{m}{2}+2$，

$\therefore \dfrac{\frac{m}{2}}{2\sqrt{2}}=\dfrac{\sqrt{2}m}{\frac{m}{2}+2}$，解得 $m=12$.

三、真题演练

1.求证：三角形的重心与一边中点的连线的长是对应中线长的$\frac{1}{3}$.

要求：

(1)如图 5-3-32，在$\triangle ABC$中，用尺规作出AB边上的中线CD，AC边上的中线BE，CD与BE交于点G(不写作法，保留作图痕迹)；

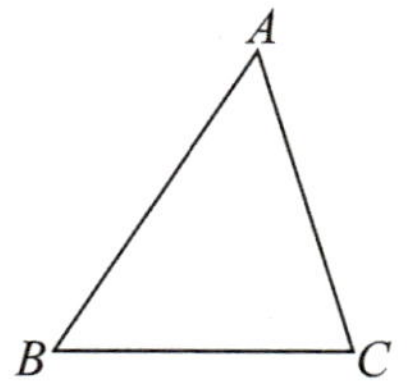
图 5-3-32

(2)在(1)的基础上，写出已知、求证和证明过程.

【答案】(1)作图见解析；(2)见解析

【解析】(1)所作图形如图 5-3-33.

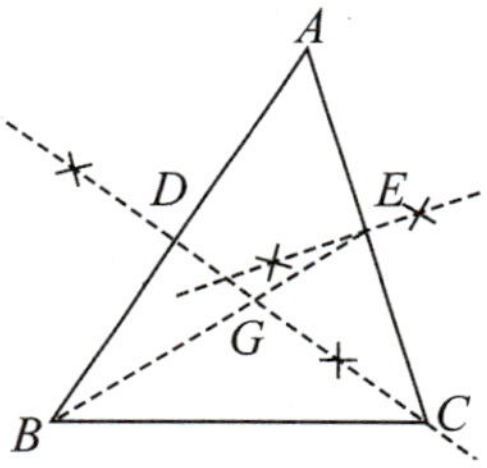
图 5-3-33

(2)已知：在$\triangle ABC$中，CD，BE分别是AB，AC边上的中线，且BE与CD交于点G.

求证：$GE=\frac{1}{3}BE$，$GD=\frac{1}{3}CD$.

证明：如图 5-3-34，连接DE.

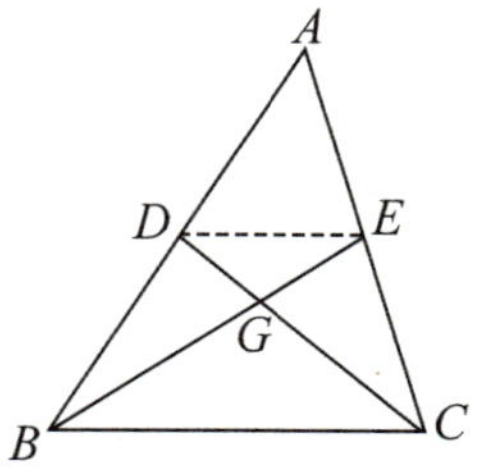
图 5-3-34

$\because D$，E分别是边AB，AC的中点，

$\therefore DE\parallel BC$，$\dfrac{DE}{BC}=\dfrac{1}{2}$.

$\therefore \triangle GDE\backsim\triangle GCB$.

$\therefore \dfrac{GD}{GC}=\dfrac{GE}{GB}=\dfrac{DE}{BC}=\dfrac{1}{2}$，$\dfrac{GD}{CD}=\dfrac{GE}{BE}=\dfrac{1}{3}$，

$\therefore GE=\frac{1}{3}BE$，$GD=\frac{1}{3}CD$.

2.如图 5-3-35，在$\mathrm{Rt}\triangle ABC$中，$\angle B$为直角，$BC=2$，$AB=4$.

(1)实践与操作：利用尺规作AC边上的垂直平分线DE，垂足为E，交AB于点D(要求：尺规作图

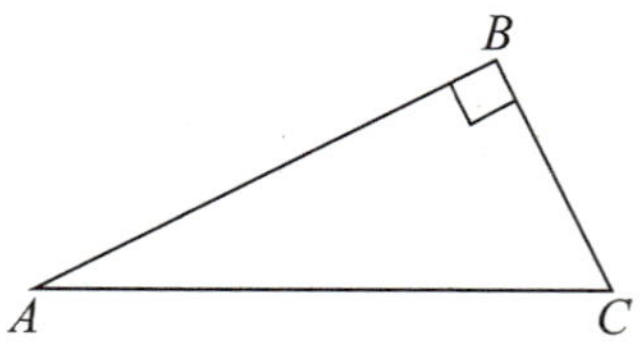
图 5-3-35

并保留作图痕迹，不写作法，标明字母）；

(2)求出线段 DE 的长.

【答案】(1)作图见解析；(2)$\frac{\sqrt{5}}{2}$

【解析】(1)所作图形如图 5-3-36，DE 为 AC 边上的垂直平分线.

(2)在 Rt△ABC 中，由勾股定理，得

$AC=\sqrt{AB^2+BC^2}=2\sqrt{5}$.

$\because DE$ 垂直平分 AC，

$\therefore AE=\sqrt{5}, DE\perp AC$.

$\because \angle A=\angle A, \angle AED=\angle ABC=90°$,

$\therefore \triangle ADE \backsim \triangle ACB$.

$\therefore \frac{DE}{BC}=\frac{AE}{AB}$，即 $\frac{DE}{2}=\frac{\sqrt{5}}{4}$，解得 $DE=\frac{\sqrt{5}}{2}$.

$\therefore$ 线段 DE 的长为 $\frac{\sqrt{5}}{2}$.

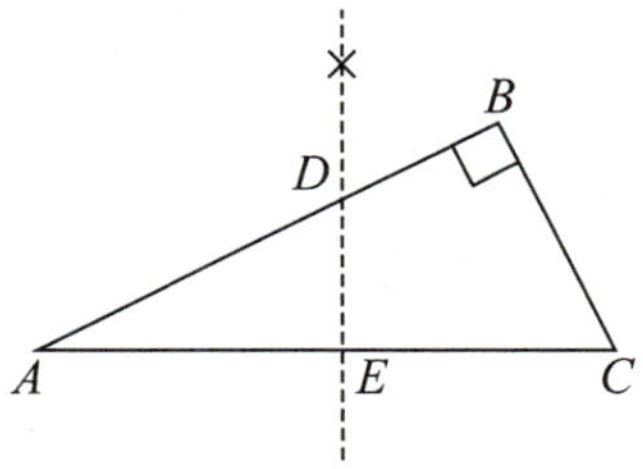

图 5-3-36

3.如图 5-3-37，在平行四边形 $ABCD$ 中，E 是边 AB 上的一点，连接 CE.

(1)利用尺规作 $\angle CDF$，使 $\angle CDF=\angle BCE$，$\angle CDF$ 的边 DF 交 CE 于点 F（要求：尺规作图并保留作图痕迹，不写作法，标明字母）；

(2)求证：$DF\cdot CE=BC\cdot DC$.

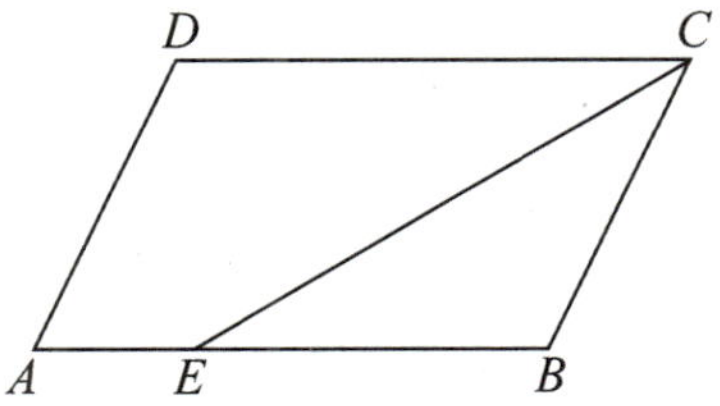

图 5-3-37

【答案】(1)作图见解析；(2)见解析

【解析】(1)所作图形如图 5-3-38.

(2)在平行四边形 $ABCD$ 中，$AB\parallel CD$，

$\therefore \angle DCF=\angle BEC$.

又 $\because \angle CDF=\angle BCE$,

$\therefore \triangle DCF \backsim \triangle CEB$.

$\therefore \frac{CD}{CE}=\frac{DF}{BC}$，即 $DF\cdot CE=BC\cdot DC$.

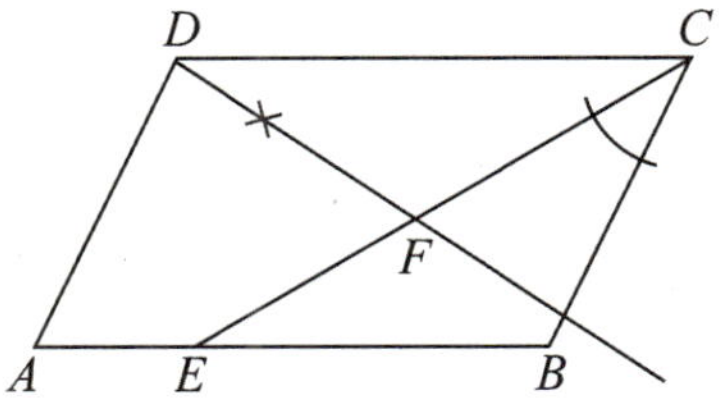

图 5-3-38

4.如图 5-3-39,已知菱形 $ABCD$ 中,E 是 BC 边上的一点.

(1)利用尺规在 BC 的右侧作$\triangle AEF$,使得 $EF /\!/ BD$,且 $EF=\frac{1}{2}BD$(要求:尺规作图,不写作法,保留作图痕迹);

(2)在(1)的条件下,若$\angle EAF=\frac{1}{2}\angle ABC$,求证:$AE=\sqrt{2}EF$.

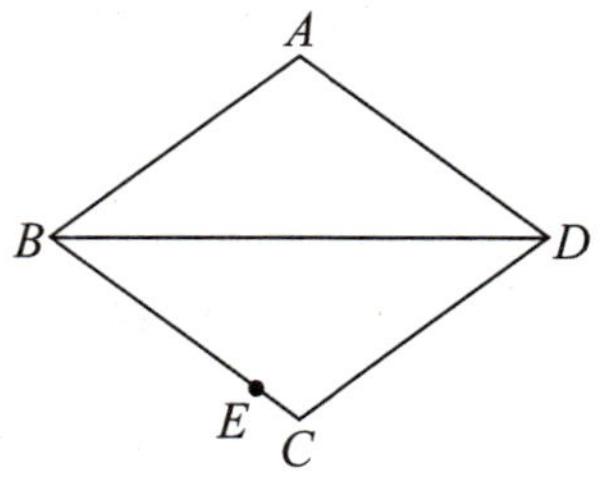

图 5-3-39

【答案】(1)作图见解析;(2)见解析

【解析】(1)如图 5-3-40,连接 AC,交 BD 于点 O;在 BC 右侧作$\angle CEF=\angle CBD$,在射线 EF 上截取 $EF=OB$;连接 AE,AF,则$\triangle AEF$ 即为所要作的三角形.

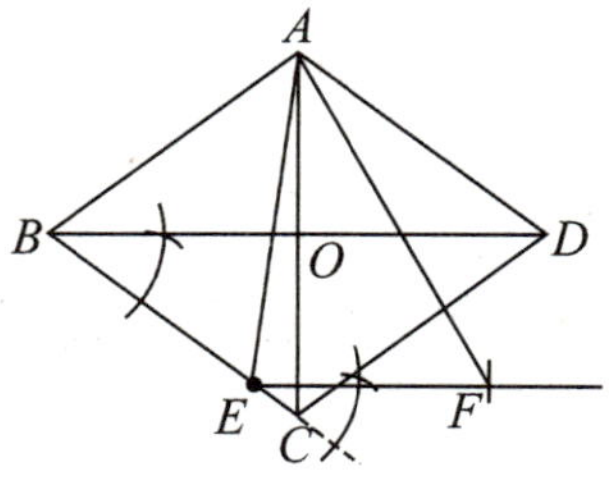

图 5-3-40

(2)如图 5-3-41,延长 EF,交 AD 的延长线于点 G.

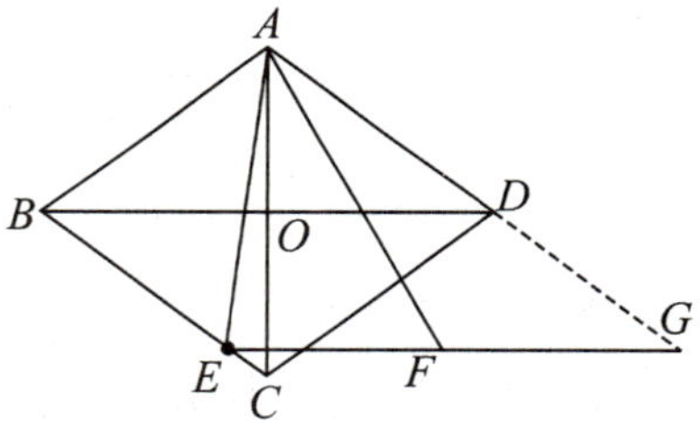

图 5-3-41

∵四边形 $ABCD$ 是菱形.

∴$AD /\!/ BC$.

又∵$EF /\!/ BD$,$EF=\frac{1}{2}BD$,

∴四边形 $BEGD$ 是平行四边形,

∴$EG=BD=2EF$,$\angle G=\angle CBD$.

又∵在菱形 $ABCD$ 中,$\angle CBD=\frac{1}{2}\angle ABC$,且$\angle EAF=\frac{1}{2}\angle ABC$,

∴$\angle EAF=\angle G$.

又∵$\angle AEF=\angle GEA$,

∴$\triangle EAF\backsim\triangle EGA$.

∴$\frac{EF}{AE}=\frac{AE}{EG}$,即 $AE^2=EF\cdot EG=EF\cdot 2EF=2EF^2$,

∴$AE=\sqrt{2}EF$.

第四讲　解直角三角形

一、基础知识

1.解直角三角形

在直角三角形中，由已知元素(直角除外)求未知元素的过程，叫作解直角三角形. 在直角三角形中，除直角外，一共有 5 个元素，即三条边和两个锐角. 设在 Rt$\triangle ABC$ 中，$\angle C=90^\circ$，$\angle A$，$\angle B$，$\angle C$ 所对的边分别为 a，b，c，则有：①三边之间的关系：$a^2+b^2=c^2$(勾股定理)；②锐角之间的关系：$\angle A+\angle B=90^\circ$.

2.方向角，仰角、俯角，坡角

方向角：以观测者的位置为中心，将正北或正南方向作为起始方向，由该方向旋转到目标方向所成的角(一般指锐角)叫作方向角，通常表达为北(南)偏东(西)n°度(如图 5-4-1). 若该角正好为 45°，则表示正西南、西北、东南、东北方向.

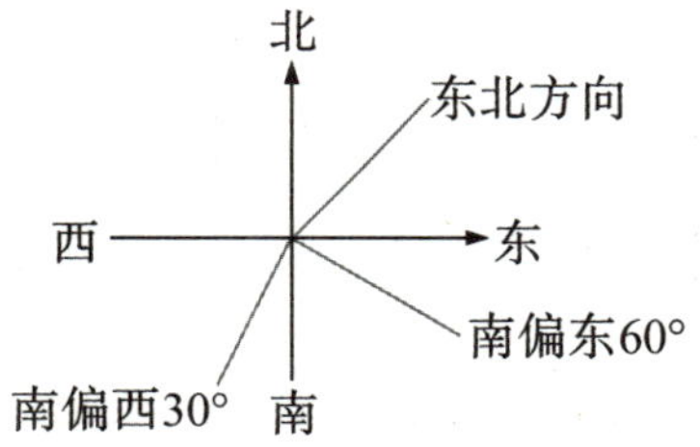

图 5-4-1

仰角、俯角：由参考点出发，视线与水平线形成的高于水平面的角称为仰角，视线与水平面形成的低于水平线的角叫作俯角(如图 5-4-2).

坡角：坡面与水平面所成的夹角叫作坡角.

坡度：又叫作坡比(i)，是指坡面的垂直高度(h)和水平宽度(l)的比，即坡角的正切值. 如图 5-4-3，$i=\tan\alpha=h:l$.

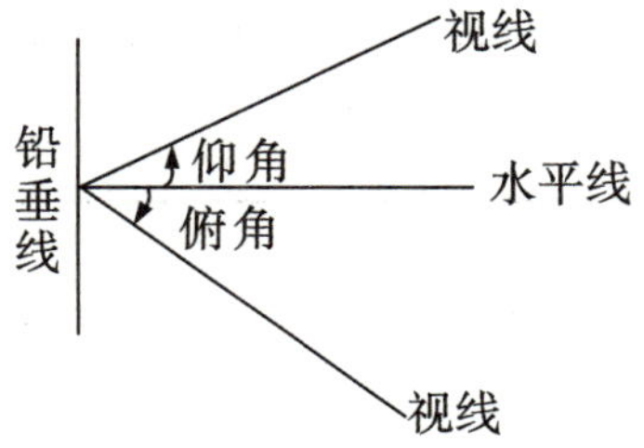

图 5-4-2

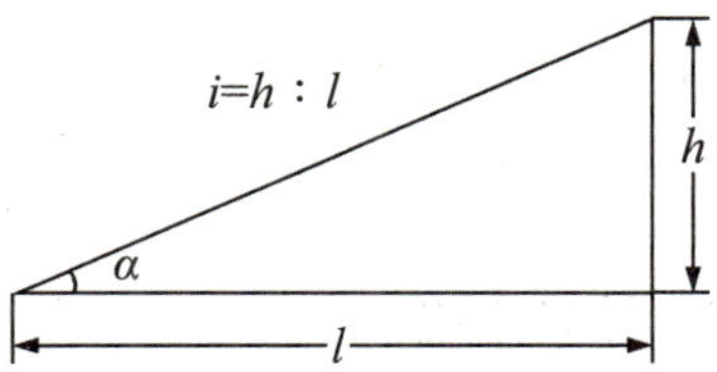

图 5-4-3

3.解直角三角形的常见类型及解法(见表 5-4-1)

表 5-4-1

<table>
<tr><th>图形</th><th colspan="3">已知条件</th><th>解法步骤</th></tr>
<tr><td rowspan="5">Rt△ABC
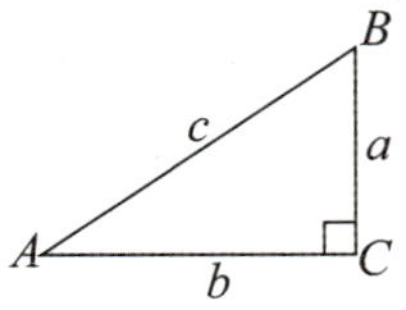</td><td rowspan="2">两边</td><td colspan="2">两直角边(如 a,b)</td><td>由 $\tan A=\frac{a}{b}$,求$\angle A$;
$\angle B=90°-\angle A$;$c=\sqrt{a^2+b^2}$</td></tr>
<tr><td colspan="2">斜边和一直角边(如 c,a)</td><td>由 $\sin A=\frac{a}{c}$,求$\angle A$;
$\angle B=90°-\angle A$;$b=\sqrt{c^2-a^2}$</td></tr>
<tr><td rowspan="3">一边一角</td><td rowspan="2">一直角边和一锐角</td><td>锐角和邻边(如$\angle A$,b)</td><td>$\angle B=90°-\angle A$,$a=b\cdot\tan A$,
$c=\frac{a}{\sin A}$</td></tr>
<tr><td>锐角和对边(如$\angle A$,a)</td><td>$\angle B=90°-\angle A$,$b=\frac{a}{\tan A}$,
$c=\frac{b}{\cos A}$</td></tr>
<tr><td colspan="2">斜边和锐角(如 c,$\angle A$)</td><td>$\angle B=90°-\angle A$,$a=c\cdot\sin A$,
$b=c\cdot\cos A$</td></tr>
</table>

4.特殊值的三角函数(见表 5-4-2)

表 5-4-2

α	$\sin\alpha$	$\cos\alpha$	$\tan\alpha$
30°	$\frac{1}{2}$	$\frac{\sqrt{3}}{2}$	$\frac{\sqrt{3}}{3}$
45°	$\frac{\sqrt{2}}{2}$	$\frac{\sqrt{2}}{2}$	1
60°	$\frac{\sqrt{3}}{2}$	$\frac{1}{2}$	$\sqrt{3}$

二、技巧讲解

【技巧】解直角三角形的应用

例 1 春天是放风筝的好季节,如图 5-4-4,小张同学在花雨广场 B 处放风筝，风筝位于 A 处，风筝线 AB 的长为 150 m，从 B 处看风筝的仰角为 37°，小张的父母从 C 处看风筝的仰角为 60°.

(1)风筝离地面多少米？

(2)小张和父母的直线距离 BC 是多少米？(结果精确到 0.1，参考数据：$\sin 37°\approx 0.6$，$\cos 37°\approx 0.8$，$\tan 37°\approx 0.75$，$\sqrt{2}\approx 1.41$，$\sqrt{3}\approx 1.73$)

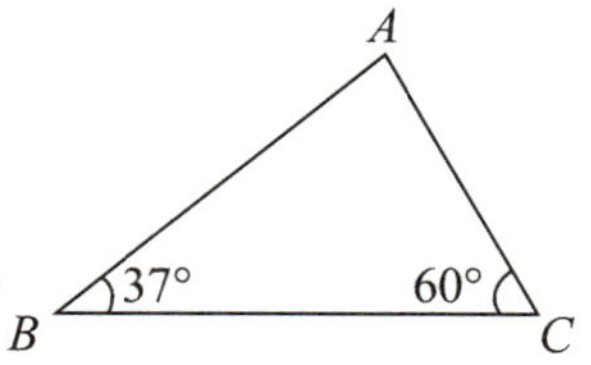

图 5-4-4

【答案】 (1)90 m；(2)171.9 m

【解析】 (1)如图 5-4-5，作 $AD\perp BC$ 于点 D.

$\because AB=150$ m，$\angle ABD=37°$，

$\therefore \sin 37°=\dfrac{AD}{AB}\approx 0.6$，

$\therefore AD\approx AB\times 0.6=150\times 0.6=90$(m)，

即风筝离地面约 90 m.

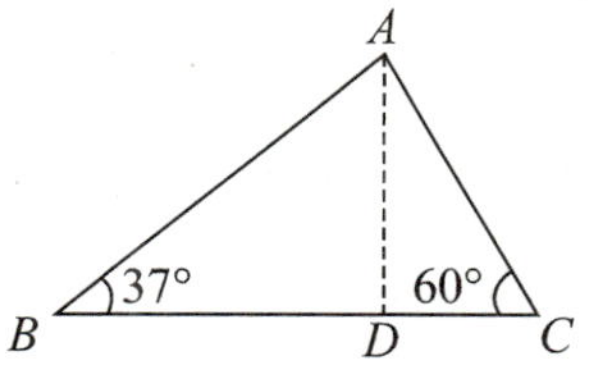

图 5-4-5

(2)$\because AD\perp BC$，$AB=150$ m，$AD\approx 90$ m，$\angle C=60°$，

$\therefore BD=\sqrt{AB^2-AD^2}\approx\sqrt{150^2-90^2}=120$(m)，

$CD=\dfrac{AD}{\tan 60°}\approx\dfrac{90}{\sqrt{3}}=30\sqrt{3}\approx 51.9$(m)，

$\therefore BC=BD+CD\approx 120+51.9=171.9$(m).

即 BC 的长度约为 171.9 m.

例 2　如图 5-4-6，小东在教学楼距地面 9 m 高的窗口 C 处，测得正前方旗杆顶部 A 点的仰角为 37°，旗杆底部 B 点的俯角为 45°. 升旗时，旗子上端悬挂在距地面 2.25 m 处. 若旗子伴随着音乐声升起，并在音乐播放 45 s 结束时到达旗杆顶端，则旗子应以多少米/秒的速度匀速上升？(参考数据：$\sin 37°\approx 0.60$，$\cos 37°\approx 0.80$，$\tan 37°\approx 0.75$)

【答案】 0.3 m/s

【解析】 如图 5-4-6，过点 C 作教学楼的垂线，交点 A 和点 B 的连线于点 D. 在 Rt$\triangle BCD$ 中，$BD=9$ m，$\angle BCD=45°$，

则 $BD=CD=9$ m.

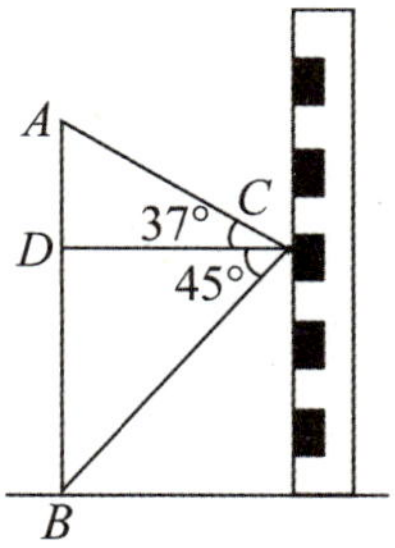

图 5-4-6

在 Rt△ACD 中,$CD=9$ m,$\angle ACD=37°$,

则 $AD=CD\cdot\tan 37°\approx 9\times 0.75=6.75$(m),

所以,$AB=AD+BD\approx 15.75$ m,

则整个过程中旗子的上升高度是 $15.75-2.25=13.5$(m).

因为耗时 45 s,所以上升速度 $v=\dfrac{13.5}{45}=0.3$(m/s).

例 3 2023 年 3 月 5 日是"向雷锋同志学习"题词发表 60 周年纪念日,某数学小组测量校内雷锋雕像 AB(如图 5-4-7)的高度. 如图 5-4-8,小明站在教学楼前,眼睛在距离地面 1.5 m 的点 E 处,测得雷锋雕像的最高点 A 的仰角为 32°,小红站在教学楼三楼(每层楼高为 3 m),眼睛在距离三楼地面 1.6 m 的 C 点,测得雷锋雕像的最高点 A 的俯角为 45°. 已知测量点 C,E 与教学楼的底部 D 在同一竖直线上,求雷锋雕像 AB 的高度.(结果精确到 0.1 m,参考数据:$\sin 32°\approx 0.53$,$\cos 32°\approx 0.85$,$\tan 32°\approx 0.63$)

图 5-4-7

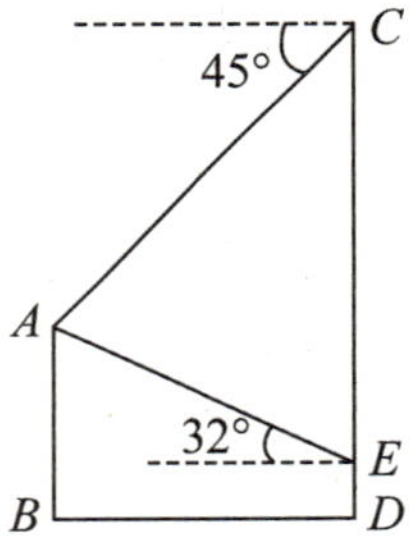

图 5-4-8

【答案】3.9 m

【解析】如图 5-4-9,过点 A 作 $AF\perp CD$ 于点 F,过点 E 作 $EG\perp AB$ 于点 G.

由题意可知,四边形 $AFEG$ 和四边形 $GBDE$ 均是矩形,

$\therefore AF=EG$,$AG=EF$,$GB=ED$.

设 $AG=EF=x$,

在 Rt△AEG 中,$\tan\angle AEG=\dfrac{AG}{EG}$,

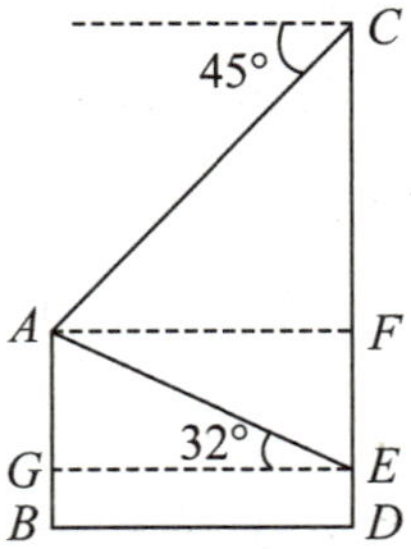

图 5-4-9

即 $\tan 32° = \frac{x}{EG}$，

$\therefore EG = AF \approx \frac{x}{0.63}$.

$\because$点 C 观测点 A 的俯角为 $45°$，$\therefore \angle CAF = 45°$.

$\because AF \perp CF$，

$\therefore \angle CAF = \angle ACF$，$CF = AF$，

$\therefore x + \frac{x}{0.63} + 1.5 = CD$.

$\because CD = 7.6$，

$\therefore x + \frac{x}{0.63} + 1.5 = 7.6$，解得 $x \approx 2.4$.

$\therefore AB = AG + GB \approx 2.4 + 1.5 = 3.9$(m).

故雷锋雕像 AB 的高度约为 3.9 m.

三、真题演练

如图 5-4-10，现有一把直尺和一把三角尺，其中 $\angle ABC = 90°$，$\angle CAB = 60°$，$AB = 8$，点 A 对应直尺的刻度为 12. 将该三角尺沿着直尺边缘平移，使得 $\triangle ABC$ 移动到 $\triangle A'B'C'$，点 A' 对应直尺的刻度为 0，则四边形 $ACC'A'$ 的面积是________.

【答案】$96\sqrt{3}$

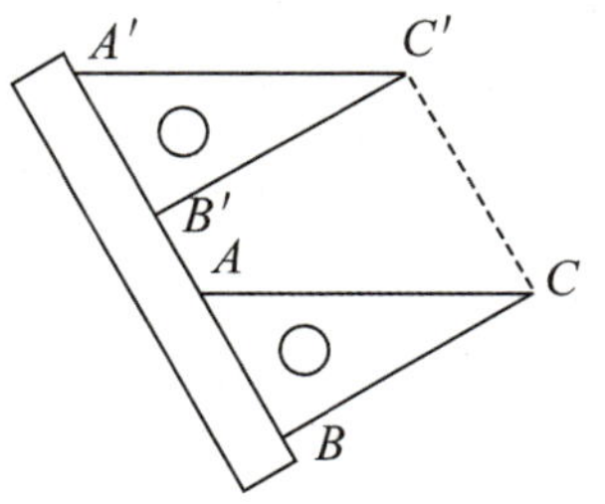

图 5-4-10

【解析】在 Rt$\triangle ABC$ 中，$\angle ABC = 90°$，$\angle CAB = 60°$，$AB = 8$，则 $BC = AB \cdot \tan \angle CAB = 8\sqrt{3}$.

由平移的性质可知，$AC = A'C'$，$AC \parallel A'C'$，

$\therefore$四边形 $ACC'A'$ 为平行四边形.

$\because$点 A 对应直尺的刻度为 12，点 A' 对应直尺的刻度为 0，

$\therefore AA' = 12$，$S_{四边形ACC'A'} = 12 \times 8\sqrt{3} = 96\sqrt{3}$.

第五讲 四边形

一、技巧讲解

【技巧 1】中点四边形

【方法归纳】

常见的中点四边形的条件和结论见表 5-5-1.

表 5-5-1

图形	条件	结论
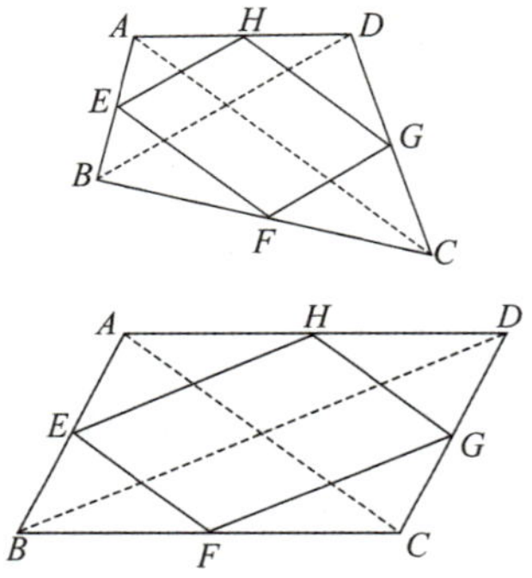	E,F,G,H 为四边形四边中点，对角线既不相等也不垂直	(1)四边形 $EFGH$ 为平行四边形； (2)$S_{四边形EFGH}=\frac{1}{2}S_{四边形ABCD}$； (3)$C_{四边形EFGH}=AC+BD$
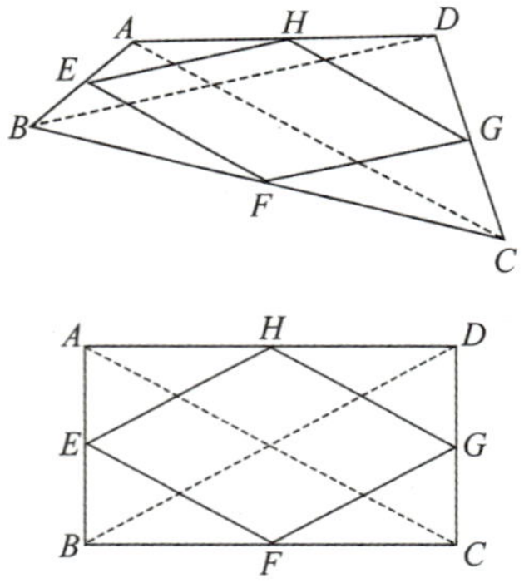	E,F,G,H 为四边形四边中点，对角线相等	(1)四边形 $EFGH$ 为菱形； (2)$S_{四边形EFGH}=\frac{1}{2}S_{四边形ABCD}$； (3)$C_{四边形EFGH}=2AC=2BD$

续表

图形	条件	结论
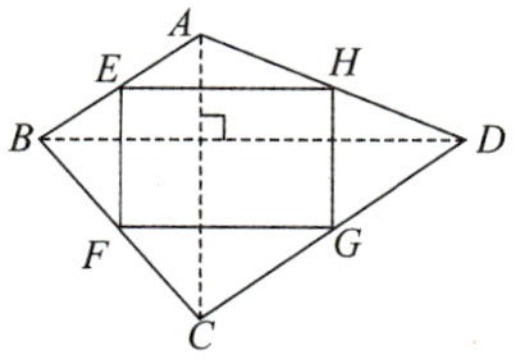 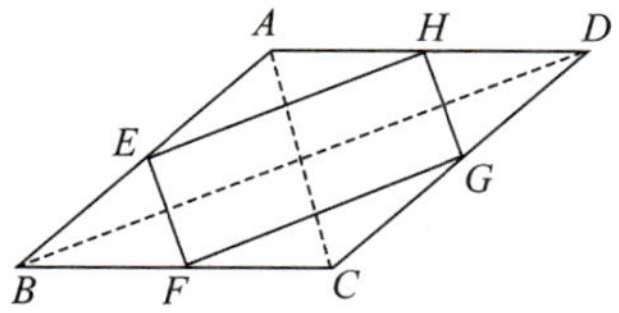	E,F,G,H 为四边形四边中点，对角线互相垂直	(1)四边形 $EFGH$ 为矩形； (2)$S_{四边形EFGH}=\frac{1}{2}S_{四边形ABCD}$； (3)$C_{四边形EFGH}=AC+BD$
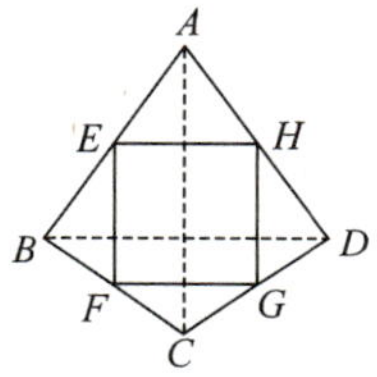 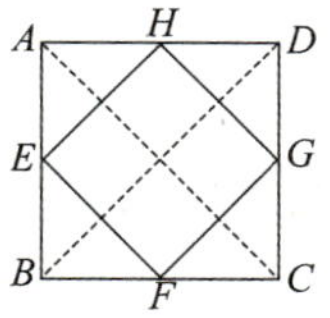	E,F,G,H 为四边形四边中点，对角线互相垂直且相等	(1)四边形 $EFGH$ 为正方形； (2)$S_{四边形EFGH}=\frac{1}{2}S_{四边形ABCD}$； (3)$C_{四边形EFGH}=2AC=2BD$
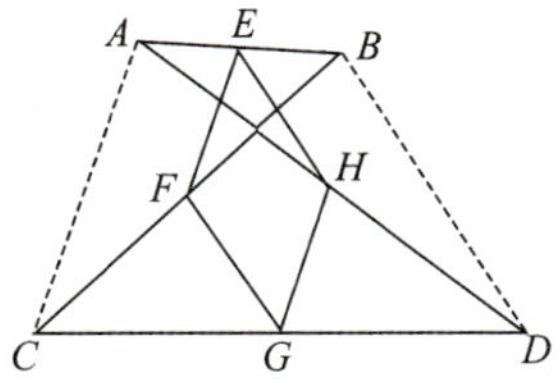	E,F,G,H 分别为边 AB,BC,CD,AD 的中点	四边形 $ABCD$ 为"8 字"四边形，上述形状及周长结论仍成立

例 1　如图 5-5-1，在四边形 $ABCD$ 中，E,F 分别是 AD,BC 的中点，G,H 分别是 BD,AC 的中点.

(1)请判断四边形 $EGFH$ 的形状，并说明理由.

(2)四边形 $ABCD$ 满足什么条件时，四边形 $EGFH$ 是菱形？请说明理由.

(3)四边形 $ABCD$ 满足什么条件时，四边形 $EGFH$ 是矩形？请说明理由.

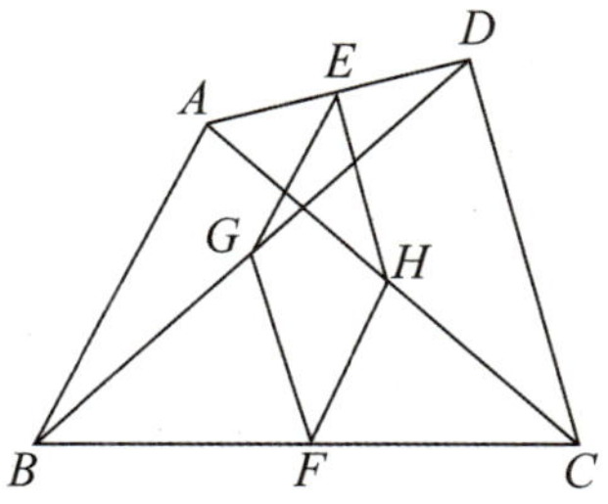

图 5-5-1

【答案】(1)四边形 $EGFH$ 是平行四边形，理由

见解析;(2)$AB=CD$,理由见解析;(3)$AB\perp CD$,理由见解析

【解析】(1)$\because E,F$ 分别是 AD,BC 的中点,G,H 分别是 BD,AC 的中点,

$\therefore EG/\!/AB,HF/\!/AB,EH/\!/CD,GF/\!/CD,EG=\frac{1}{2}AB,HF=\frac{1}{2}AB,$
$EH=\frac{1}{2}CD,GF=\frac{1}{2}CD,$

$\therefore EG/\!/HF,EH/\!/GF.$

$\therefore$ 四边形 $EGFH$ 是平行四边形.

(2)当四边形 $ABCD$ 满足 $AB=CD$ 时,四边形 $EGFH$ 是菱形,理由如下:

$\because EG=\frac{1}{2}AB,EH=\frac{1}{2}CD,AB=CD,$

$\therefore EG=EH,$

$\therefore$ 平行四边形 $EGFH$ 是菱形.

(3)当四边形 $ABCD$ 满足 $AB\perp CD$ 时,四边形 $EGFH$ 是矩形,理由如下:

$\because AB\perp CD,EG/\!/AB,EH/\!/CD,$

$\therefore EG\perp EH,\angle GEH=90^\circ,$

$\therefore$ 平行四边形 $EGFH$ 是矩形.

例 2 如图 5-5-2,E,F,G,H 分别是四边形 $ABCD$ 的边 AB,BC,CD,DA 的中点,则下列说法中正确的是(　　).

A. 若 $AC=BD$,则四边形 $EFGH$ 为矩形

B. 若 $AC\perp BD$,则四边形 $EFGH$ 为菱形

C. 若 $EFGH$ 是平行四边形,则 AC 与 BD 互相平分

D. 若 $EFGH$ 是正方形,则 AC 与 BD 互相垂直且相等

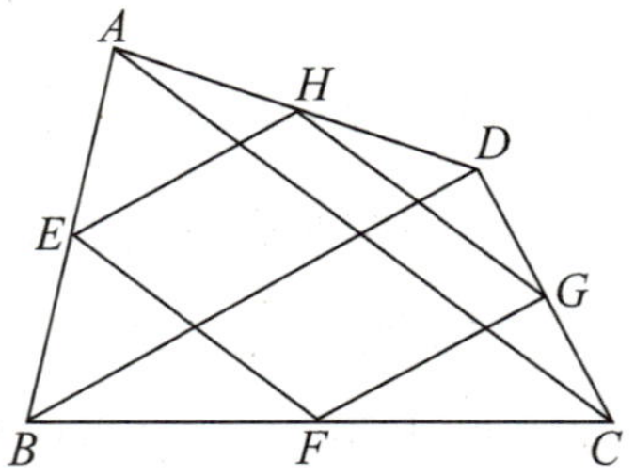

图 5-5-2

【答案】D

【解析】$\because E,F,G,H$ 分别是四边形 $ABCD$ 的边 AB,BC,CD,DA 的中点,

∴EF是$\triangle ABC$的中位线，HG是$\triangle ACD$的中位线，EH是$\triangle ABD$的中位线，FG是$\triangle BCD$的中位线，

∴$HG=EF=\frac{1}{2}AC$，$HG \parallel EF \parallel AC$，$EH=FG=\frac{1}{2}BD$，$EH \parallel FG \parallel BD$，

∴四边形$EFGH$为平行四边形.

对于A，若$AC=BD$，则$HG=EH$，则四边形$EFGH$为菱形，不符合题意，故A错误.

对于B，若$AC \perp BD$，则$EF \perp EH$，则四边形$EFGH$为矩形，不符合题意，故B错误.

对于C，任意四边形的中点四边形是平行四边形，但AC与BD不一定互相平分，不符合题意，故C错误.

对于D，若$EFGH$是正方形，则$EF \perp EH$，$EF=EH$. 由EF是$\triangle ABC$的中位线，EH是$\triangle ABD$的中位线，可得$EF \parallel AC$，$EH \parallel BD$，$EF=\frac{1}{2}AC$，$EH=\frac{1}{2}BD$，因此AC与BD互相垂直且相等，符合题意，故D正确.

【技巧2】依据四边形的性质求解图形最值问题

1.利用矩形的性质巧解折叠线段的长度

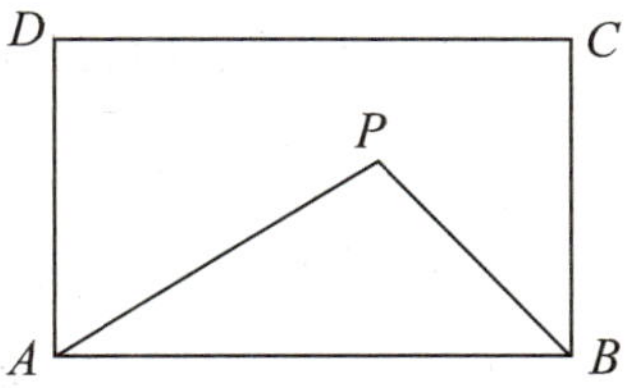

图 5-5-3

例3　如图5-5-3，在矩形$ABCD$中，$AB=10$，$AD=6$，动点P满足$S_{\triangle PAB}=\frac{1}{3}S_{\text{矩形}ABCD}$，则点$P$到$A$，$B$两点的距离之和$PA+PB$的最小值为(　　).

A. $3\sqrt{29}$　　B. $2\sqrt{34}$　　C. $10\sqrt{2}$　　D. $2\sqrt{41}$

【答案】 D

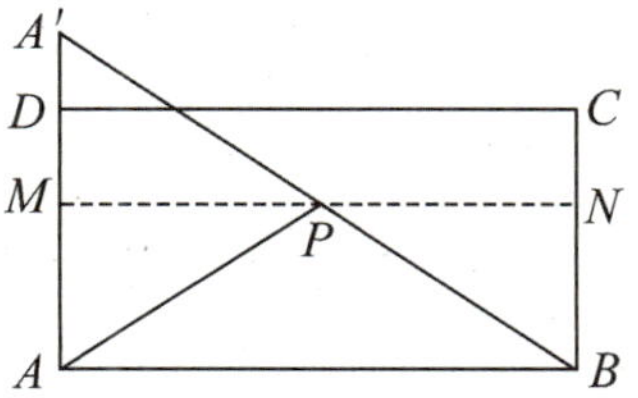

图 5-5-4

【解析】 如图5-5-4，过点P作$MN \parallel AB$，交AD于点M，交BC于点N，作点A关于MN的对称点A'，连接$A'B$交MN于点P.

∴$AP+PB=A'P+PB=A'B$，此时$PA+PB$的值最小.

$\because S_{\triangle PAB}=\frac{1}{3}S_{矩形ABCD}$，

$\therefore \frac{1}{2}\times AB\times AM=\frac{1}{3}\times BA\times AD$，得 $AM=\frac{2}{3}AD$.

$\because AD=6$，

$\therefore AM=4$，则 $AA'=8$.

又 $\because AB=10$，

$\therefore$ 在 $\mathrm{Rt}\triangle ABA'$ 中，$A'B=2\sqrt{41}$.

2.特殊平行四边形中的操作型问题

例 4 图 5-5-5 是由八个全等的直角三角形拼接而成的图形. 令图中正方形 $ABCD$、正方形 $EFGH$、正方形 $MNKT$ 的面积分别为 S_1，S_2，S_3，若正方形 $EFGH$ 的边长为 2，则 $S_1+S_2+S_3$ 的值为（　　）.

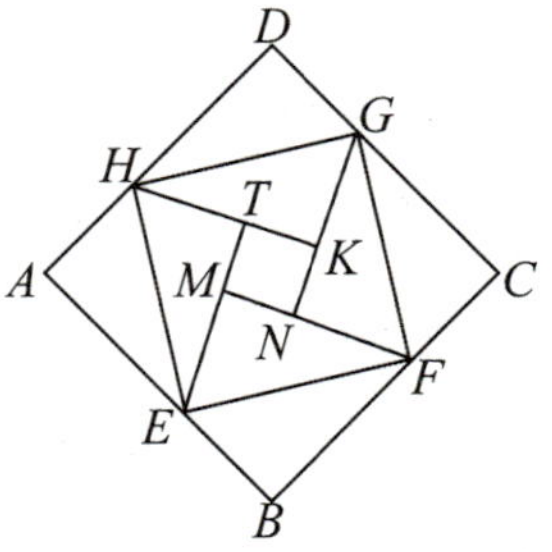

图 5-5-5

A. 16　　B. 14　　C. 12　　D. 10

【答案】 C

【解析】 设每个全等的直角三角形的面积均为 S，

则 $S_1=8S+S_3$，$S_2=4S+S_3$.

$\therefore S_1+S_2+S_3=8S+S_3+4S+S_3+S_3=3(4S+S_3)=3S_2$.

$\because$ 正方形 $EFGH$ 的边长为 2.

$\therefore S_2=4$，则 $\therefore S_1+S_2+S_3=3S_2=3\times4=12$.

3.特殊平行四边形中的阅读理解型问题

例 5 阅读：如果两个动点到一个定点的距离的比为定值，且这两个动点与定点连线所成角的度数也为定值，那么这两个动点的运动路径相同.

应用：如图 5-5-6，O 是矩形 $ABCD$ 的对角线 AC 的中点，$BC=3$，以 O 为直角顶点的 $\mathrm{Rt}\triangle OPQ$ 的顶点 P 在边 AD 上，$\angle BAC=\angle Q=60°$，当 P 在 AD 上运动时，DQ 的最大值为（　　）.

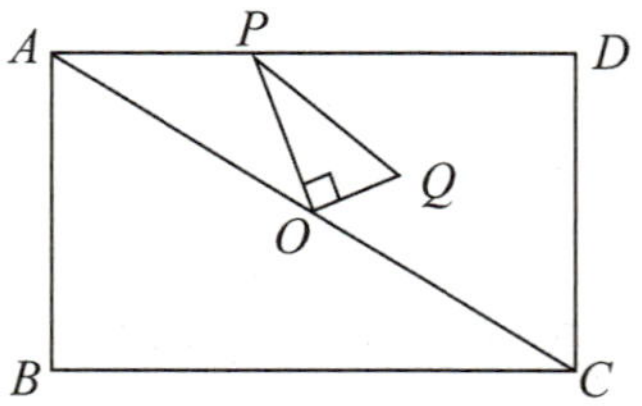

图 5-5-6

A. 1　　B. $\sqrt{3}$

C. 2　　D. $2\sqrt{3}$

【答案】C

【解析】由题意,可得点 Q 的轨迹为一条线段.

$\because \angle Q=60°, \angle POQ=90°$,

$\therefore \angle OPQ=30°$.

又$\because \angle BAD=90°, \angle BAC=60°$,

$\therefore \angle CAD=30°$.

在 $Rt\triangle ABC$ 中,$BC=3, \angle BCA=30°$.

设 $AB=x$,则 $AC=2x$,由勾股定理,可得 $x^2+3^2=4x^2$,解得 $x=\sqrt{3}$.

$\therefore AB=\sqrt{3}, AC=2\sqrt{3}$,得 $AO=\sqrt{3}$.

当点 P 与点 A 重合时,过点 O 作 $OF\perp OA$ 交 AD 于点 F,如图 5-5-7.

$\because \angle CAD=30°, \angle OPQ=30°$,

$\therefore$ 点 Q 在线段 AD 上.

又$\because \angle AFO=60°$,

$\therefore$ 点 Q 与点 F 重合.

由正弦定理,可得 $OQ=1, PQ=2$.

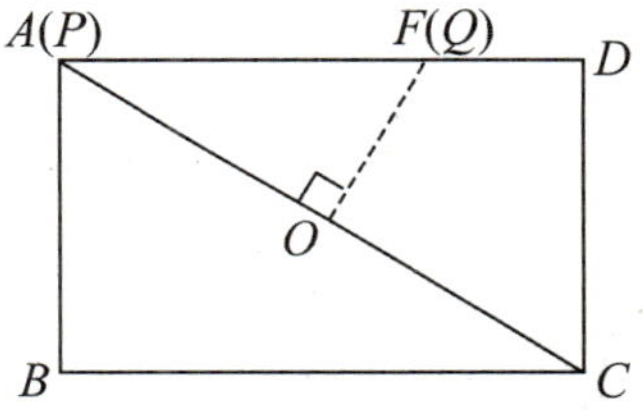

图 5-5-7

当点 P 与点 D 重合时,过点 O 作 $OE\perp OD$ 交 BC 于点 E,连接 DE, EF,如图 5-5-8.

由题意,可得 $OD=OC, \angle OCD=60°$,

$\therefore \triangle ODC$ 为等边三角形,即 $OD=CD=OC=\sqrt{3}, \angle ODC=60°$.

$\because \angle BCD=\angle EOD=90°, OD=CD, DE=DE$,

$\therefore \triangle ODE\cong\triangle CDE$(HL).

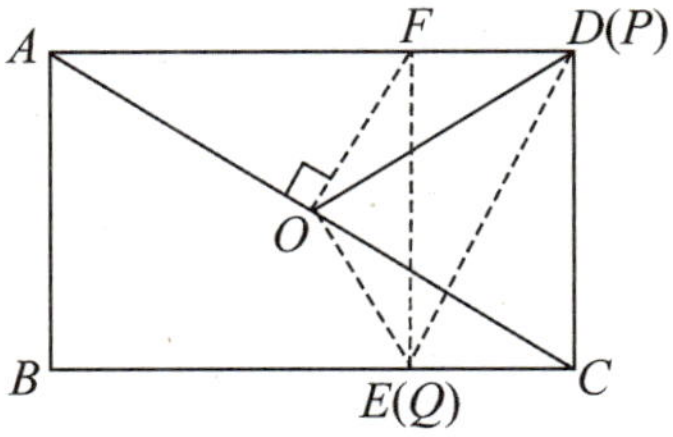

图 5-5-8

$\therefore \angle ODE=\frac{1}{2}\angle ODC=30°$,此时,点 Q 在射线 DE 上.

$\therefore \angle OED=60°$,则点 Q 与点 E 重合,即点 Q 的轨迹为线段 EF.

由此可得,当点 P 与点 D 重合时,DQ 最大,为 DE 的长度.

在 $Rt\triangle OED$ 中,$OD=\sqrt{3}, \angle ODE=30°$,可得 $OE=1, DE=2$.

即 DQ 的最大值为 2.

【技巧 3】特殊四边形的存在性

1.平行四边形

例 6 如图 5-5-9，二次函数 $y=ax^2+bx+4(a\neq0)$ 的图象与 x 轴交于点 $A(-1,0)$，$B(4,0)$，与 y 轴交于点 C，抛物线的顶点为 D.

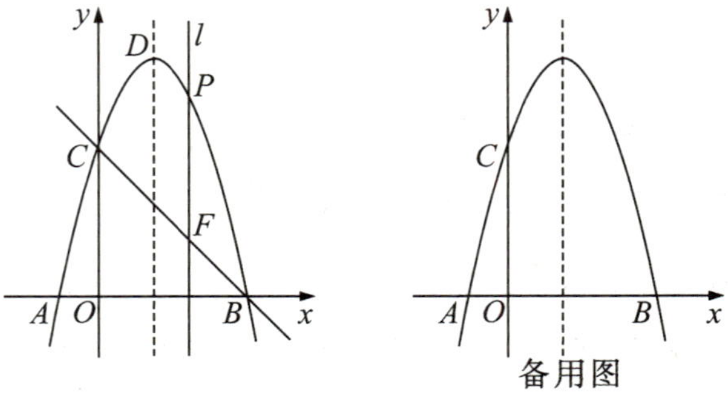

图 5-5-9

(1)求二次函数的表达式及顶点 D 的坐标.

(2)若点 P 为直线 BC 上方抛物线上的一点，过点 P 作垂直于 x 轴的直线 l 交直线 BC 于点 F. 是否存在点 P，使四边形 $OCPF$ 为平行四边形？若存在，求出点 P 的坐标；若不存在，请说明理由.

(3)若点 N 为抛物线上的一个动点，连接 NC，过点 N 作 $NQ\perp NC$ 交抛物线的对称轴于点 Q，当 $\tan\angle NCQ=1$ 时，请直接写出点 N 的横坐标.

【答案】(1)$y=-x^2+3x+4$，$D\left(\frac{3}{2},\frac{25}{4}\right)$；(2)存在，点 P 的坐标为(2,6)；(3)$1+\frac{\sqrt{10}}{2}$ 或 $1-\frac{\sqrt{10}}{2}$ 或 $2-\frac{\sqrt{10}}{2}$ 或 $2+\frac{\sqrt{10}}{2}$

【解析】(1)将点 $A(-1,0)$，$B(4,0)$ 分别代入 $y=ax^2+bx+4$，

得 $\begin{cases}a-b+4=0,\\16a+4b+4=0,\end{cases}$ 解得 $\begin{cases}a=-1,\\b=3.\end{cases}$

∴二次函数的表达式为 $y=-x^2+3x+4=-\left(x-\frac{3}{2}\right)^2+\frac{25}{4}$，

∴顶点 D 的坐标为 $\left(\frac{3}{2},\frac{25}{4}\right)$.

(2)存在，理由如下：

当 $x=0$ 时，$y=4$，

$\therefore C(0,4), OC=4$.

设 BC 所在直线的表达式为 $y=kx+m$.

将点 $C(0,4)$，$B(4,0)$ 分别代入直线表达式 $y=kx+m$ 中.

得 $\begin{cases} m=4, \\ 4k+m=0, \end{cases}$ 解得 $\begin{cases} k=-1, \\ m=4. \end{cases}$

$\therefore BC$ 所在直线的表达式为 $y=-x+4$.

$\because PF\perp x$ 轴，$OC\perp x$ 轴，

$\therefore OC\parallel PF$.

当 $OC=PF$ 时，四边形 $OCPF$ 即为平行四边形.

设点 P 的横坐标为 t，则 P 的坐标为 $(t, -t^2+3t+4)$，F 的坐标为 $(t, -t+4)$，

$\therefore PF=-t^2+3t+4-(-t+4)=-t^2+4t$.

由 $OC=PF$，得 $-t^2+4t=4$，解得 $t=2$.

当 $t=2$ 时，$-t^2+3t+4=-2^2+3\times2+4=6$，

$\therefore$ 点 P 的坐标为 $(2,6)$.

(3)如图 5-5-10，过点 N 作 y 轴的平行线 NH，分别过点 C，Q 作 $CG\perp NH$ 于点 G，$QH\perp NH$ 于点 H.

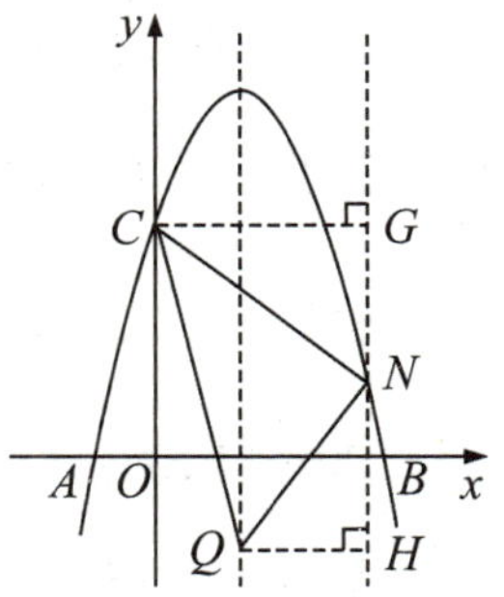

图 5-5-10

$\because NQ\perp CN$，

$\therefore \angle CNQ=\angle CGN=\angle NHQ=90^\circ$，

$\therefore \angle CNG+\angle NCG=\angle CNG+\angle QNH=90^\circ$，

$\therefore \angle NCG=\angle QNH$.

又 $\because \tan\angle NCQ=1$，

$\therefore NC=NQ$，

$\therefore \triangle NCG\cong\triangle QNH$(AAS)，

$\therefore CG=NH$，$NG=QH$.

设点 $N(n, -n^2+3n+4)$，由题意可知抛物线的对称轴为直线 $x=\frac{3}{2}$，$C(0,4)$，则 $G(n,4)$，

$\therefore QH=\left|n-\frac{3}{2}\right|$，$NG=|-n^2+3n|$.

当 $n-\frac{3}{2}=-n^2+3n$ 时，解得 $n=1\pm\frac{\sqrt{10}}{2}$；

当 $n-\frac{3}{2}=-(-n^2+3n)$ 时，解得 $n=2\pm\frac{\sqrt{10}}{2}$.

综上，点 N 的横坐标为 $1+\frac{\sqrt{10}}{2}$ 或 $1-\frac{\sqrt{10}}{2}$ 或 $2-\frac{\sqrt{10}}{2}$ 或 $2+\frac{\sqrt{10}}{2}$.

2.正方形

例 7 如图 5-5-11，抛物线 $y=\frac{1}{4}x^2-\frac{1}{2}x-3$ 的对称轴 l 与 x 轴交于点 A，抛物线与 y 轴交于点 B.

(1)求点 A，B 的坐标.

(2)点 C 为该抛物线上的一个动点，点 D 为点 C 关于直线 l 的对称点(点 D 在点 C 的左侧)，点 M 在坐标平面内，请问是否存在这样的点 C，使得四边形 $ACMD$ 是正方形？若存在，请求出点 C 的坐标；若不存在，请说明理由.

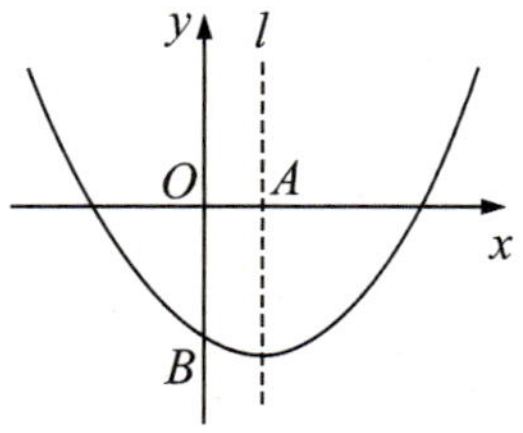

图 5-5-11

【答案】 (1)$A(1,0)$，$B(0,-3)$；(2)存在这样的点 C，使得四边形 $ACMD$ 是正方形，点 C 的坐标为 $(-1+\sqrt{17},2-\sqrt{17})$ 或 $(3+\sqrt{17},2+\sqrt{17})$

【解析】 (1)$\because y=\frac{1}{4}x^2-\frac{1}{2}x-3=\frac{1}{4}(x-1)^2-\frac{13}{4}$，

$\therefore A(1,0)$.

当 $x=0$ 时，$y=-3$，

$\therefore B(0,-3)$.

(2)存在，理由如下：

若四边形 $ACMD$ 是正方形，则 $\triangle ACD$ 是以点 A 为直角顶点的等腰直角三角形，设 $C\left(t,\frac{1}{4}t^2-\frac{1}{2}t-3\right)$.

①当点 M 在 x 轴下方时，如图 5-5-12，过点 C 作 $CE\perp x$ 轴于点 E，此时 $\triangle ACE$ 是等腰直角三角形，

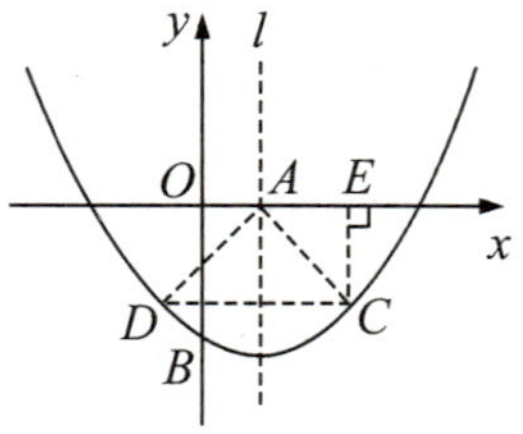

图 5-5-12

$\therefore AE=CE$，

$\therefore t-1=-\frac{1}{4}t^2+\frac{1}{2}t+3$，解得 $t_1=-1-\sqrt{17}$（舍去），$t_2=-1+\sqrt{17}$.

此时 $C(-1+\sqrt{17},2-\sqrt{17})$.

②当点 M 在 x 轴上方时，如图 5-5-13，过点 C 作 $CF\perp x$ 轴于点 F，同理可得 $CF=AF$，

$\therefore t-1=\frac{1}{4}t^2-\frac{1}{2}t-3$，

解得 $t_3=3+\sqrt{17}$，$t_4=3-\sqrt{17}$（舍去）.

此时 $C(3+\sqrt{17},2+\sqrt{17})$.

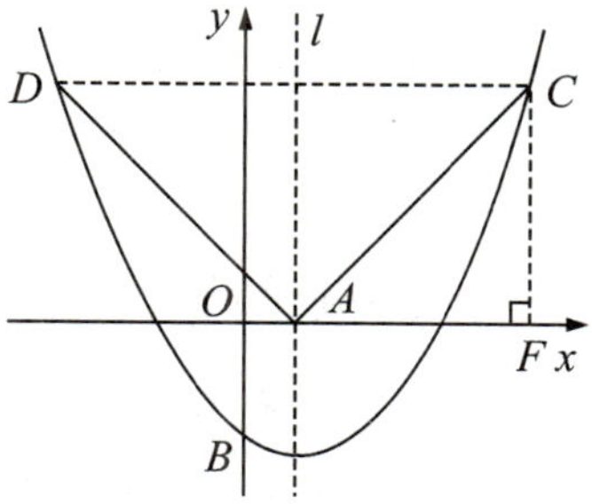

图 5-5-13

综上所述，存在这样的点 C，使得四边形 $ACMD$ 是正方形，此时点 C 的坐标为 $(-1+\sqrt{17},2-\sqrt{17})$ 或 $(3+\sqrt{17},2+\sqrt{17})$.

二、真题演练

矩形 $ABCD$ 在平面直角坐标系中的位置如图 5-5-14，若 $\angle OAB=30°$，$B(3,0)$，对角线 AC 与 BD 相交于点 E，$AC\parallel x$ 轴，则 BD 的长为（　　）.

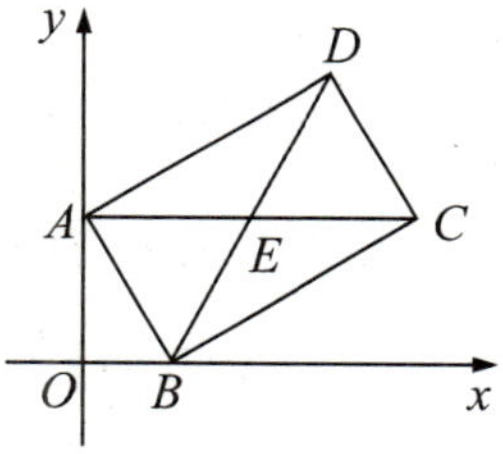

图 5-5-14

A. 4　　B. 6

C. 8　　D. 12

【答案】D

【解析】$\because B(3,0)$，

$\therefore OB=3$.

在 Rt$\triangle AOB$ 中，$\angle OAB=30°$，$\angle AOB=90°$，

$\therefore AB=2OB=6$.

$\because$ 四边形 $ABCD$ 是矩形，

$\therefore AC=BD$，$AE=BE=\frac{1}{2}BD$.

$\because AC\parallel x$ 轴，

$\therefore \angle CAO+\angle AOB=180°$.

又 $\because \angle AOB=90°$，

$\therefore \angle CAO=90°$.

$\therefore \angle EAB=60°$,

$\therefore \triangle ABE$ 是等边三角形.

$\therefore BE=AB=6, BD=2BE=12$.

第六讲 圆

一、基础知识

(1)旋转不变性:圆是旋转对称图形,绕圆心旋转任意角度都与原来图形重合;圆是中心对称图形,对称中心是圆心.

(2)在同圆或等圆中,如果两个圆心角、两条弧、两条弦、两条弦心距这四组量中的任意一组相等,那么它所对应的其他各组量也分别相等.

(3)轴对称:圆是轴对称图形,经过圆心的任意直线都是它的对称轴.

二、技巧讲解

【技巧 1】垂径定理

【方法归纳】

垂径定理及推论如下:

(1)垂直于弦的直径平分这条弦,并且平分弦所对的两条弧.

(2)平分弦(不是直径)的直径垂直于弦,并且平分弦所对的两条弧.

(3)弦的垂直平分线过圆心,且平分弦所对的两条弧.

(4)平分一条弦所对的两条弧的直线过圆心,且垂直平分此弦.

(5)平行弦所夹的弧相等.

对于下面 5 个条件:①直径过圆心,②直径垂直于弦,③直径平分弦,④直径平分弦所对的优弧,⑤直径平分弦所对的劣弧,由其中任意 2 个条件可推得剩余 3 个条件. 注意:"过圆心、平分弦"作为题设时,平分的弦不能是直径.

例 1 如图 5-6-1,在 $Rt\triangle ABC$ 中,$\angle ACB=90°$,$AC=3$,$BC=4$,以点 C 为圆心,CA 为半径的圆与 AB 交于点 D,则 AD 的长为(　　).

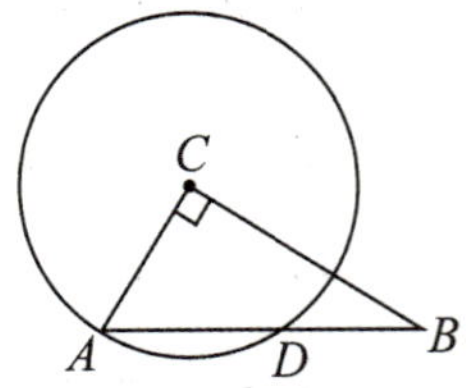

图 5-6-1

A. $\frac{9}{5}$　　　　B. $\frac{21}{5}$　　　　C. $\frac{18}{5}$　　　　D. $\frac{5}{2}$

【答案】C

【解析】∵在 Rt△ABC 中，$\angle ACB=90°$，$AC=3$，$BC=4$，∴$AB=\sqrt{AC^2+BC^2}=\sqrt{3^3+4^2}=5$.

如图 5-6-2，过点 C 作 $CM\perp AB$ 并交 AB 于点 M.

∵$CM\perp AB$，∴M 为 AD 的中点.

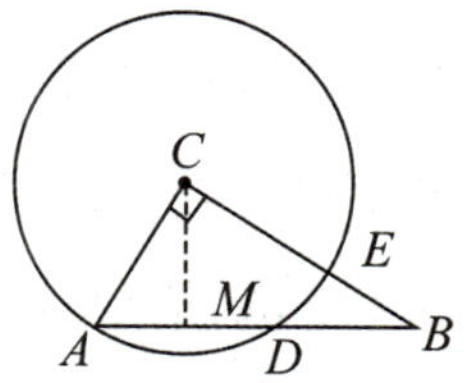

图 5-6-2

∵$S_{\triangle ABC}=\frac{1}{2}AC\cdot BC=\frac{1}{2}AB\cdot CM$，且 $AC=3$，$BC=4$，$AB=5$，

∴$CM=\frac{12}{5}$.

在 Rt△ACM 中，由勾股定理得 $AC^2=AM^2+CM^2$，

即 $9=AM^2+\left(\frac{12}{5}\right)^2$，解得 $AM=\frac{9}{5}$.

∴$AD=2AM=\frac{18}{5}$.

例 2　如图 5-6-3，将半径为 4 cm 的圆形纸片折叠后，圆弧恰好经过圆心 O，则折痕 AB 的长度为________ cm.

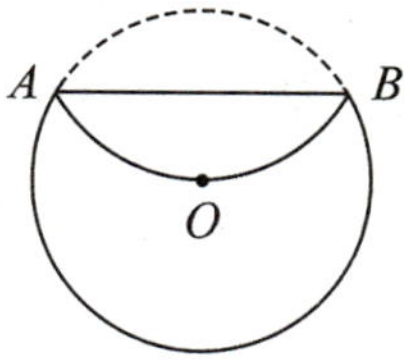

图 5-6-3

【答案】$4\sqrt{3}$

【解析】如图 5-6-4，过点 O 作 $OC\perp AB$，垂足为点 C，连接 OA.

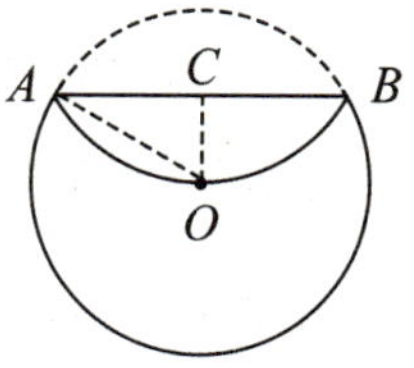

图 5-6-4

∵$OA=4$ cm，

∴$OC=2$ cm，$AC=2\sqrt{3}$ cm，$AB=4\sqrt{3}$ cm.

例 3　如图 5-6-5，AB 是⊙O 的直径，点 C 是⊙O 上的一点，若 $BC=6$，$AB=10$，$OD\perp BC$ 于点 D，则 OD 的长为________.

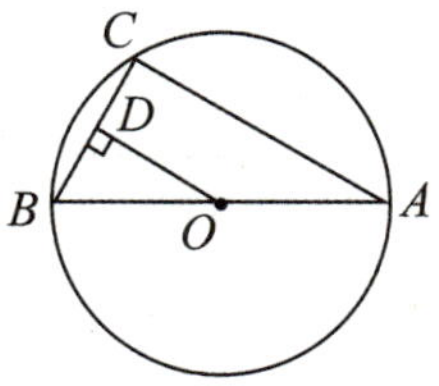

图 5-6-5

【答案】4

【解析】∵$OD\perp BC$，

$\therefore BD=CD=\frac{1}{2}BC=3.$

$\because OB=\frac{1}{2}AB=5,$

$\therefore OD=\sqrt{OB^2-BD^2}=4.$

例 4 如图 5-6-6，有一石拱桥的桥拱是圆弧形，正常水位时水面宽 $AB=60$ m，水面到拱顶的距离 $CD=18$ m. 如果水面到拱顶的距离小于 3.8 m，需要采取紧急措施以防流水对桥的危害. 现洪水经过，测得水面宽 $MN=32$ m，此时是否需要采取紧急措施？请说明理由.

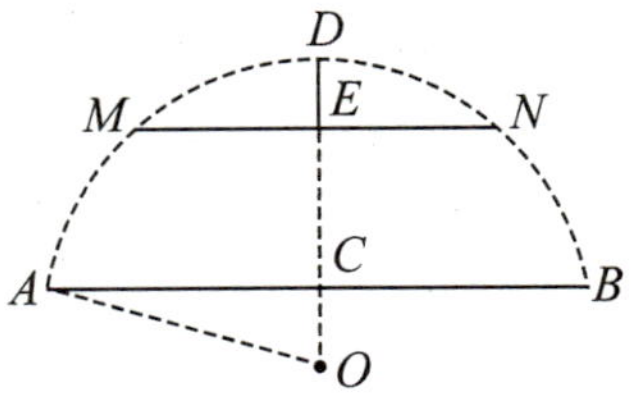

图 5-6-6

【答案】 不需要采取紧急措施，理由见解析

【解析】 设 $OA=r$，在 Rt△AOC 中，由 $AC=30$ m，$CD=18$ m，得 $r^2=30^2+(r-18)^2$.

$\therefore r^2=900+r^2-36r+324$，解得 $r=34$ m.

如图 5-6-7，连接 OM，设 $DE=x$.

在 Rt△MOE 中，由 $ME=16$ m，得 $34^2=16^2+(34-x)^2$，$x^2-68x+256=0$，

解得 $x_1=4$，$x_2=64$（不合题设，舍去）.

$\therefore DE=4$ m.

$\because 4\text{ m}>3.8\text{ m}$，$\therefore$ 此时不需采取紧急措施.

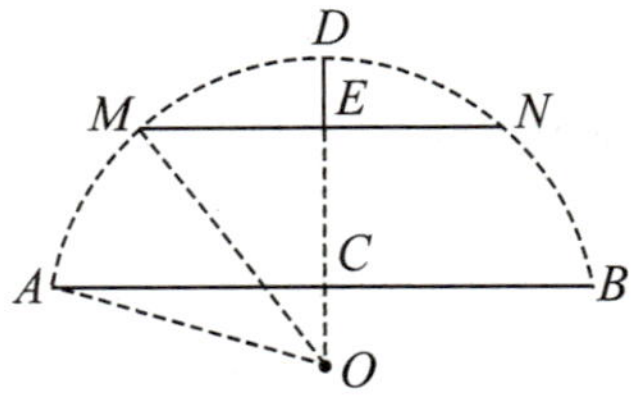

图 5-6-7

【技巧 2】正多边形与圆有关的计算

【方法归纳】

1.扇形的弧长和面积（见表 5-6-1）

表 5-6-1

图形	名称	公式
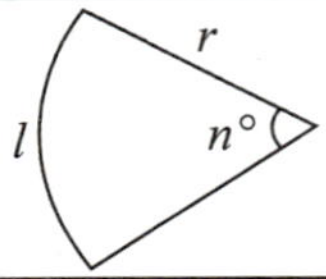	弧长	$l=\frac{2\pi r}{360}\times n=\frac{n\pi r}{180}$
	面积	$S=\frac{\pi r^2}{360}\times n=\frac{1}{2}lr$

注意：$n=360$ 时，圆周长 $C=2\pi r$，圆面积 $S=\pi r^2$.

2.圆柱与圆锥的侧面积和全面积(见表 5-6-2)

表 5-6-2

知识点	圆柱	圆锥
展开图	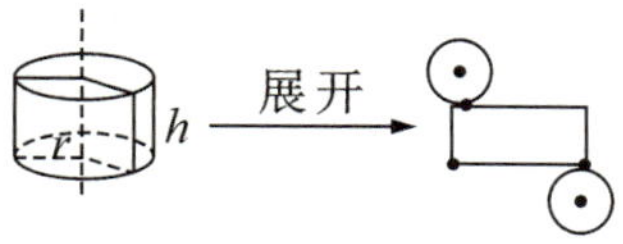	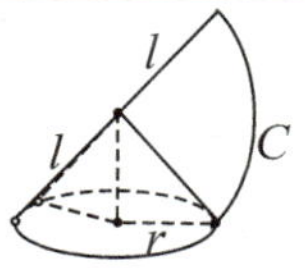
侧面积	$S_{侧}=Ch=2\pi rh$	$S_{侧}=\frac{1}{2}Cl=\pi rl$
全面积	$S_{全}=S_{侧}+2S_{底}=2\pi rh+2\pi r^2$	$S_{全}=S_{侧}+S_{底}=\pi rl+\pi r^2$

3.多边形的内角和与外角和(见表 5-6-3)

表 5-6-3

名称	公式	名称	公式
n 边形内角和	$(n-2)\cdot 180°$	正 n 边形的每个内角	$\frac{(n-2)\cdot 180°}{n}$
n 边形外角和	$360°$	正 n 边形的每个外角	$\frac{360°}{n}$

4.正多边形与圆的关系(见表 5-6-4)

表 5-6-4

图形	名称	概念
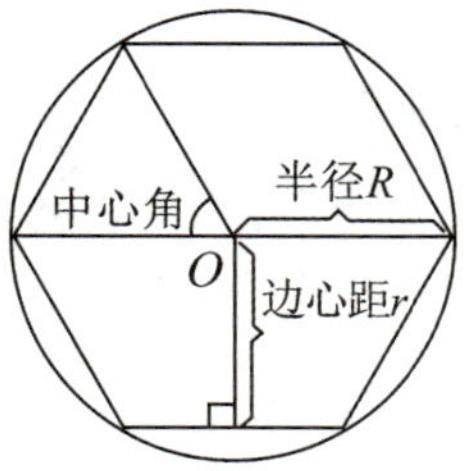	中心	正多边形的<u>外接圆</u>的圆心
	中心角	(1)正多边形每一边所对的圆心角； (2)正 n 边形的每个中心角都等于<u>$\frac{360°}{n}$</u>
	半径	正多边形外接圆的半径
	边心距	中心到这个正多边形的<u>一边</u>的距离

例 5 (1)解方程：$x^2-x-2=0$；

(2)如图 5-6-8，惠州滨江公园有一石拱桥是圆弧形(劣弧)，点 O 为拱桥所在圆弧形的圆心，其跨度 $AB=24$ m，拱高 $CD=8$ m，求圆弧所在的圆的半径.

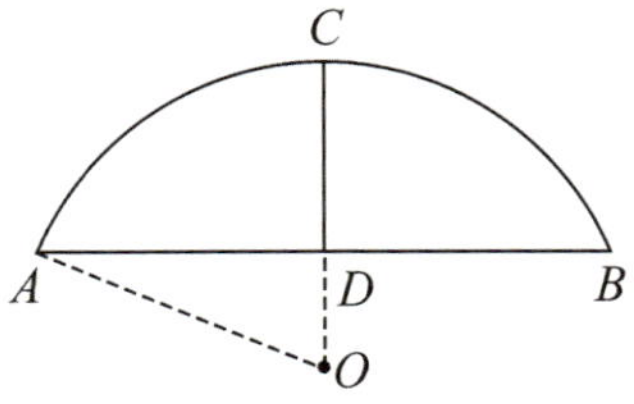

图 5-6-8

【答案】(1)$x_1=2, x_2=-1$；(2)13 m

【解析】(1)因式分解，得$(x-2)(x+1)=0$，

$\therefore x-2=0$ 或 $x+1=0$，

$\therefore x_1=2, x_2=-1$.

(2)设$\odot O$的半径为 r，则 $AO=r$ m，$DO=(r-8)$m.

根据题意可知 $OC\perp AB$，

$\therefore AD=\frac{1}{2}AB=12$ m.

根据勾股定理，得 $AO^2=DO^2+AD^2$，即 $r^2=12^2+(r-8)^2$，

解得 $r=13$.

所以圆弧所在的圆的半径为 13 m.

例 6 在如图 5-6-9 所示的扇形中，$OA=20$，$AC=30$，扇形 OAB 的弧长为 8π，求扇形 OCD 的面积.

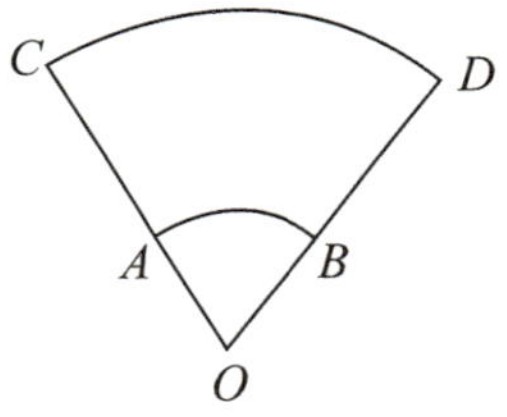

图 5-6-9

【答案】$S_{扇形OCD}=500\pi$

【解析】由题意，得 $l_{扇形OAB}=\frac{n\pi\times 20}{180}=8\pi$.

解得 $n=72$.

$S_{扇形OCD}=\frac{72\pi\times 50^2}{360}=500\pi$.

例 7 《九章算术》是我国古代数学成就的杰出代表，其中《方田》章给出计算弧田面积的公式为：弧田面积$=\frac{1}{2}$(弦×矢+矢^2). 如图 5-6-10，弧田由圆弧和其所对弦所围成，公式中“弦”指圆弧所对弦长，“矢”等于半径长与圆心到弦的距离之差. 按照上述公式计算所得的弧田面积与其实际面积之间存在误差. 现有圆

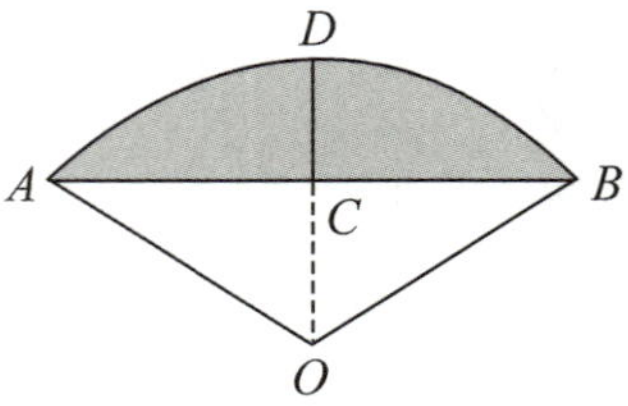

图 5-6-10

心角$\angle AOB=120°$，弦长$AB=2\sqrt{3}$ m的弧田.

(1)计算弧田的实际面积；

(2)按照《九章算术》中弧田面积的公式计算所得结果与(1)中计算的弧田实际面积相差多少平方米?（取π的近似值为3，$\sqrt{3}$的近似值为1.7）

【答案】(1)弧田的实际面积为$\left(\frac{4\pi}{3}-\sqrt{3}\right)m^2$；(2)按照《九章算术》中弧田面积的公式计算所得结果与(1)中计算的弧田实际面积相差0.1 m^2.

【解析】(1)∵$OD\perp$弦AB，

∴由垂径定理可知，OD平分AB，并且OD还平分$\angle AOB$，

∴$AC=\frac{AB}{2}=\sqrt{3}$ m，$\angle AOC=\frac{\angle AOB}{2}=60°$.

在Rt△ACO中，OC对应的角为30°，

∴设$OC=x$，则$AO=2x$.

由勾股定理可知$x^2+(\sqrt{3})^2=(2x)^2$，解得$x=1(x=-1$舍去).

∴$OC=1$ m，$AO=2$ m.

∵$S_{\triangle AOB}=\frac{1}{2}AB\cdot OC=\sqrt{3}$ m^2，扇形AOB的面积为$\frac{120\times 2^2\times\pi}{360}=\frac{4\pi}{3}(m^2)$，

∴弧田实际面积为$\left(\frac{4\pi}{3}-\sqrt{3}\right)m^2$.

(2)由题(1)可得圆心到弦的距离等于1 m，故矢长为1 m.

按照题中弧田的面积公式，得弧田面积为$\frac{1}{2}\times(2\sqrt{3}\times 1+1^2)=\left(\sqrt{3}+\frac{1}{2}\right)(m^2)$，

∴两者面积之差为$\left(\frac{4\pi}{3}-\sqrt{3}\right)-\left(\sqrt{3}+\frac{1}{2}\right)\approx 0.1(m^2)$.

例8　往半径为26 cm的圆柱形容器内装入一些水以后，截面如图5-6-11，若水面宽$AB=48$ cm，求水的最大深度.

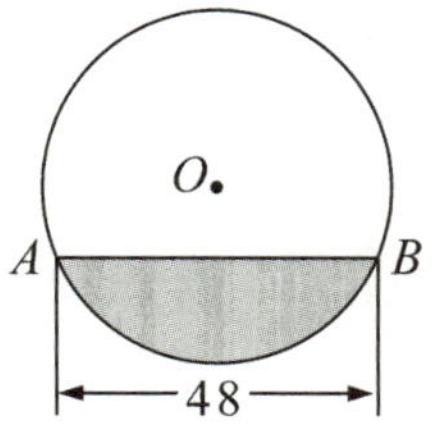

图5-6-11

【答案】16 cm

【解析】如图 5-6-12，连接 OB，过点 O 作 $OC\perp AB$ 于点 D，交 $\odot O$ 于点 C.

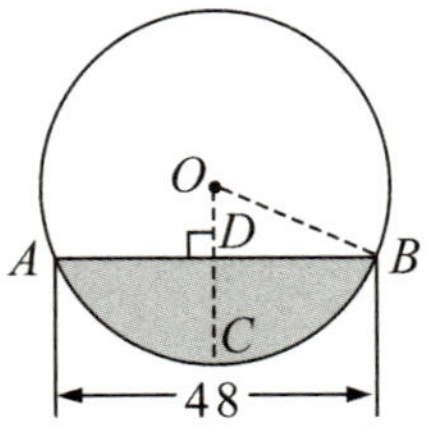

图 5-6-12

$\because AB=48\ \text{cm}$，

$\therefore BD=\frac{1}{2}AB=24\ \text{cm}$.

$\because \odot O$ 的半径为 26 cm，

$\therefore OB=OC=26\ \text{cm}$.

在 $\text{Rt}\triangle OBD$ 中，$OD=\sqrt{OB^2-BD^2}=\sqrt{26^2-24^2}=10(\text{cm})$，

$\therefore CD=OC-OD=26-10=16(\text{cm})$.

【技巧 3】与圆有关的动点问题

【方法归纳】所谓“动点型问题”是指题设图形中存在一个或多个动点，它们在线段、射线或弧线上运动的一类开放性题目.

解决这类问题的关键是“动中求静”，要灵活运用有关数学知识. 在变化中找到不变的性质是解决“动点型问题”的基本思路，这也是动态几何数学问题中最核心的数学本质.

1.面积存在性问题

例 9 如图 5-6-13，直径为 10 的 $\odot O$ 经过原点 O，并且与 x 轴、y 轴分别交于点 A，B，线段 OA，$OB(OA>OB)$ 的长分别是方程 $x^2+kx+48=0$ 的两根.

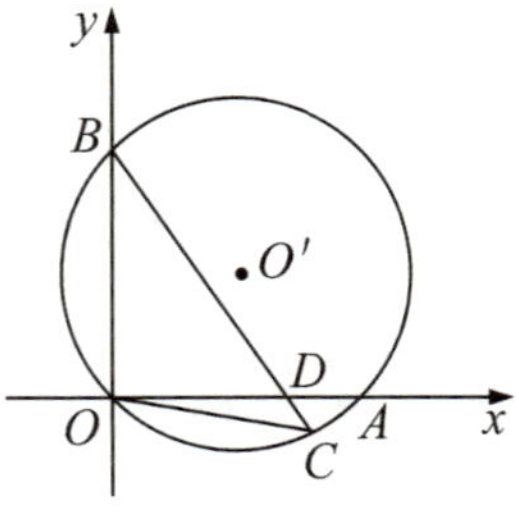

图 5-6-13

(1)求线段 OA，OB 的长.

(2)已知点 C 在劣弧 OA 上，连接 BC 交 OA 于点 D，当 $OC^2=CD\cdot CB$ 时，求点 C 的坐标.

(3)在 $\odot O$ 上是否存在点 P，使 $S_{\triangle POD}=S_{\triangle ABD}$？若存在，求出点 P 的坐标；若不存在，请说明理由.

【答案】(1)$OA=8$，$OB=6$；(2)$C(4,-2)$；(3)点 P 不存在，理由见解析

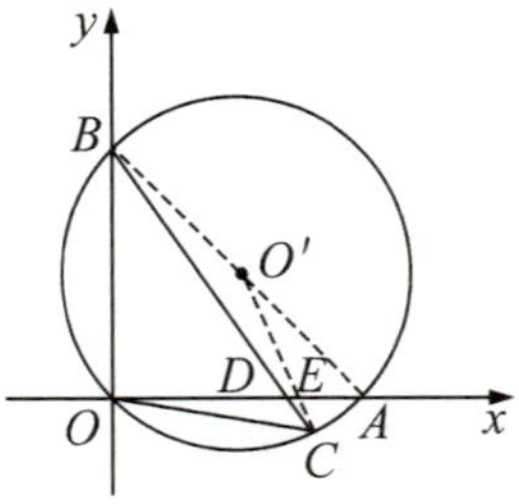

图 5-6-14

【解析】(1)如图 5-6-14，连接 AB.

$\because \angle BOA=90^\circ$，$AB$ 为直径，根据根与系数的关系得 $OA+OB=-k$，$OA\cdot OB=48$，

∴由勾股定理，得 $OA^2+OB^2=100$，

即 $(OA+OB)^2-2OA\cdot OB=100$，

解得 $k^2=196, k=\pm14$（正值舍去）.

即方程为 $x^2-14x+48=0$，解得 $x=6$ 或 $x=8$.

又∵$OA>OB$，

∴$OA=8, OB=6$.

(2)若 $OC^2=CD\cdot CB$，则 $\triangle OCB\backsim\triangle DCO$，$\angle COD=\angle CBO$.

又∵$\angle COD=\angle CBA$，

∴$\angle CBO=\angle CBA$，点 C 是弧 OA 的中点.

连接 $O'C$ 交 OA 于点 E.

根据垂径定理的推论，得 $O'C\perp OA$.

根据垂径定理，得 $OE=4$.

根据勾股定理，得 $O'E=3$.

故 $CE=2$，即 $C(4,-2)$.

(3)设直线 BC 的解析式为 $y=kx+b$，把点 $B(0,6)$，$C(4,-2)$ 分别代入，得 $\begin{cases}b=6,\\4k+b=-2,\end{cases}$ 解得 $\begin{cases}k=-2,\\b=6.\end{cases}$

所以直线 BC 的解析式为 $y=-2x+6$.

令 $y=0$，得 $x=3$，则 $OD=3$，$AD=8-3=5$.

故 $S_{\triangle ABD}=\frac{1}{2}\times5\times6=15$.

若 $S_{\triangle ABD}=S_{\triangle POD}$，点 P 到 x 轴的距离为 h，则 $\frac{1}{2}\times3h=15$，解得 $h=10$，而⊙O' 的直径是 10，因而点 P 不能在⊙O' 上，故点 P 不存在.

2.距离最值问题

例 10　如图 5-6-15，B，E 是⊙O 上的两个定点，A 为优弧 BE 上的动点，过点 B 作 $BC\perp AB$ 交射线 AE 于点 C，过点 C 作 $CF\perp BC$，点 D 在 CF 上，且 $\angle EBD=\angle BAE$.

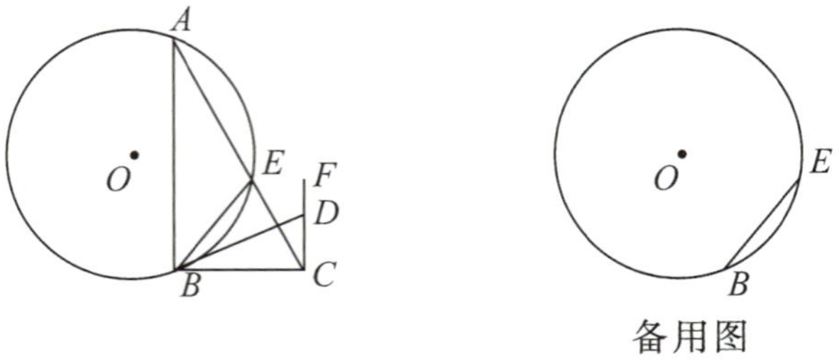

图 5-6-15

(1)求证:BD 与⊙O 相切;

(2)已知$\angle BAE=30^\circ$,① 若 $BE=3$,求 BD 的长;② 当 O,C 两点间的距离最短时,判断 A,B,C,D 四点所组成的四边形的形状,并说明理由.

【答案】(1)见解析.(2)①$BD=2\sqrt{3}$;②平行四边形,理由见解析

【解析】(1)如图 5-6-16,作直径 BG,连接 GE,则$\angle GEB=90^\circ$.

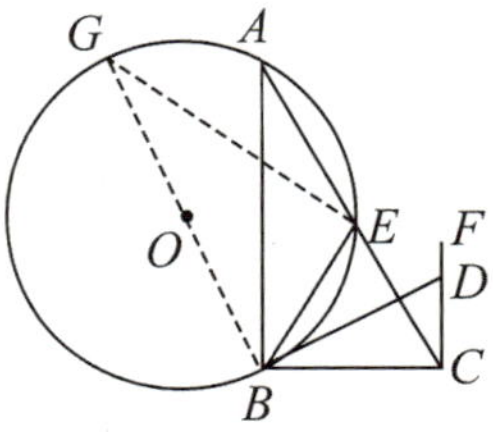

图 5-6-16

$\therefore\angle BGE+\angle GBE=90^\circ$.

$\because\angle BAE=\angle EBD,\angle BAE=\angle BGE$,

$\therefore\angle EBD=\angle BGE,\angle EBD+\angle GBE=90^\circ$,得$\angle GBD=90^\circ$,

$\therefore BD\perp OB$,即 BD 与⊙O 相切.

(2)①如图 5-6-17,连接 AG.

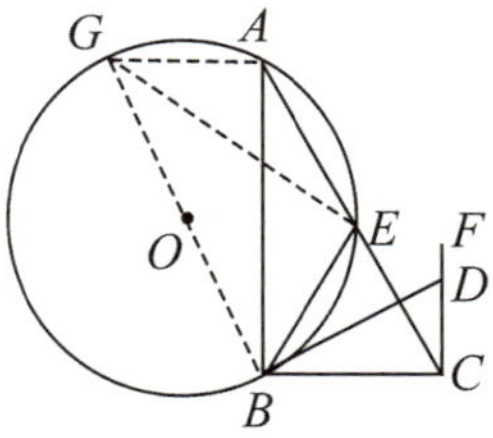

图 5-6-17

$\because BC\perp AB,\therefore\angle ABC=90^\circ$.

由(1)知$\angle GBD=90^\circ$,

$\therefore\angle GBD=\angle ABC,\angle GBA=\angle CBD$.

又$\because\angle GAB=\angle DCB=90^\circ$,

$\therefore\triangle BCD\backsim\triangle BAG$.

$\therefore\dfrac{BD}{BG}=\dfrac{BC}{BA}=\tan 30^\circ=\dfrac{\sqrt{3}}{3}$.

又$\because$在 $\text{Rt}\triangle BGE$ 中,$\angle BGE=30^\circ,BE=3$,

$\therefore BG=2BE=6,BD=6\times\dfrac{\sqrt{3}}{3}=2\sqrt{3}$.

②四边形 $ABCD$ 是平行四边形,理由如下:如图 5-6-18,取 BD 的中点 M,则由 $CF\perp BC$ 知,$CM=MD=MB=\frac{1}{2}BD$. 故点 C 在以 M 为圆心,BD 为直径的一段圆弧上运动. 当 O,C,M 三点共线且点 C 在线段 OM 上时,OC 最短. 连接 GE,ED,OB,OE,OA,延长 BO 交⊙O 于点 G.

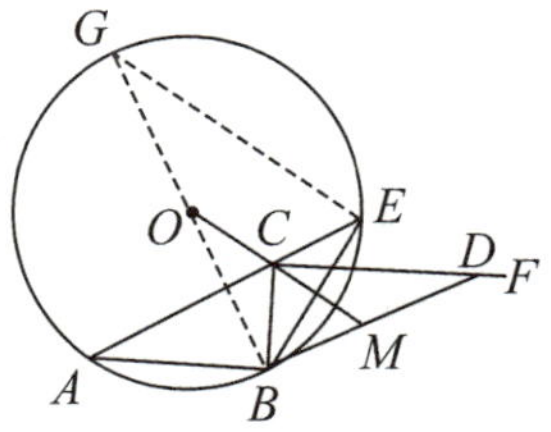

图 5-6-18

此时在 Rt△OBM 中,$\frac{BM}{OB}=\frac{\sqrt{3}}{3}$,

∴$\angle OMB=60^\circ$,$MC=MB$,$\angle MDC=\angle MCD=30^\circ=\angle BAE$.

∵$AB\perp BC$,$CD\perp BC$,

∴$\angle ABC=\angle DCB=90^\circ$.

∴$AB\parallel CD$.

∴$\angle BAE+\angle ACD=180^\circ$,$\angle BDC+\angle ACD=180^\circ$.

∴$AC\parallel BD$.

∴四边形 $ABCD$ 为平行四边形.

3.线段的存在性问题

例 11　如图 5-6-19,正方形 $ABCD$ 的边长为 4,点 E,F 分别在 BC,BD 上,且 $BE=1$,过 C,E,F 三点作⊙O 交 CD 于点 G.

(1)证明:$\angle EFG=90^\circ$.

(2)如图 5-6-20,连接 AF,当点 F 运动至点 A,F,G 三点共线时,求△ADF 的面积.

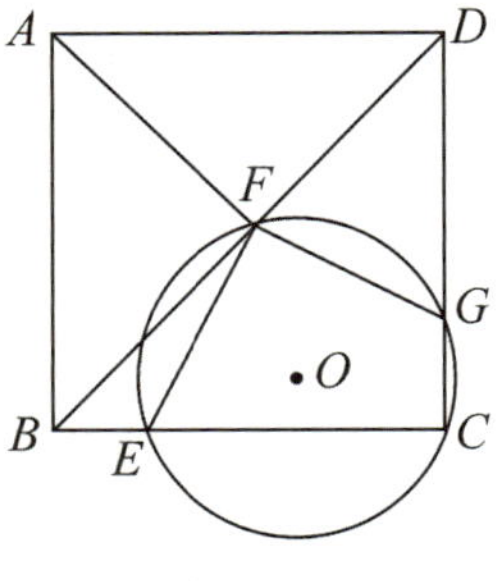

图 5-6-19

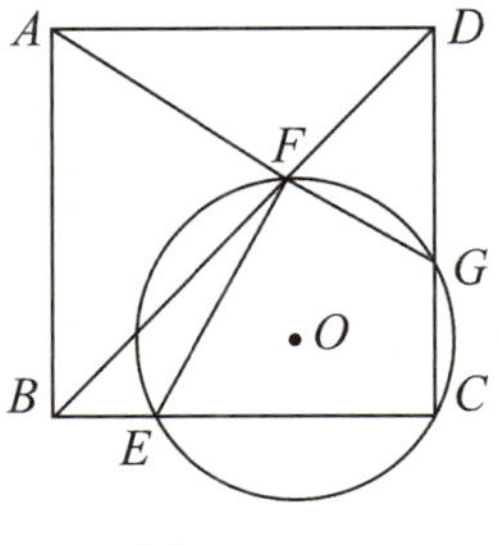

图 5-6-20

(3)在点 F 的整个运动过程中:① 当 EF,FG,CG 中某两条线段相等时,求所有满足条件的 BF 的长;② 连接 EG,若 $\frac{EF}{FG}=\frac{1}{2}$,求⊙$O$ 的半径(请直接写出答案).

【答案】(1)证明见解析.(2)$S_{\triangle ADF}=3$.(3)①所有满足条件的 BF 的长分别为$\sqrt{2}$,$2\sqrt{2}$,$\frac{\sqrt{2}+\sqrt{34}}{2}$;②$\frac{\sqrt{85}}{6}$

【解析】(1)如图 5-6-21,连接 EG.

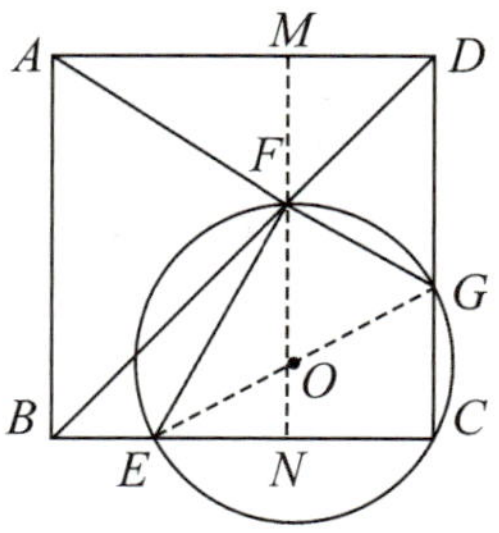

图 5-6-21

∵在正方形 $ABCD$ 中,$\angle BCD=90°$,

∴EG 为⊙O 的直径,则$\angle EFG=90°$.

(2)如图 5-6-21,过点 F 作 AD 的垂线,分别交 AD,BC 于点 M,N.

由(1)得$\angle AFE=90°$,$\angle ADF=45°$.

设 $MF=MD=a$,且 $AD=MN$,

∴$AM=FN$.

∵$\angle NFE+\angle AFM=\angle AFM+\angle MAF$,

∴$\angle NFE=\angle MAF$.

∴$\triangle AMF\cong\triangle FNE$(AAS).

∴$MF=EN$,即 $a=3-a$,解得 $a=1.5$.

∴$S_{\triangle ADF}=\frac{1}{2}\times4\times1.5=3$.

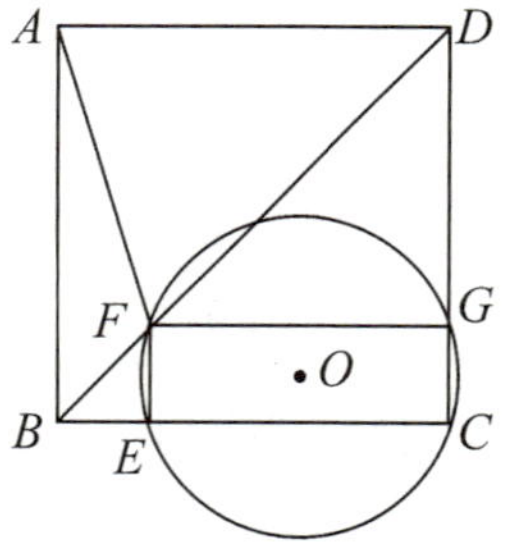

图 5-6-22

(3)① Ⅰ. 当 $EF=CG$ 时(如图 5-6-22),易得$\angle BCD=\angle EFG=90°$,且 $EF=CG$,根据勾股定理可得,$FG=EC$,故四边形 $EFGC$ 为平行四边形,$EF\parallel CG$.

∴$\angle BEF=\angle BCD=90°$.

∴$EF=BE=1$,$BF=\sqrt{2}$.

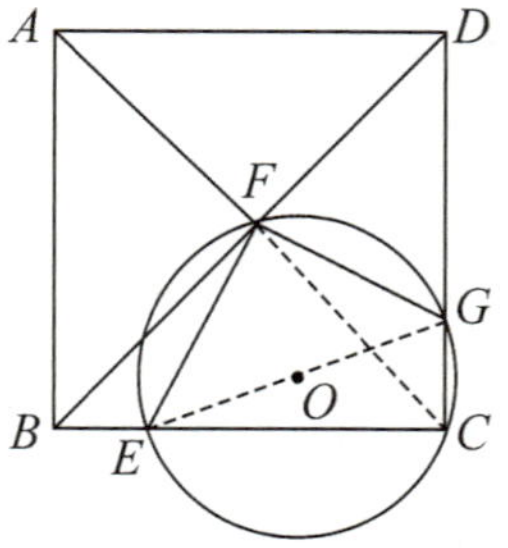

图 5-6-23

Ⅱ. 当 $EF=FG$ 时(如图 5-6-23),则$\overset{\frown}{EF}=\overset{\frown}{FG}$.

∴$\angle ECF=\angle FEG=45°$,

∴点 A,C,F 共线,点 F 为对角线的交点.

$\therefore BF=\frac{1}{2}BD=2\sqrt{2}$.

Ⅲ. 当 $GF=GC$ 时(如图 5-6-24),过点 F 作 AD 的垂线分别交 AD,BC 于点 M,N.

$\because \angle ECG=90^\circ$,

$\therefore EG$ 是直径,$\angle EFG=90^\circ$,$\angle ECG=\angle EFG=90^\circ$.

又$\because EG=EG$,$GF=GC$,

$\therefore \mathrm{Rt}\triangle EGF\cong \mathrm{Rt}\triangle EGC$(HL).

$\therefore EF=CE=3$.

设 $FN=x$,则 $AM=BN=x$,$EN=x-1$.

根据 $EN^2+FN^2=EF^2$,得 $(x-1)^2+x^2=3^2$,

解得 $x=\frac{1+\sqrt{17}}{2}$ 或 $x=\frac{1-\sqrt{17}}{2}$(舍去).

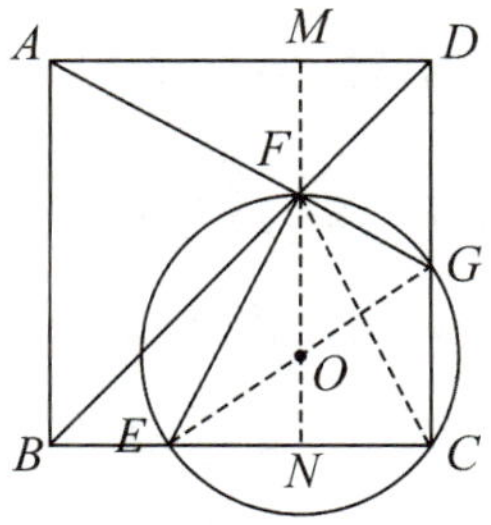

图 5-6-24

$\therefore BF=\sqrt{2}NF=\frac{\sqrt{2}+\sqrt{34}}{2}$.

综上所述,所有满足条件的 BF 的长分别为 $\sqrt{2}$,$2\sqrt{2}$,$\frac{\sqrt{2}+\sqrt{34}}{2}$.

②如图 5-6-25,连接 EG,作 $EM\perp BD$ 于点 M,$GN\perp BD$ 于点 N,则 $\angle FME=\angle GNF=90^\circ$.

由(1)知$\angle EFG=90^\circ$,则$\angle MFE+\angle NFG=90^\circ$,且$\angle NFG+\angle NGF=90^\circ$,故$\angle MFE=\angle NGF$.

所以$\triangle EMF\backsim\triangle FNG$,可得$\frac{FM}{NG}=\frac{EM}{FN}=\frac{FE}{FG}=\frac{1}{2}$.

设 $FM=x$,则 $GN=DN=2x$.

由 $EM=BM=\frac{\sqrt{2}}{2}$,可得 $FN=\sqrt{2}$.

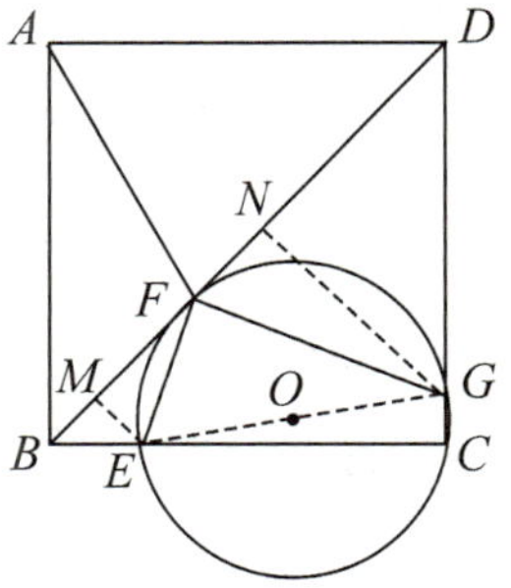

图 5-6-25

$\because BD=4\sqrt{2}$,

$\therefore \frac{\sqrt{2}}{2}+\sqrt{2}+3x=4\sqrt{2}$,解得 $x=\frac{5\sqrt{2}}{6}$,则 $DN=\frac{5\sqrt{2}}{3}$,$DG=\frac{10}{3}$.

$\therefore CG=CD-DG=4-\frac{10}{3}=\frac{2}{3}$.

$\therefore EG=\sqrt{CG^2+EC^2}=\sqrt{3^2+\left(\frac{2}{3}\right)^2}=\frac{\sqrt{85}}{3}$.

故⊙O 的半径为$\frac{\sqrt{85}}{6}$.

4.动圆相切问题(直线与圆的位置关系)

例 12 如图 5-6-26,已知在直角梯形 $ABCD$ 中,$AD\parallel BC$,$\angle ABC=90°$,$AB=4$,$AD=3$,$\sin\angle BCD=\frac{2\sqrt{5}}{5}$,$P$ 是对角线 BD 上的一个动点,过点 P 作$PH\perp CD$,垂足为 H.

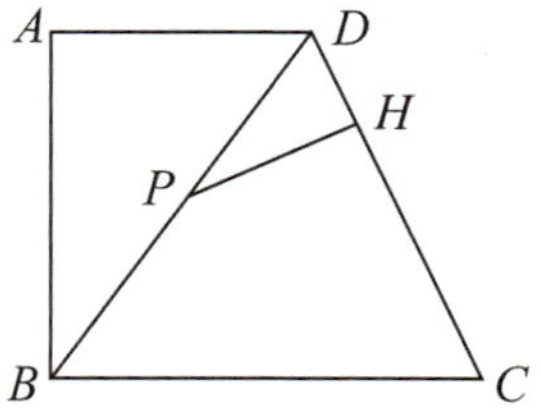

图 5-6-26

(1)求证:$\angle BCD=\angle BDC$;

(2)若以点 P 为圆心、PB 为半径的圆和以点 H 为圆心、HD 为半径的圆外切,求 DP 的长.

【答案】(1)证明见解析;(2)$DP=\frac{25-5\sqrt{5}}{4}$

【解析】(1)如图 5-6-27,过点 D 作 $DG\perp BC$,垂足为 G.

∵在 Rt△ABD 中,$\angle BAD=90°$,$AB=4$,$AD=3$,

$\therefore BD=5$.

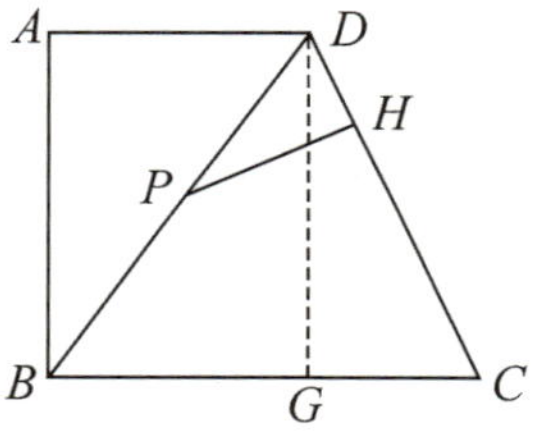

图 5-6-27

∵在 Rt△DCG 中,$\angle DGC=90°$,$\sin\angle BCD=\frac{2\sqrt{5}}{5}=\frac{DG}{DC}$,

又∵$AD\parallel BC$,$AB\parallel DG$,

$\therefore DG=AB=4$,$BG=AD=3$,$DC=2\sqrt{5}$,$CG=2$.

$\therefore BC=3+2=5$,$BD=BC$,

$\therefore \angle BCD=BDC$.

(2)设 $DP=x$,则 $R_P=PB=5-x$.

$\because \angle BCD=\angle BDC$,$\therefore \sin\angle BCD=\sin\angle BDC=\frac{2\sqrt{5}}{5}$.

∵在 Rt△PDH 中,$\angle PHD=90°$,$\sin\angle BDC=\frac{2\sqrt{5}}{5}=\frac{PH}{PD}=\frac{PH}{x}$,

$\therefore PH=\frac{2\sqrt{5}}{5}x, DH=\frac{\sqrt{5}}{5}x, R_H=HD=\frac{\sqrt{5}}{5}x.$

$\because \odot P$ 与 $\odot H$ 外切，

$\therefore R_P+R_H=PH$，即 $5-x+\frac{\sqrt{5}}{5}x=\frac{2\sqrt{5}}{5}x$，解得 $x=\frac{25-5\sqrt{5}}{4}$.

即 $DP=\frac{25-5\sqrt{5}}{4}$.

【点睛】 本题主要考查直角梯形背景下的锐角三角比与两圆相切的综合运用，由于本题强调的是外切，因此只要考虑一种情况即可.

三、真题演练

1.如图 5-6-28，在 Rt△ABC 中，$\angle C=90^\circ$，$AB=10$ cm，若以点 C 为圆心，CB 的长为半径的圆恰好经过 AB 的中点 D，则 AC 的长等于（　　）.

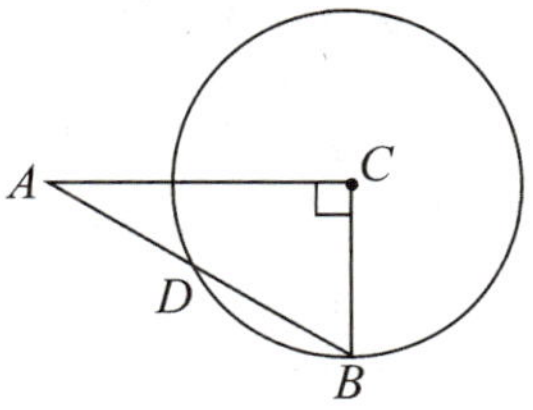

图 5-6-28

A. 5 cm　　B. 6 cm

C. $5\sqrt{2}$ cm　　D. $5\sqrt{3}$ cm

【答案】 D

【解析】 如图 5-6-29，连接 CD.

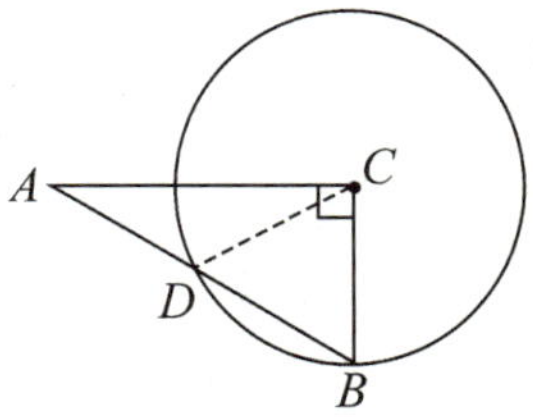

图 5-6-29

$\because D$ 是 AB 的中点，$\angle ACB=90^\circ$，$AB=10$ cm，

$\therefore CD=BD=\frac{1}{2}AB=5$ cm.

$\because CD=BC$，

$\therefore CD=BD=5$ cm.

在 Rt△ACB 中，由勾股定理，可得 $AC=\sqrt{AB^2-BC^2}=5\sqrt{3}$ cm.

2.如图 5-6-30，在 Rt△ABC 中，$\angle ACB=90^\circ$，$AC=12$，$BC=5$，以点 B 为圆心，BC 为半径画弧交边 AB 于点 P，则 AP 的长为（　　）.

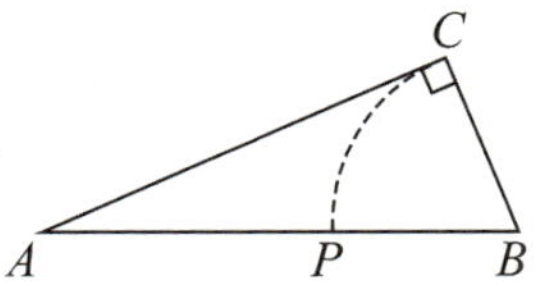

图 5-6-30

A. 5　　B. 6

C. 7　　D. 8

【答案】 D

【解析】 $\because \angle ACB=90^\circ$，$AC=12$，$BC=5$，

$\therefore AB=\sqrt{AC^2+BC^2}=13$.

$\because$ 以点 B 为圆心，BC 为半径所画的弧交边 AB 于点 P，

$\therefore BP=BC=5$，$AP=AB-BP=13-5=8$.

第七讲 最值问题

一、技巧讲解

【技巧 1】“将军饮马”模型

【方法归纳】

“将军饮马”模型是动点最值模型中最典型的模型之一，能快速求得动点在直线上运动时线段和或差的最值. 该模型通过点对称进行线段的等价代换，将线段的和或差转化成两点之间的距离或点到直线的距离，从而达到“化折为直”的目的，将问题简单化. 常见模型见表 5-7-1.

表 5-7-1

<table>
<tr><td colspan="4">线段和最小值模型(三点共线)</td></tr>
<tr><td colspan="2">两定一动模型</td><td colspan="2">一定两动模型</td></tr>
<tr>
<td>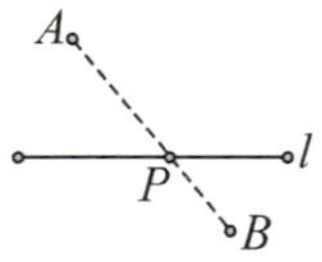

$(PA+PB)_{min}=AB$
(异侧)</td>
<td>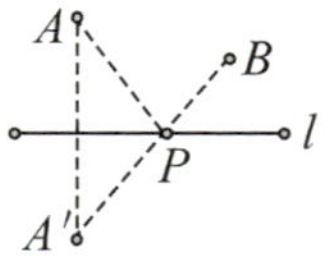

$(PA+PB)_{min}=A'B$
(同侧)</td>
<td>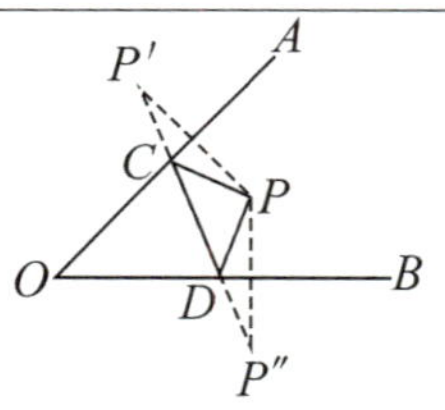

$(\triangle PCD$ 周长$)_{min}=P'P''$</td>
<td>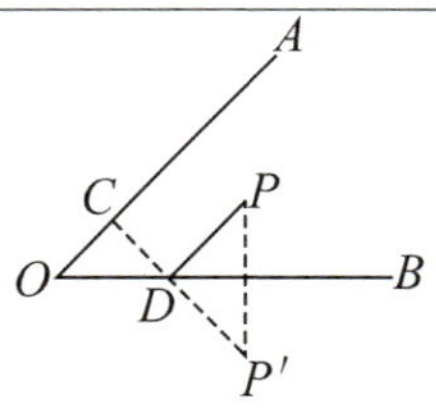

$(PD+CD)_{min}=P'C$</td>
</tr>
<tr><td colspan="4">线段差最大值模型(三点共线)</td></tr>
<tr><td colspan="2">两定一动模型</td><td colspan="2">一定两动模型</td></tr>
<tr>
<td colspan="2">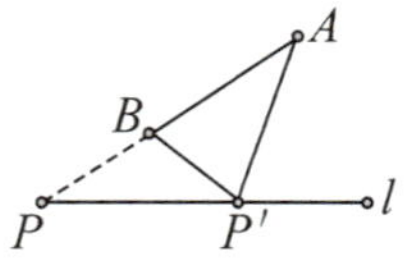

$|PA-PB|_{max}=AB$
(同侧)</td>
<td colspan="2">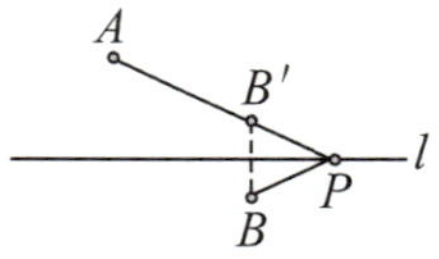

$|PA-PB|_{max}=AB'$
(异侧)</td>
</tr>
</table>

例 1　如图 5-7-1，正方形 $ABCD$ 的边长为 4，点 E 在边 BC 上，且 $BE=1$，F 为对角线 BD 上的一个动点，连接 CF，EF，则 $CF+EF$ 的最小值为________.

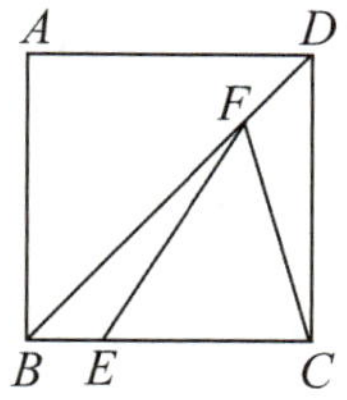

图 5-7-1

【答案】$\sqrt{17}$

【解析】如图 5-7-2，连接 AE 交 BD 于点 F.

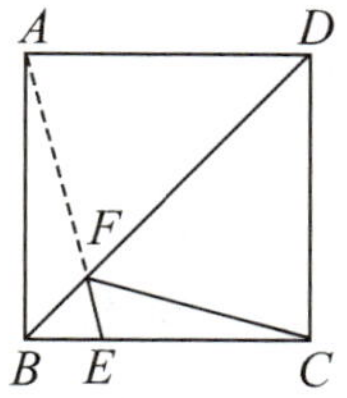

图 5-7-2

∵四边形 $ABCD$ 是正方形，

∴点 A 与点 C 关于 BD 对称，$AF=CF$，

∴$CF+EF=AF+EF=AE$，此时 $CF+EF$ 最小.

∵正方形 $ABCD$ 的边长为 4，

∴$AD=4$，$\angle ABC=90°$.

∵点 E 在 BC 上，且 $BE=1$，

∴$AE=\sqrt{AB^2+BE^2}=\sqrt{4^2+1^2}=\sqrt{17}$，即 $CF+EF$ 的最小值为 $\sqrt{17}$.

例 2　如图 5-7-3，在菱形 $ABCD$ 中，$\angle ABC=120°$，对角线 AC，BD 交于点 O，$BD=8$，E 为 OD 的中点，F 为 AB 上的一点，且 $AF=3BF$，P 为 AC 上的一个动点，连接 PE，PF，则 $|PF-PE|$ 的最大值为________.

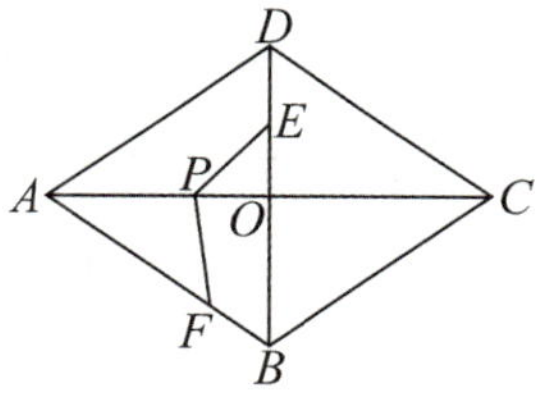

图 5-7-3

【答案】2

【解析】如图 5-7-4，作 E 的对称点 E'，连接 FE' 并延长交 AC 于点 P'，连接 PE'.

∴$PE=PE'$，$|PF-PE|=|PF-PE'|\leqslant E'F$.

当 F，E'，P' 三点在同一条直线上时，$|PF-PE|$ 有最大值 $E'F$.

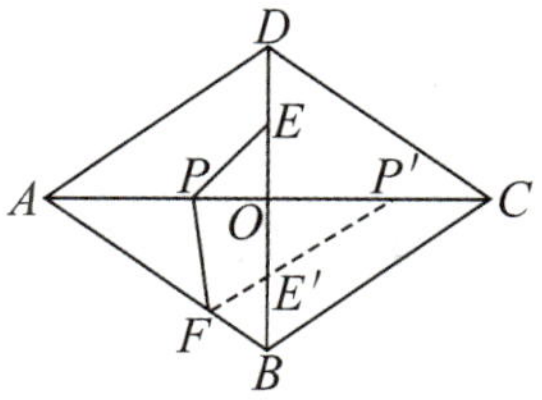

图 5-7-4

∵在菱形 $ABCD$ 中，$\angle ABC=120°$，

∴$\angle DAB=60°$，$AD=AB$，$\triangle ABD$ 是等边三角形，

∴$\angle DBA=\angle ADB=\angle DAB=60°$，$BD=AD=AB$.

∵$BD=8$，∴$AB=8$.

∵$AF=3BF$，∴$BF=2$.

∵E 为 OD 的中点，

∴E' 为 OB 的中点，$BE'=\frac{1}{4}BD=2$，

∴$BF=BE'$，

∴$\triangle BE'F$ 是等边三角形，$E'F=BF=2$.

例 3 如图 5-7-5，P 是 $\angle AOB$ 内任意一点，$OP=3$ cm，M 和 N 分别是射线 OA 和射线 OB 上的动点，$\angle AOB=30°$，则 $\triangle PMN$ 周长的最小值是________.

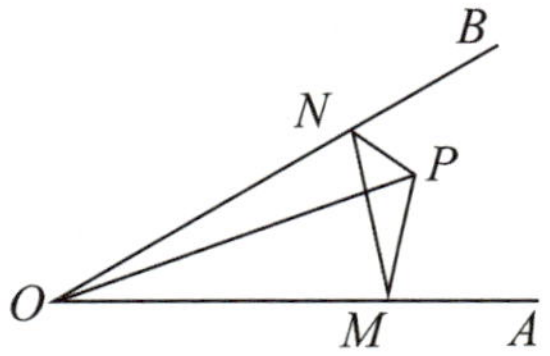

图 5-7-5

【答案】 3 cm

【解析】 如图 5-7-6，分别作点 P 关于 OA，OB 的对称点 C，D，连接 CD，分别交 OA，OB 于点 M，N，连接 OD，OC，PD，PC.

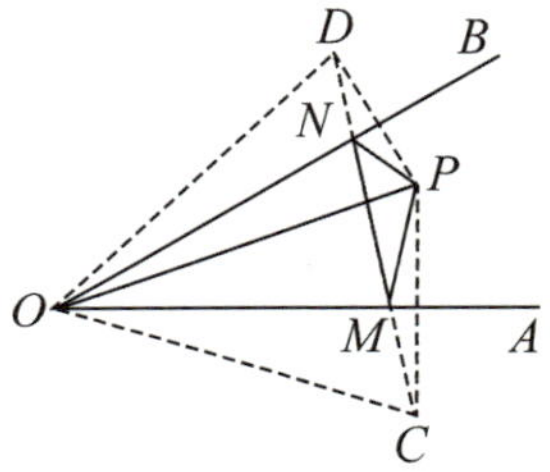

图 5-7-6

∵点 P 关于 OA 的对称点为点 C，

∴$PM=CM$，$OP=OC$，$\angle COA=\angle POA$.

∵点 P 关于 OB 的对称点为点 D，

∴$PN=DN$，$OP=OD$，$\angle DOB=\angle POB$.

即 $OC=OD=OP=3$ cm，$\angle COD=\angle COA+\angle POA+\angle POB+\angle DOB=2\angle POA+2\angle POB=2\angle AOB=60°$.

∴$\triangle COD$ 是等边三角形，$CD=OC=OD=3$ cm.

∴$PM+MN+PN=CM+MN+DN=CD=3$ cm，即 $\triangle PMN$ 的周长的最小值为 3 cm.

【技巧 2】"12345"模型

【方法归纳】 如图 5-7-7，已知 $\tan\alpha=\frac{1}{2}$，$\tan\beta=\frac{1}{3}$，若分别用"$\frac{1}{2}$""$\frac{1}{3}$"…表示正切值为 $\frac{1}{2}$，$\frac{1}{3}$，…的锐角，则可以得到以下几个关系式：

(1)"$\frac{1}{2}$"+"$\frac{1}{3}$"="1"，即 $\alpha+\beta=45°$.

(2)"$\frac{1}{2}$"+"$\frac{1}{2}$"="$\frac{4}{3}$"，即 $\tan 2\alpha=\frac{4}{3}$.

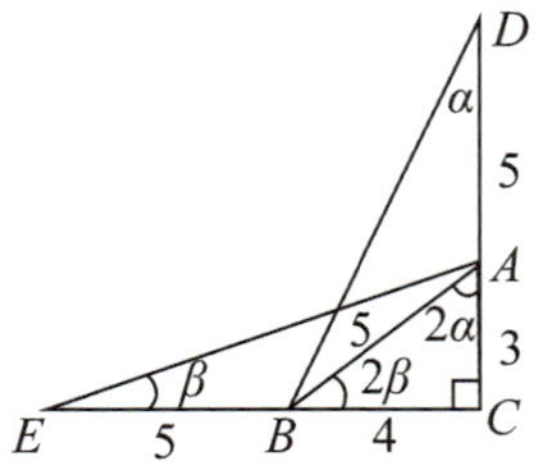

图 5-7-7

(3)“$\frac{1}{3}$”+“$\frac{1}{3}$”=“$\frac{3}{4}$”，即 $\tan 2\beta=\frac{3}{4}$.

例 4　图 5-7-8 所示的网格是正方形网格，则 $\angle PAB+\angle PBA=$________（A,B,P 是网格线交点）.

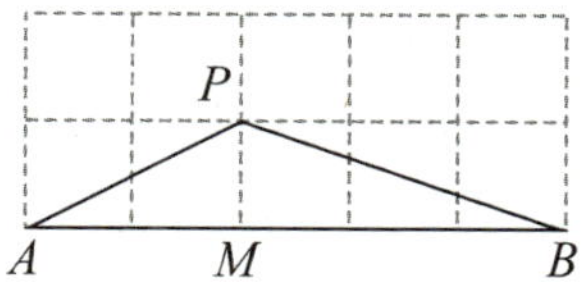

图 5-7-8

【答案】 45°

【解析】 由图 5-7-8 可知，$\tan\angle PAB=\frac{1}{2}$，$\tan\angle PBA=\frac{1}{3}$.

∵“$\frac{1}{2}$”+“$\frac{1}{3}$”=“1”，∴$\angle PAB+\angle PBA=45°$.

例 5　如图 5-7-9，A,B,C 分别是正方体展开图的小正方形的顶点，则$\angle BAC$ 的大小为________.

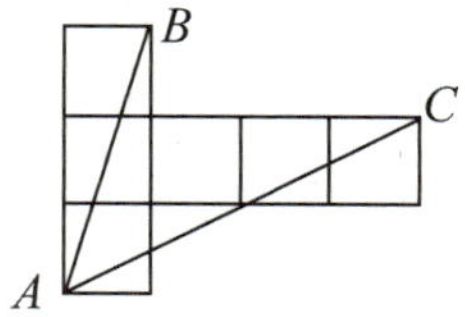

图 5-7-9

【答案】 45°

【解析】 如图 5-7-10，$\angle BAC=90°-(\angle DAB+\angle EAF)=90°-(\angle DAB+\angle HCE)$.

∵$\tan\angle DAB=\frac{1}{3}$，$\tan\angle HCE=\frac{1}{2}$，

∴$\angle DAB+\angle HCE=45°$，则$\angle BAC=45°$.

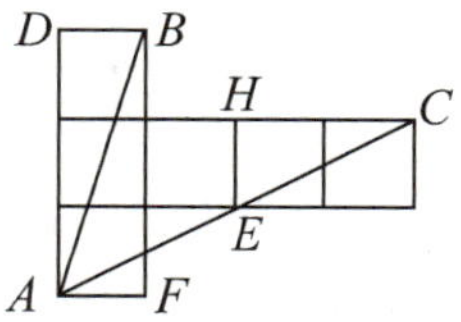

图 5-7-10

例 6　如图 5-7-11，A,B,C 分别是小正方形的三个顶点，且每个小正方形的边长均为 1，则 $\sin\angle BAC$ 的值为(　　).

A. $\frac{1}{2}$　　B. $\frac{\sqrt{2}}{2}$

C. 1　　D. $\sqrt{3}$

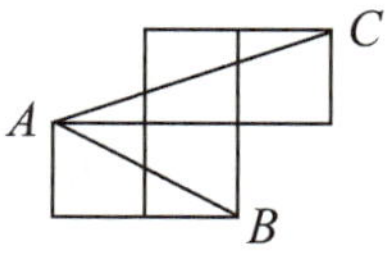

图 5-7-11

【答案】 B

【解析】 如图 5-7-12，$\angle BAC=\angle DAB+\angle EAC$.

∵$\tan\angle DAB=\frac{1}{2}$，$\tan\angle EAC=\frac{1}{3}$，

∴$\angle DAB+\angle EAC=45°$，则$\angle BAC=45°$，

∴$\sin\angle BAC=\frac{\sqrt{2}}{2}$.

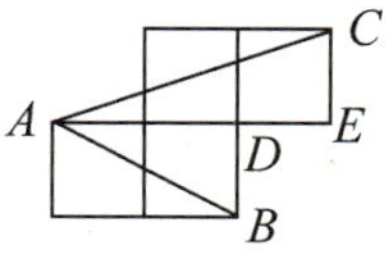

图 5-7-12

【技巧 3】费马点模型

【方法归纳】

(1)表现形式:求共同端点的三条线段之和的最小值,如求 $OA+OB+OC$ 的最小值.

(2)方法:旋转构造法.

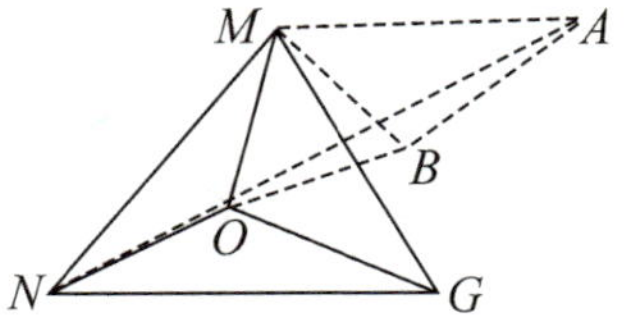

图 5-7-13

(3)一般步骤(以图 5-7-13 为例):求 $OM+ON+OG$ 的最小值的步骤如下.

①第一步:将以其中两条线段(OM,OG)为边的三角形($\triangle MOG$)绕两线段外端点(点 M 或点 G)向远离第三条线段(ON)的方向旋转 $60°$(得$\triangle MBA$);

②第二步:构造并证明等边三角形(连接 OB,证$\triangle MOB$ 为等边三角形);

③第三步:等量代换,首尾相连($OM+ON+OG=OB+ON+BA$);

④第四步:取最值(A,B,O,N 四点共线时,$OM+ON+OG$ 取最小值,最小值为 AN).

例 7　如图 5-7-14,在$\triangle MNG$ 中,$MN=6$,$\angle NMG=75°$,$MG=4\sqrt{2}$. O 是$\triangle MNG$ 内一点,则点 O 到$\triangle MNG$ 三个顶点的距离和的最小值是________.

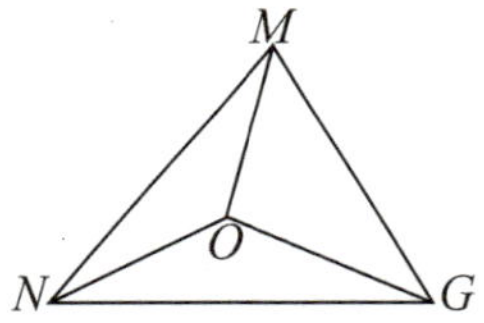

图 5-7-14

【答案】$2\sqrt{29}$

【解析】如图 5-7-15,将$\triangle MOG$ 绕点 M 逆时针旋转 $60°$,得到$\triangle MBA$,连接 OB,AN.

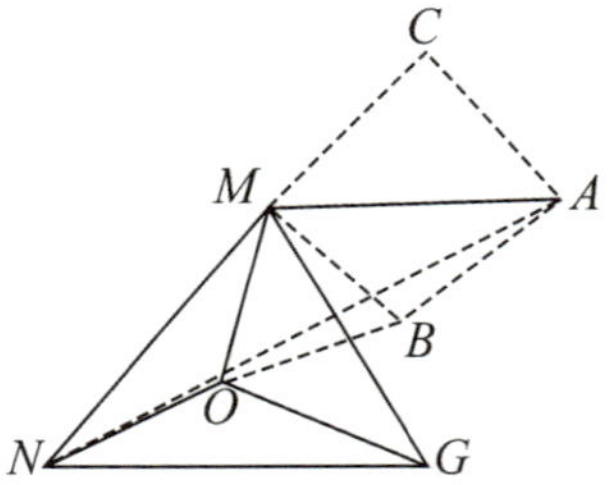

图 5-7-15

$\because OM=BM$,$\angle OMB=60°$,

$\therefore \triangle MOB$ 为等边三角形,$OB=OM$.

$\because OG=BA$,

$\therefore OM+ON+OG=OB+ON+BA$.

当 A,B,O,N 四点共线时,$OM+ON+OG$ 取最小值 AN.

过点 A 作 $AC\perp NM$,交 NM 的延长线于点 C,连接 AG.

$\because \angle NMG=75°$,$\angle GMA=60°$,

$\therefore \angle CMA=180°-\angle NMG-\angle GMA=45°$.

又$\because MA=MG=4\sqrt{2}$,$\angle MCA=90°$,

$\therefore MC=MA=4, CN=MN+CM=10, AN=\sqrt{AC^2+NC^2}=2\sqrt{29}$.

即点 O 到△MNG 三个顶点的距离和的最小值是 $2\sqrt{29}$.

例 8 如图 5-7-16,已知矩形 $ABCD$,$AB=4$,$BC=6$,M 为矩形内一点,E 为 BC 边上任意一点,则 $MA+MD+ME$ 的最小值为________.

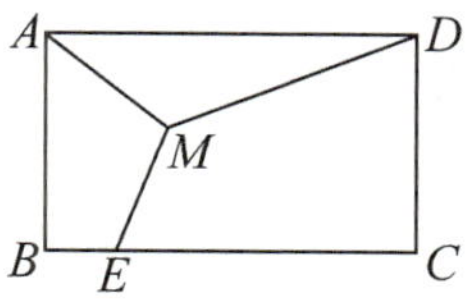

图 5-7-16

【答案】 $4+3\sqrt{3}$

【解析】 如图 5-7-17,将△AMD 绕点 A 逆时针旋转 $60°$得到△AGF,连接 GM,作 $FE'\perp BC$ 交 BC 于点 E'.

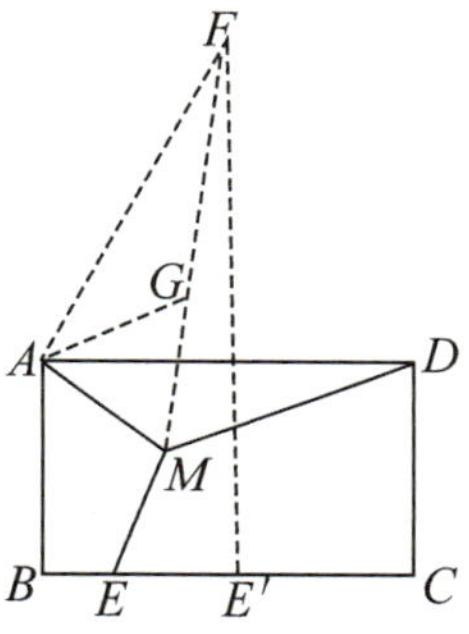

图 5-7-17

易证△AMG 为等边三角形,则 $AM=MG$.

又$\because MD=GF$,

$\therefore MA+MD+ME=MG+GF+ME$.

当 F,G,M,E 四点共线且 $FE\perp BC$ 时,$MA+MD+ME$ 取最小值 FE'.

$\therefore FE'=\dfrac{\sqrt{3}}{2}AF+AB=4+3\sqrt{3}$.

$\therefore MA+MD+ME$ 的最小值为 $4+3\sqrt{3}$.

【技巧 4】隐圆模型

【方法归纳】

隐圆模型的常见类型见表 5-7-2.

表 5-7-2

类型	条件和结论	图形
动点定长模型	若 P 为动点,但 $AB=AC=AP$,则 B,C,P 三点共圆,A 为圆心,AB 为半径	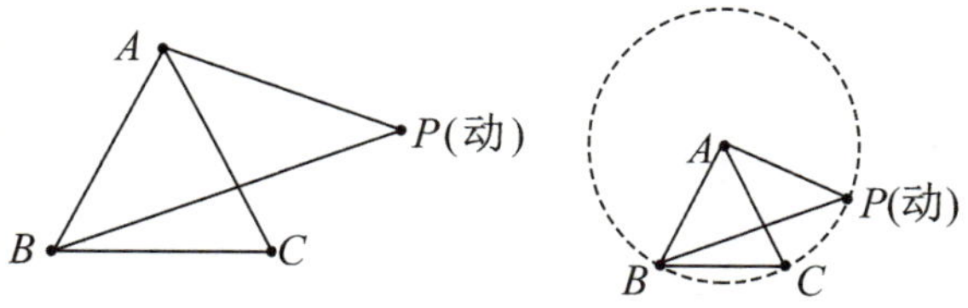

续表

类型	条件和结论	图形
直角圆周角模型	固定线段 AB 所对动角 $\angle C$ 恒为 $90°$，则 A,B,C 三点共圆，AB 为直径	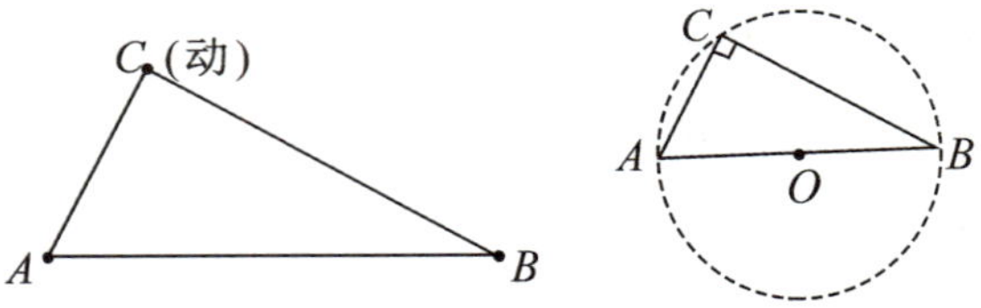
定弦定角模型	固定线段 AB 所对动角 $\angle P$ 为定值，则点 P 运动轨迹为过 A,B,C 三点的圆	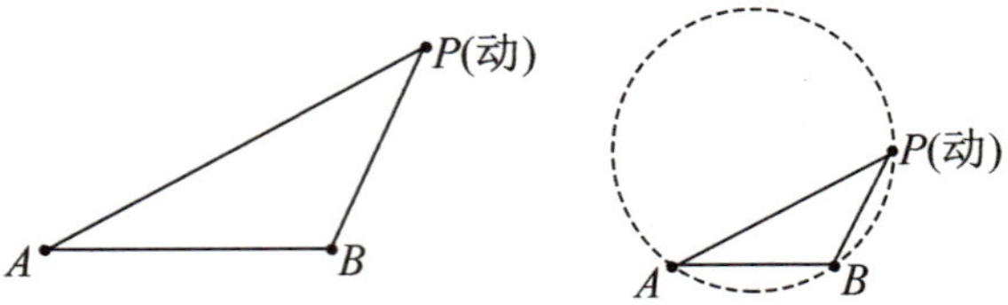
四点共圆模型	(1)若动角 $\angle A+$动角 $\angle C=180°$，则 A,B,C,D 四点共圆	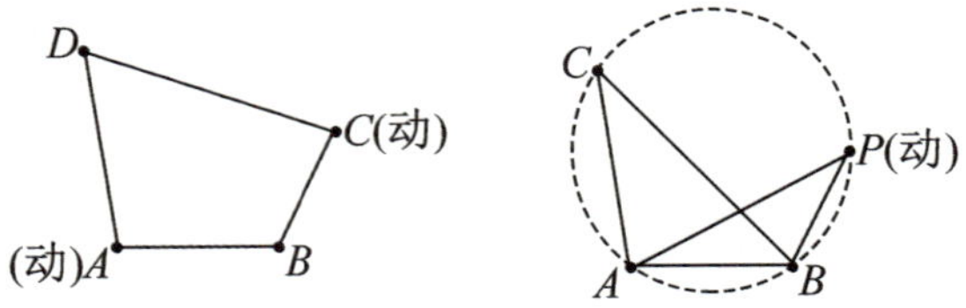
	(2)固定线段 AB 所对同侧动角 $\angle P=\angle C$，则 A,B,C,D 四点共圆	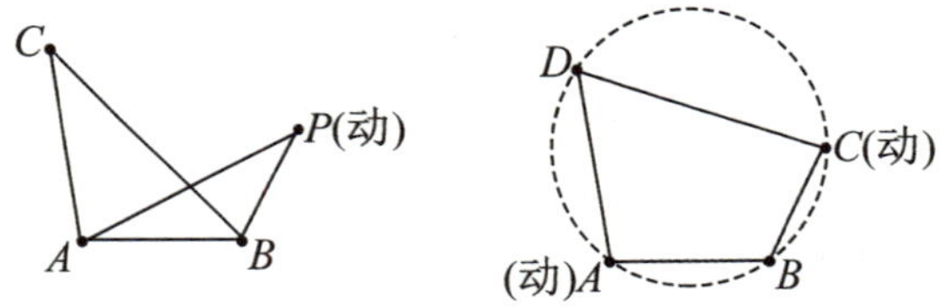

例 9 如图 5-7-18，在 Rt$\triangle ABC$ 中，$\angle C=90°$，$AC=6$，$BC=8$，点 F 在边 AC 上，并且 $CF=2$，E 为边 BC 上的动点. 将$\triangle CEF$ 沿直线 EF 翻折，点 C 落在点 P 处，则点 P 到边 AB 距离的最小值是________.

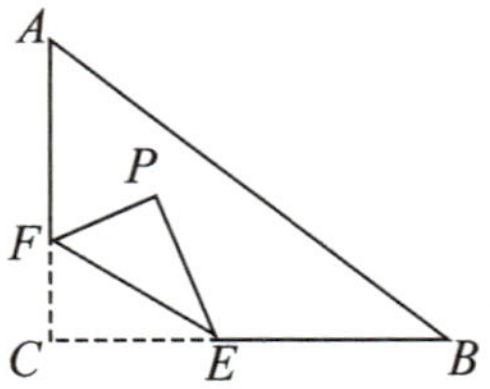

图 5-7-18

【答案】 1.2

【解析】 如图 5-7-19，以点 F 为圆心，CF 为半径作$\odot F$，过点 F 作 $FH\perp AB$ 于点 H 并交$\odot F$ 于点 G，则点 P 到 AB 的距离的最小值为 $FH-FG$.

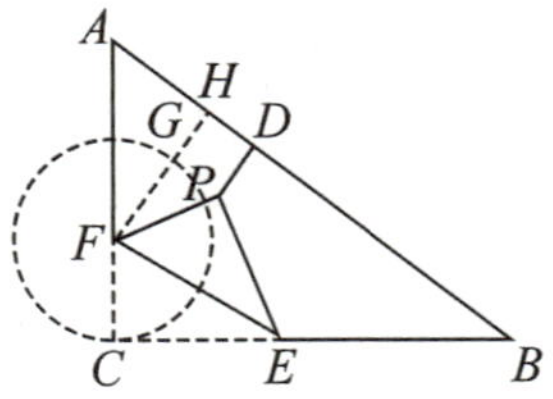

图 5-7-19

由翻折的性质可知，$PF=CF=2$，

$\therefore$点 P 在$\odot F$ 上.

$\because AC=6, BC=8,$

$\therefore AB=\sqrt{6^2+8^2}=10, AF=AC-CF=4.$

由$\triangle AHF\backsim\triangle ACB$,可得$\dfrac{AF}{AB}=\dfrac{FH}{BC}$.

$\therefore\dfrac{4}{10}=\dfrac{FH}{8}$,解得$FH=3.2$.

$\therefore FH-FG=3.2-2=1.2$,即点$P$到$AB$的距离的最小值为1.2.

例 10 如图5-7-20,正方形$ABCD$的边长为4,E是正方形$ABCD$内的动点,P是BC边上的动点,且$\angle EAB=\angle EBC$.连接AE,BE,PD,PE,则$PD+PE$的最小值为(　　).

A. $2\sqrt{13}-2$　　B. $4\sqrt{5}-2$

C. $4\sqrt{3}-2$　　D. $2\sqrt{15}-2$

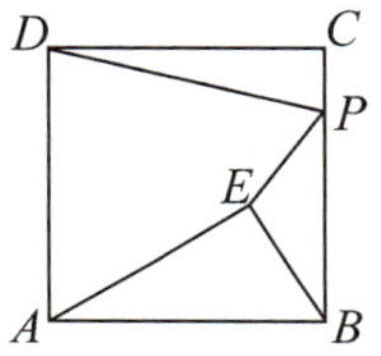

图 5-7-20

【答案】 A

【解析】 $\because$四边形$ABCD$是正方形,

$\therefore\angle ABC=90^\circ$,即$\angle ABE+\angle EBC=90^\circ$.

$\because\angle EAB=\angle EBC$,

$\therefore\angle EAB+\angle EBA=90^\circ$,得$\angle AEB=90^\circ$.

$\therefore$点E在以AB为直径的半圆上移动.

如图5-7-21,设AB的中点为O,作正方形$ABCD$关于直线BC对称的正方形$CFGB$,则点D的对应点是点F,连接FO交BC于点P,交半圆O于点E.

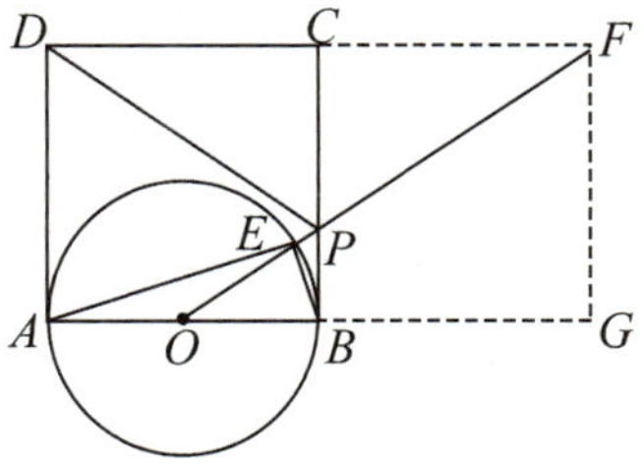

图 5-7-21

根据对称性得$PD=PF$,则有$PE+PD=PE+PF$,则线段EF的长即为$PE+PD$的最小值,即$EF=OF-OE$.

$\because\angle G=90^\circ, FG=BG=AB=4,$

$\therefore OG=6, OA=OB=OE=2, OF=\sqrt{FG^2+OG^2}=2\sqrt{13},$

$\therefore EF=OF-OE=2\sqrt{13}-2.$

故$PE+PD$的最小值为$2\sqrt{13}-2$.

例 11　如图 5-7-22,在$\triangle ABC$和$\triangle ACD$中,$\angle ABC=\angle ADC=45°$,$AC=6$,则$AD$的最大值为________.

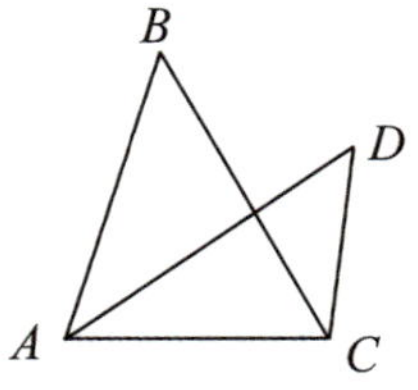

图 5-7-22

【答案】$6\sqrt{2}$

【解析】$\because \angle ABC=\angle ADC=45°$,

$\therefore A,C,D,B$四点共圆.

如图 5-7-23,作$\odot O$经过A,C,D,B四点,连接OC,当AD为直径AD'时,AD有最大值.

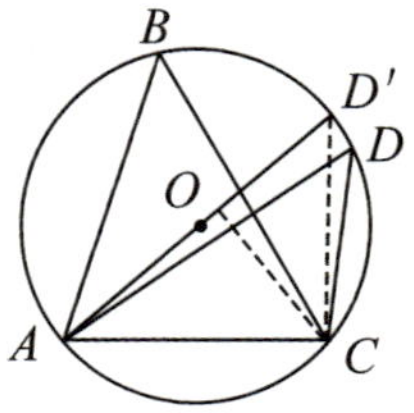

图 5-7-23

$\because \angle ADC=45°$,

$\therefore \angle AOC=90°$.

$\because OA=OC$,

$\therefore \triangle AOC$是等腰直角三角形.

$\because AC=6$,

$\therefore AO=6\times\frac{\sqrt{2}}{2}=3\sqrt{2}$,

$\therefore AD'=2AO=6\sqrt{2}$,即$AD$的最大值为$6\sqrt{2}$.

【技巧 5】"胡不归"模型

【方法归纳】

(1)问:如图 5-7-24,在$Rt\triangle ACB$中,$AC=6,BC=8,AB=10$,D为CB上的一个动点,求$AD+\frac{\sqrt{2}}{2}BD$的最小值.

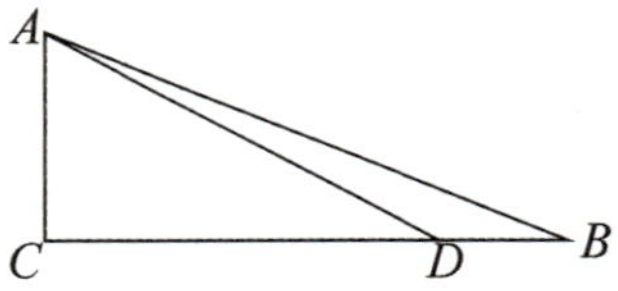

图 5-7-24

(2)模型特征:问题中涉及两个定点(A,B),一个动点(D).

(3)解题思想:化折为直.

(4)解题步骤:

①第一步:在系数不为 1 的线段(BD)的定端点(B)处作一个角,使其正弦值等于此线段的系数$\frac{\sqrt{2}}{2}$(注意题中的特殊角).

②第二步:过动点作上一步中角的边的垂线,构造直角三角形.

③第三步:根据两点之间线段最短,找到最小值的位置.

④第四步：计算.

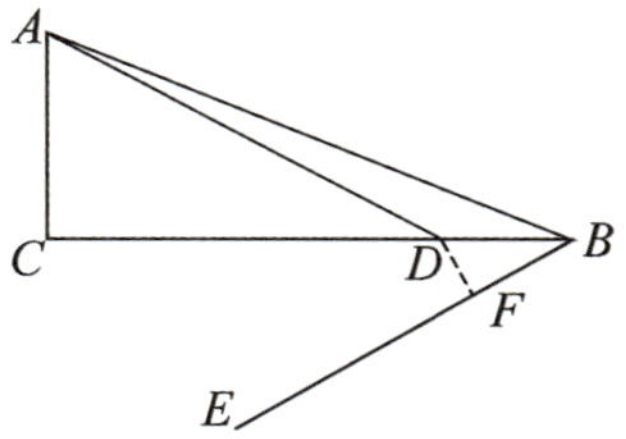

图 5-7-25

(5)解题技巧：如图 5-7-25，过点 B 作射线 BE，使得 $\angle CBE=45°$，过点 D 作 $DF\perp BE$，则 $\frac{\sqrt{2}}{2}BD=DF$. 当 A，D，F 三点共线时，$AD+\frac{\sqrt{2}}{2}BD$ 有最小值.

$\because \angle CBE=45°$，$\angle DFB=90°$，

$\therefore \angle BDF=45°$，$\angle ADC=45°$.

$\therefore CD=AC=6$，$AD=6\sqrt{2}$，$BD=2$，

$\therefore AD+\frac{\sqrt{2}}{2}BD$ 的最小值为 $7\sqrt{2}$.

例 12　如图 5-7-26，在$\triangle ABC$ 中，$AB=AC=10$，$\tan A=2$，$BE\perp AC$ 于点 E，点 D 是线段 BE 上的一个动点，则 $CD+\frac{\sqrt{5}}{5}BD$ 的最小值是________.

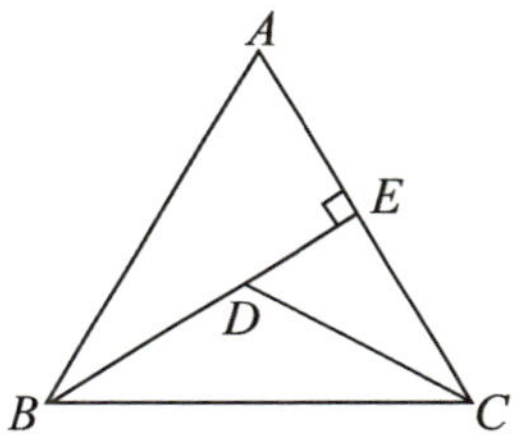

图 5-7-26

【答案】 $4\sqrt{5}$

【解析】 如图 5-7-27，过点 D 作 $DH\perp AB$ 于点 H，过点 C 作 $CM\perp AB$ 于点 M.

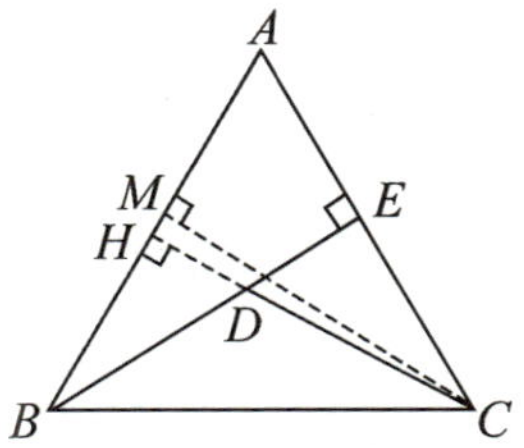

图 5-7-27

$\because BE\perp AC$，

$\therefore \angle AEB=90°$.

由 $\tan A=\frac{BE}{AE}=2$，设 $AE=a$，则 $BE=2a$.

$\because AB^2=AE^2+BE^2$，

$\therefore 100=a^2+4a^2$，即 $a^2=20$，解得 $a=2\sqrt{5}$ 或 $-2\sqrt{5}$（舍去），

$\therefore BE=2a=4\sqrt{5}$.

$\because AB=AC$，$BE\perp AC$，$CM\perp AB$，

$\therefore CM=BE=4\sqrt{5}$（等腰三角形两腰上的高相等）.

$\because \angle DBH=\angle ABE$，$\angle BHD=\angle BEA$，

$\therefore \sin\angle DBH=\dfrac{DH}{BD}=\dfrac{AE}{AB}=\dfrac{\sqrt{5}}{5}$，则 $DH=\dfrac{\sqrt{5}}{5}BD$，

$\therefore CD+\dfrac{\sqrt{5}}{5}BD=CD+DH$.

$\because CD+DH\geqslant CM$，

$\therefore CD+\dfrac{\sqrt{5}}{5}BD\geqslant 4\sqrt{5}$.

故 $CD+\dfrac{\sqrt{5}}{5}BD$ 的最小值为 $4\sqrt{5}$.

例 13 如图 5-7-28，在平面直角坐标系中，二次函数 $y=x^2+3x-4$ 的图象与 x 轴交于 A，C 两点，与 y 轴交于点 B. 若 P 是 x 轴上的一个动点，点 $Q(0,2)$ 在 y 轴上，连接 PQ，则 $PQ+\dfrac{\sqrt{2}}{2}PC$ 的最小值是________.

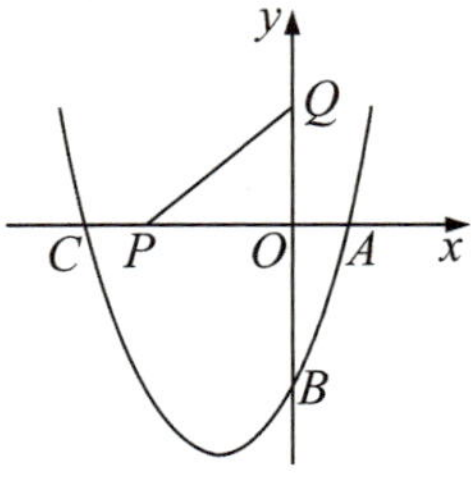

图 5-7-28

【答案】 $3\sqrt{2}$

【解析】 如图 5-7-29，连接 BC，过点 P 作 $PH\perp BC$，过点 Q 作 $QH'\perp BC$.

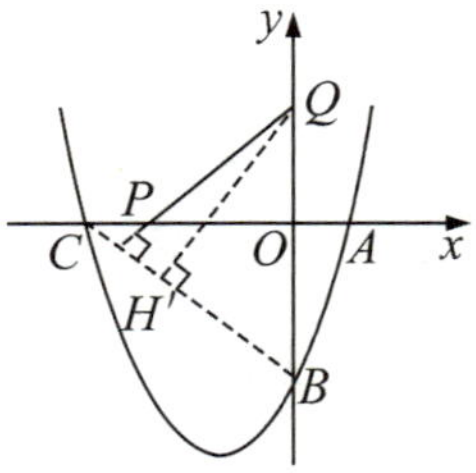

图 5-7-29

令 $y=0$，即 $x^2+3x-4=0$，解得 $x=-4$ 或 $x=1$，则 $A(1,0)$，$C(-4,0)$.

$\because OB=OC=4$，$\angle BOC=90°$，

$\therefore \angle PCH=45°$，$PH=PC\sin 45°=\dfrac{\sqrt{2}}{2}PC$.

$\therefore PQ+\dfrac{\sqrt{2}}{2}PC=PQ+PH$.

根据垂线段最短可知，$PQ+PH$ 的最小值为 QH'.

$\because BQ=OB+OQ=4+2=6$，$\angle QBH'=45°$，

$\therefore QH'=\sin 45°\cdot BQ=3\sqrt{2}$.

故 $PQ+\dfrac{\sqrt{2}}{2}PC$ 的最小值为 $3\sqrt{2}$.

【技巧 6】“阿氏圆”模型

【方法归纳】

如图 5-7-30，$\odot O$ 的半径为 r，点 A，B 都在 $\odot O$ 外，P 为 $\odot O$ 上的一个动点. 已知 $r=k\cdot OB$，连接 PA，PB，则当“$PA+k\cdot PB$”的值最小时，P 点的位置如何确定？

如图 5-7-31，在线段 OB 上截取 OC，使 $OC=k\cdot r$，则可说明$\triangle BPO$ 与$\triangle PCO$ 相似，即 $k\cdot PB=PC$. 故可将求“$PA+k\cdot PB$”的最小值转化为求“$PA+PC$”的最小值.

点 A 与点 C 为定点，点 P 为动点，故当 A，P，C 三点共线时，“$PA+PC$”值最小，如图 5-7-32 所示.

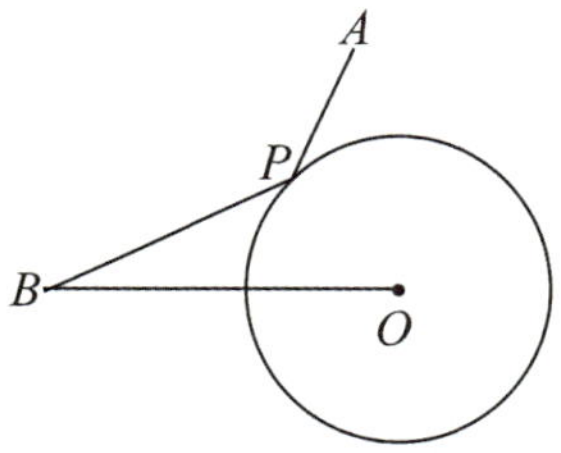

图 5-7-30

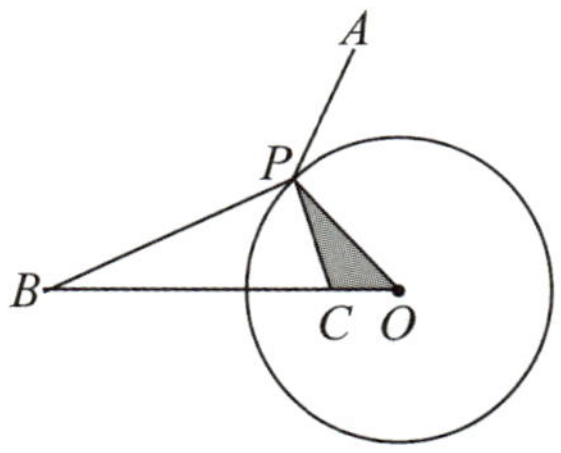

图 5-7-31

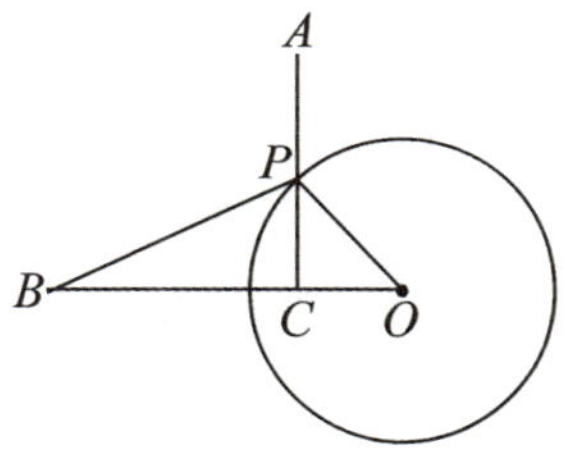

图 5-7-32

例 14　如图 5-7-33，已知正方形 $ABCD$ 的边长为 4，$\odot B$ 的半径为 2，P 是 $\odot B$ 上的一个动点，则 $PD-\dfrac{1}{2}PC$ 的最大值为______.

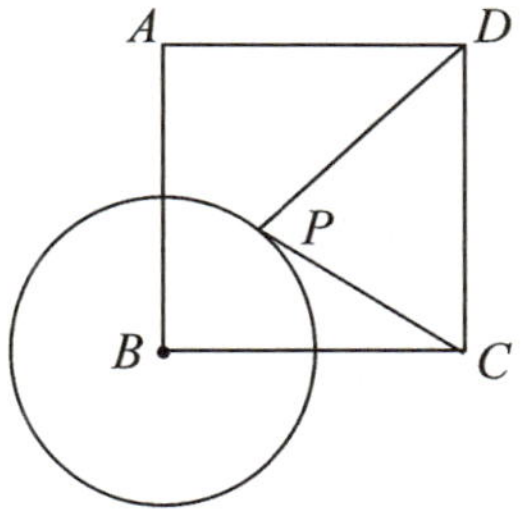

图 5-7-33

【答案】 5

【解析】 如图 5-7-34，在 BC 上取一点 G，使得 $BG=1$.

$\because \dfrac{PB}{BG}=\dfrac{2}{1}=2$，$\dfrac{BC}{PB}=\dfrac{4}{2}=2$，$\therefore \dfrac{PB}{BG}=\dfrac{BC}{PB}$.

又$\because \angle PBG=\angle PBC$，

$\therefore \triangle PBG\backsim\triangle CBP$.

$\therefore \dfrac{PG}{PC}=\dfrac{BG}{PB}=\dfrac{1}{2}$，则 $PG=\dfrac{1}{2}PC$.

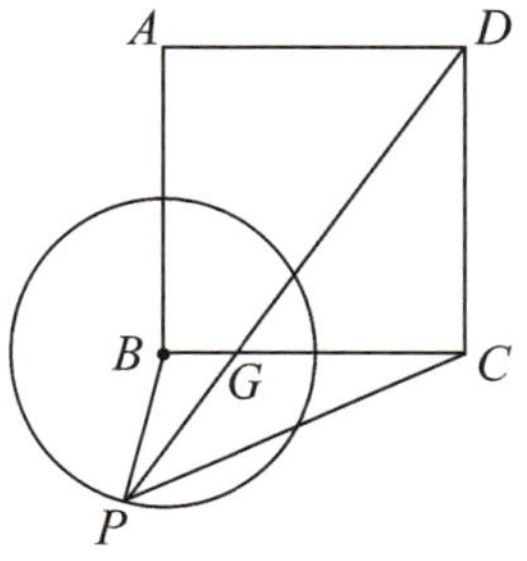

图 5-7-34

当点 P 在 DG 的延长线上时，$PD-\frac{1}{2}PC$ 的值最大，最大值为 $DG=\sqrt{4^2+3^2}=5$.

例 15 如图 5-7-35，抛物线 $y=ax^2+bx+5$ 与 x 轴交于 A，B 两点，与 y 轴交于点 C，$AB=4$. 抛物线的对称轴 $x=3$ 与经过点 A 的直线 $y=kx-1$ 交于点 D，与 x 轴交于点 E.

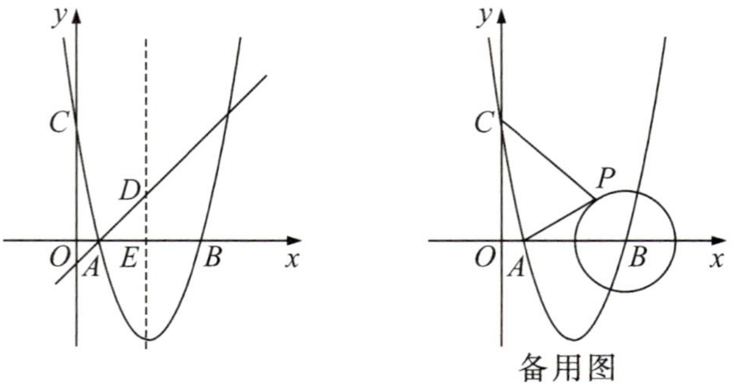

图 5-7-35

(1)求直线 AD 及抛物线的表达式.

(2)在抛物线上是否存在点 M，使得△ADM 是以 AD 为直角边的直角三角形？若存在，求出所有点 M 的坐标；若不存在，请说明理由.

(3)以点 B 为圆心，画半径为 2 的圆，P 为⊙B 上的一个动点，请求出 $PC+\frac{1}{2}PA$ 的最小值.

【答案】(1)直线 AD 的解析式为 $y=x-1$，抛物线的解析式为 $y=x^2-6x+5$；(2)存在，$M(4,-3)$或$(0,5)$或$(5,0)$；(3)$PC+\frac{1}{2}PA$ 的最小值为$\sqrt{41}$

【解析】(1)∵抛物线的对称轴为 $x=3$，$AB=4$，

∴$A(1,0)$，$B(5,0)$.

将点 $A(1,0)$代入直线 $y=kx-1$，得 $k-1=0$，解得 $k=1$.

∴直线 AD 的解析式为 $y=x-1$.

将点 $A(1,0)$，$B(5,0)$分别代入 $y=ax^2+bx+5$，

得$\begin{cases}a+b+5=0,\\25a+5b+5=0,\end{cases}$解得$\begin{cases}a=1,\\b=-6.\end{cases}$

∴抛物线的解析式为 $y=x^2-6x+5$.

(2)存在点 M.

∵直线 AD 的解析式为 $y=x-1$，抛物线的对称轴 $x=3$ 与 x 轴交于点 E，

∴当 $x=3$ 时，$y=x-1=2$，

∴$D(3,2)$.

①当 $\angle DAM=90^\circ$ 时，设直线 AM 的解析式为 $y=-x+c$，将点 $A(1,0)$ 代入，得 $-1+c=0$，解得 $c=1$.

∴直线 AM 的解析式为 $y=-x+1$.

解方程组 $\begin{cases}y=-x+1,\\y=x^2-6x+5,\end{cases}$ 得 $\begin{cases}x=1,\\y=0,\end{cases}$ 或 $\begin{cases}x=4,\\y=-3.\end{cases}$

∴点 M 的坐标为 $(4,-3)$.

②当 $\angle ADM=90^\circ$ 时，设直线 DM 的解析式为 $y=-x+d$，将点 $D(3,2)$ 代入，得 $-3+d=2$，解得 $d=5$.

∴直线 DM 的解析式为 $y=-x+5$.

解方程组 $\begin{cases}y=-x+5,\\y=x^2-6x+5,\end{cases}$ 得 $\begin{cases}x=0,\\y=5,\end{cases}$ 或 $\begin{cases}x=5,\\y=0.\end{cases}$

∴点 M 的坐标为 $(0,5)$ 或 $(5,0)$.

综上，点 M 的坐标为 $(4,-3)$ 或 $(0,5)$ 或 $(5,0)$.

(3)如图 5-7-36，在 AB 上取点 F，使 $BF=1$，连接 CF.

∵$PB=2$，

∴$\dfrac{BF}{PB}=\dfrac{1}{2}$.

∵$\dfrac{PB}{AB}=\dfrac{2}{4}=\dfrac{1}{2}$，

∴$\dfrac{BF}{PB}=\dfrac{PB}{AB}$.

又∵$\angle PBF=\angle ABP$，

∴$\triangle PBF\backsim\triangle ABP$.

∴$\dfrac{PF}{AP}=\dfrac{BF}{BP}=\dfrac{1}{2}$，即 $PF=\dfrac{1}{2}PA$.

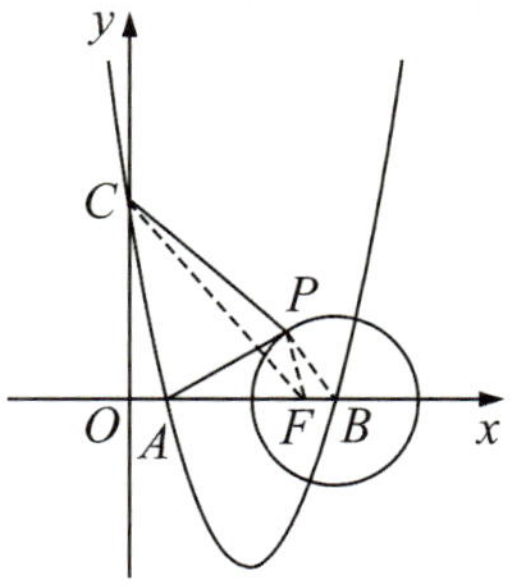

图 5-7-36

$\therefore PC+\frac{1}{2}PA=PC+PF\geqslant CF$.

$\therefore$当点 C,P,F 三点共线时，$PC+\frac{1}{2}PA$ 的值最小，即为线段 CF 的长.

$\because OC=5,OF=OB-1=5-1=4$，

$\therefore CF=\sqrt{OC^2+OF^2}=\sqrt{5^2+4^2}=\sqrt{41}$.

故 $PC+\frac{1}{2}PA$ 的最小值为 $\sqrt{41}$.

【技巧 7】“瓜豆原理”模型

【方法归纳】

“瓜豆原理”模型的常见情况见表 5-7-3.

表 5-7-3

条件	结论
如图，P 是圆 O 上的一个动点，A 为定点，连接 AP，Q 为 AP 的中点 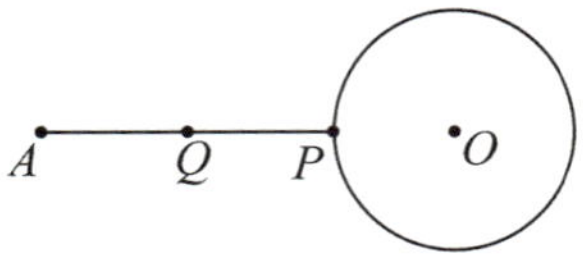	(1)点 Q 的轨迹是一个圆； (2)$\triangle AMQ\backsim\triangle AOP$； (3)$QM:PO=AQ:AP=1:2$ 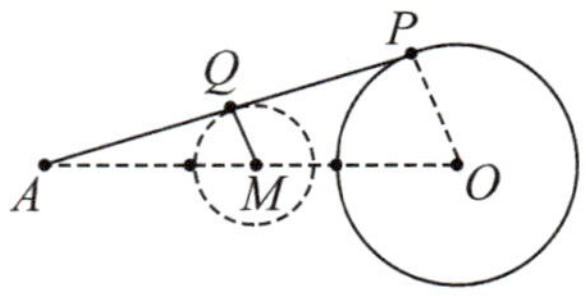
如图，$\triangle APQ$ 为直角三角形，$\angle PAQ=90°$，$AP=2AQ$ 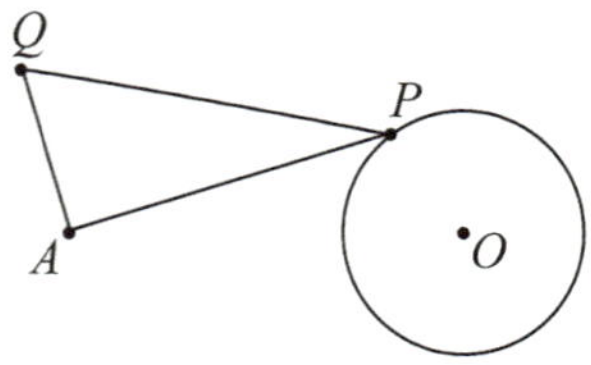	(1)点 Q 的轨迹是一个圆； (2)$AM\perp AO$，$AO:AM=2:1$； (3)$\triangle AQM\backsim\triangle APO$，且相似比为 2 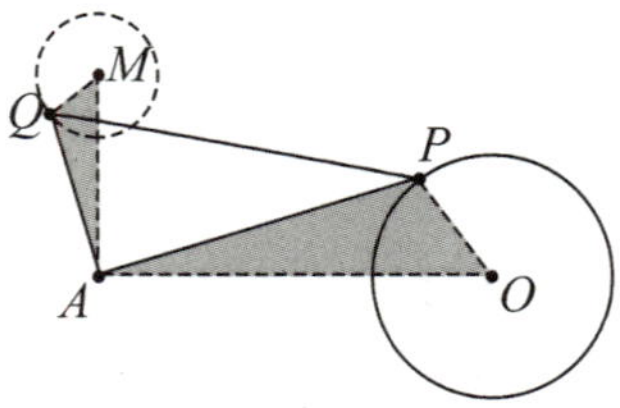

(1)由表可知，定点、定角、定比值是该模型的三要素，具体如下：

①有两个动点，一个定点(定点)；

②主动点、从动点与定点连线的夹角是定量(即表中 $\angle PAQ$ 是定值)；

③主动点、从动点到定点的距离之比是定量(即表中 $AP:AQ$ 是定值).

(2)该模型的结论如下：

①主、从动点与定点连线的夹角等于两圆心与定点连线的夹角，即表中 $\angle PAQ=\angle OAM$；

②主、从动点与定点的距离之比等于两圆心到定点的距离之比，即表中 $AP:AQ=AO:AM$，也等于两圆半径之比.

例 16　如图 5-7-37，在四边形 $ABCD$ 中，$AB=BC=2$，$\angle ABC=120°$，BH 为 $\angle ABC$ 内部的任一条射线($\angle CBH\neq 60°$)，点 C 关于 BH 的对称点为点 C'，直线 AC' 与 BH 交于点 F，连接 CC'，CF，则 $\triangle CC'F$ 面积的最大值是________.

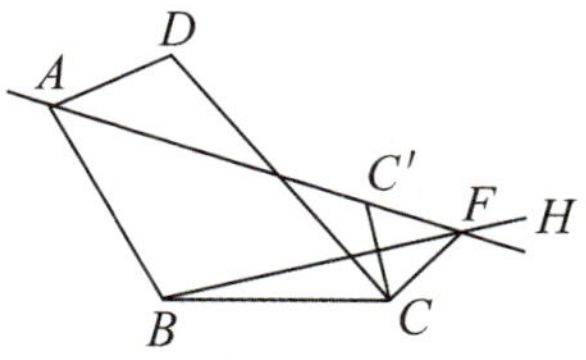

图 5-7-37

【答案】 $4\sqrt{3}$

【解析】 如图 5-7-38，连接 BC'.

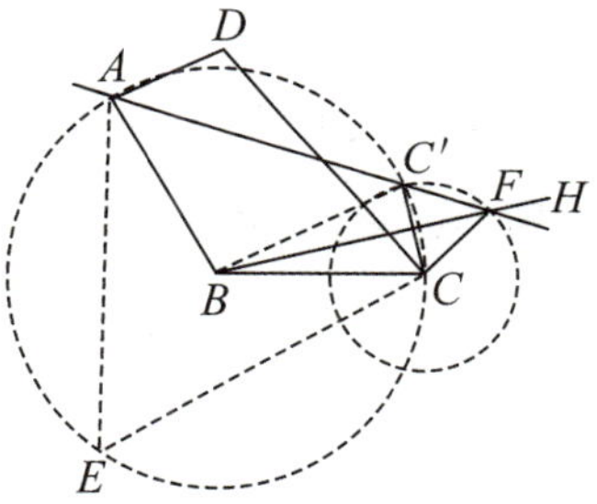

图 5-7-38

∵点 C 关于 BH 的对称点为点 C'，

∴$CB=C'B$，$CF=C'F$.

∵$AB=BC=2$，

∴点 A，C，C' 在半径为 2 的⊙B 上.

在优弧 $\overset{\frown}{AC}$ 上任取一点 E，连接 AE，EC，则

$\angle AEC=\dfrac{1}{2}\angle ABC=60°$.

∵$\angle ABC=120°$，$\angle AC'C=180°-\angle AEC=180°-\dfrac{1}{2}\angle ABC=120°$，

∴$\angle CC'F=60°$，$\triangle CC'F$ 是等边三角形.

当 CC' 取得最大值时，$\triangle CC'F$ 的面积最大.

∵点 C' 在⊙B 上运动，

∴CC' 的最大值为 4，

则 $\triangle CC'F$ 面积的最大值是 $\dfrac{\sqrt{3}}{4}\times 4^2=4\sqrt{3}$.

例 17　如图 5-7-39，A 是⊙B 上任意一点，点 C 在⊙B 外，已知 $AB=2$，$BC=4$，$\triangle ACD$ 是等边三角形，则 $\triangle BCD$ 面积的最大值为(　　).

A. $4\sqrt{3}+4$　　B. 4

C. $4\sqrt{3}+8$　　D. 6

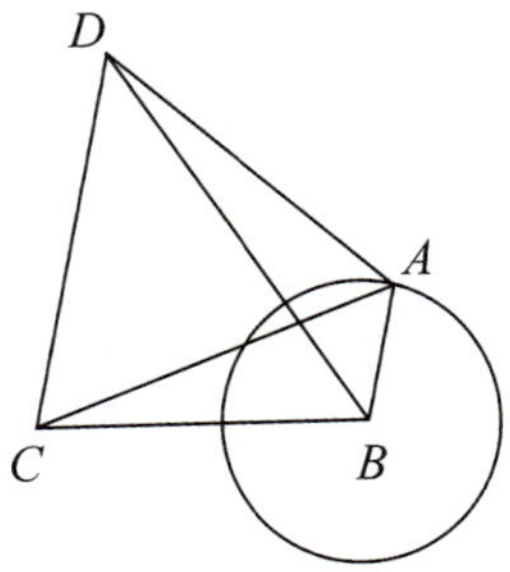

图 5-7-39

【答案】A

【解析】如图 5-7-40，以 BC 为边向上作等边三角形 BCM，连接 DM.

$\because \angle DCA=\angle MCB=60°$，

$\therefore \angle DCA-\angle ACM=\angle MCB-\angle ACM$，即 $\angle DCM=\angle ACB$.

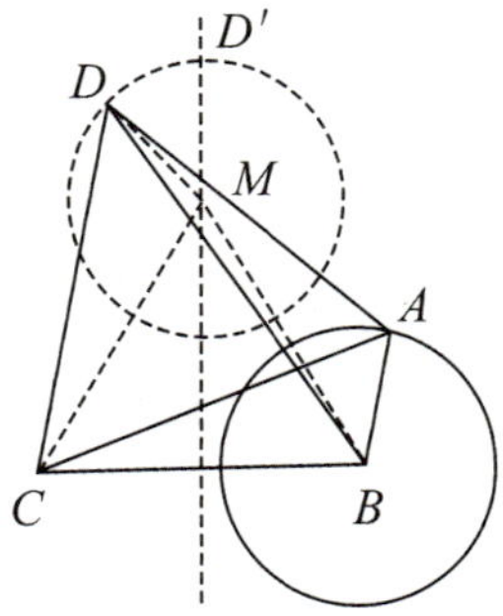

图 5-7-40

在$\triangle DCM$和$\triangle ACB$中，$\begin{cases}DC=AC,\\ \angle DCM=\angle ACB,\\ MC=BC,\end{cases}$

$\therefore \triangle DCM\cong\triangle ACB$(SAS).

$\therefore DM=AB=2$.

故点 D 的运动轨迹是以点 M 为圆心，DM 为半径的圆，要使$\triangle BCD$的面积最大，则要使点 D 到线段 BC 的距离最大.

$\because \triangle BCM$是边长为 4 的等边三角形，

$\therefore$点 M 到 BC 的距离为 $2\sqrt{3}$，点 D 到 BC 的最大距离为 $2\sqrt{3}+2$.

故$\triangle BCD$面积的最大值是$\frac{1}{2}\times4\times(2\sqrt{3}+2)=4\sqrt{3}+4$.

二、真题演练

如图 5-7-41，在矩形 $ABCD$ 中，$AB=3$，将 AB 绕点 B 顺时针旋转α($0°<\alpha<90°$)得到 BE，连接 DE. 若 DE 的最小值为 2，则 BC 的长为________.

【答案】4

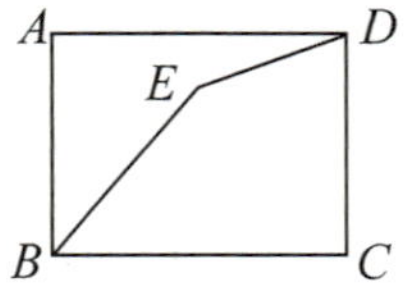

图 5-7-41

【解析】$\because BE+DE>BD$，

$\therefore$当 B,E,D 三点共线时，$BE+DE$ 取得最小值.

$\because BE=AB=3$，DE 的最小值为 2，

$\therefore BD=5$.

$\because$在矩形 $ABCD$ 中，$AB=CD=3$，$\angle BCD=90°$，

$\therefore BC=\sqrt{BD^2-CD^2}=4$.

专题六

统计与概率

第一讲 统　计

一、基本知识

(1)组中值:在数据分组处理的过程中,可将数据集划分为若干个小组,每个小组由两个端点的数值界定. 可将这个小组的两个端点的数值的平均数叫作该小组的组中值.

(2)用样本平均数估计总体平均数:用样本数据推断总体数据是统计学中最常用的方法,也就是用样本数据去反映总体数据的某些关键特征,常用的方法是使用样本平均数估计总体平均数.

(3)用样本估计总体的准确性:用样本估计总体时,可能会产生误差,一般样本容量越大,估计的值就越准确.

二、技巧讲解

【技巧】用样本平均数估计总体平均数

例 1　某科研小组为了调查某水库野生鱼的数量,从中捕捞 100 条,做上标记后放回水库,经过一段时间,再从中捕捞 300 条,发现有标记的鱼有 15 条,则估计该水库中有野生鱼(　　).

A. 8 000 条　　B. 4 000 条　　C. 2 000 条　　D. 1 000 条

【答案】C

【解析】∵300 条鱼中有标记的鱼有 15 条,

∴有标记的占$\frac{15}{300}$.

∵有 100 条鱼有标记,

∴该河流中有野生鱼 $100\div\frac{15}{300}=2\ 000$(条).

例 2 在一次中考模拟考试中,随机抽取了部分学生的数学成绩作为样本,成绩在 100 分以上的频率为 0.15,于是可估计全校 500 名参加中考模拟考试的学生中数学成绩在 100 分以上的学生有(　　).

A. 150 人　　B. 75 人　　C. 50 人　　D. 15 人

【答案】B

【解析】$0.15\times500=75$(人).

例 3 周星驰拍摄的电影《美人鱼》取景地在深圳杨梅坑,据称是深圳最美的溪谷. 为估计全罗湖区 8 000 名九年级学生去过杨梅坑的人数,随机抽取 400 名九年级学生,发现其中有 50 名学生去过该景点,由此估计全区九年级学生中有(　　)个学生去过该景点.

A. 1 000　　B. 800　　C. 720　　D. 640

【答案】A

【解析】根据题意,估计全区九年级学生中去过该景点的学生有 $8\ 000\times\frac{50}{400}=1\ 000$(人).

例 4 某中学为了解学生参加家务劳动的情况,随机抽取部分学生在某个休息日做家务劳动的时间 t(单位:h)作为样本,将收集的数据整理后按劳动时间分为五组:A 组“$0<t\leqslant0.5$”,B 组“$0.5<t\leqslant1$”,C 组“$1<t\leqslant1.5$”,D 组“$1.5<t\leqslant2$”,E 组“$t>2$”,绘制成如图 6-1-1 和图 6-1-2 所示的两幅不完整的统计图.

各组劳动时间频数分布直方图

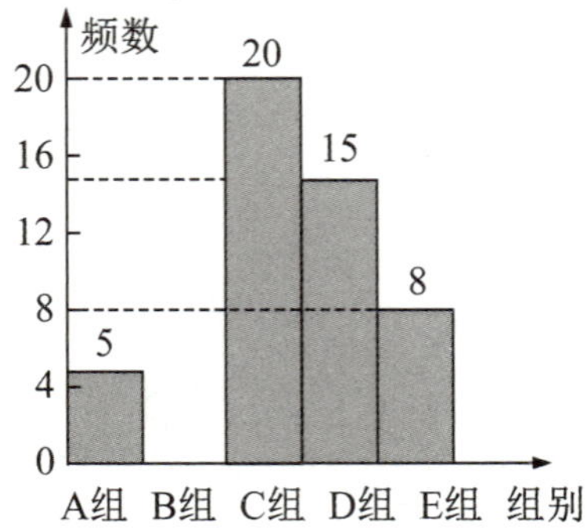

图 6-1-1

各组劳动时间扇形统计图

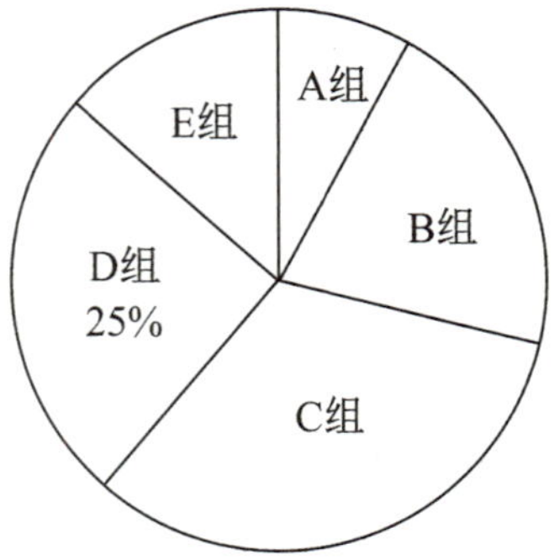

图 6-1-2

根据以上信息，解答下列问题：

(1)这次抽样调查的样本容量是________，E 组所在扇形的圆心角的大小是________，将频数分布直方图补充完整；

(2)这次抽样调查中，学生在某个休息日做家务劳动的时间的中位数落在________组；

(3)已知该校共有 1 800 名学生，请你估计该校学生在某个休息日做家务劳动的时间超过 1 h 的人数.

【答案】(1)60，48°，补全的频数分布直方图见解析；(2)C；(3)1 290 人

【解析】(1)样本容量为 $15\div25\%=60$.

E 组所在扇形的圆心角的大小为 $\frac{8}{60}\times360^\circ=48^\circ$.

因为 B 组的人数为 $60-5-20-15-8=12$，所以补全的频数分布直方图如图 6-1-3.

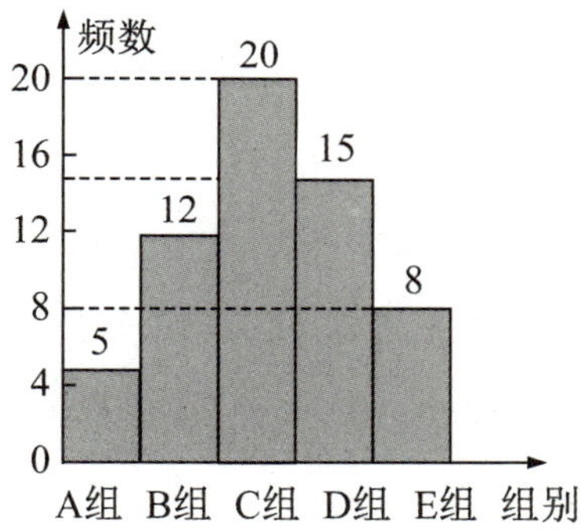

图 6-1-3

(2)将这次抽样调查中学生在某个休息日做家务劳动的时间按照从小到大顺序排列.

∵$5+12=17$(人)，而 C 组有 20 人，

∴第 30 人和第 31 人位于 C 组，即这次抽样调查中，学生在某个休息日做家务劳动的时间的中位数落在 C 组.

(3)$\frac{20+15+8}{60}\times1\ 800=1\ 290$(人).

故该校学生在某个休息日做家务劳动的时间超过 1 h 的有 1 290 人.

例 5 为加强爱国主义教育，某校决定开展四项党史教育活动(每人均限

报一项):A. 党史演讲比赛;B. 党史手抄报比赛;C. 党史知识竞赛;D. 红色歌咏比赛. 为了解学生的报名情况,对其进行了随机抽样调查,将调查结果绘制成如图 6-1-4 所示的统计图.

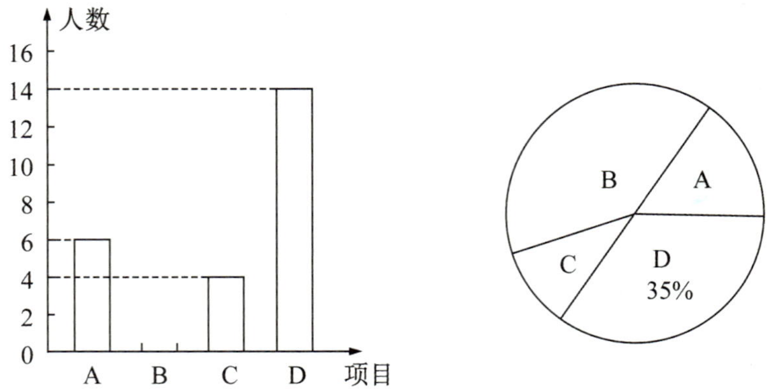

图 6-1-4

请结合图中信息,解答下列问题:

(1)本次共调查了________名学生,请将条形统计图补充完整;

(2)已知该校八年级有 700 名学生,请你估计该校八年级学生中报名参加“党史手抄报比赛”的人数.

【答案】(1)40,补充完整的圆形见解析;(2)280 人

【解析】(1)本次调查的学生总人数为 $14\div35\%=40$.

因为参加 B 项活动的人数为 $40-(6+4+14)=16$,所以补全的统计图如图 6-1-5.

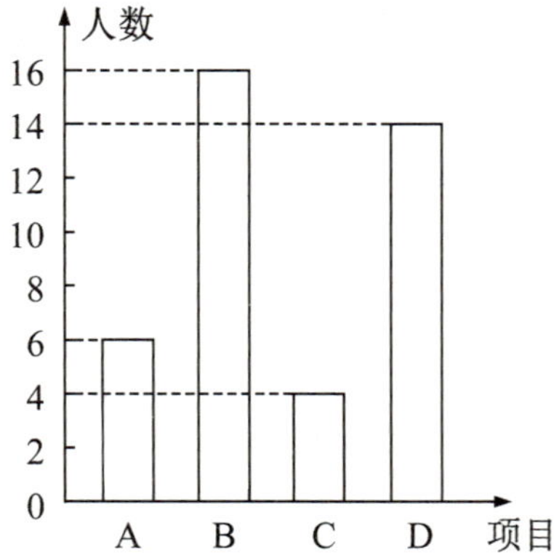

图 6-1-5

(2)八年级学生中报名参加“党史手抄报比赛”的人数为 $700\times\frac{16}{40}\times100\%=280$.

例 6 为了解某校九年级学生的理化生实验操作情况,随机抽查了 a 名学生的实验操作得分(满分为 10 分),根据统计的结果,绘制出如图 6-1-6 和图 6-1-7 所示的统计图.

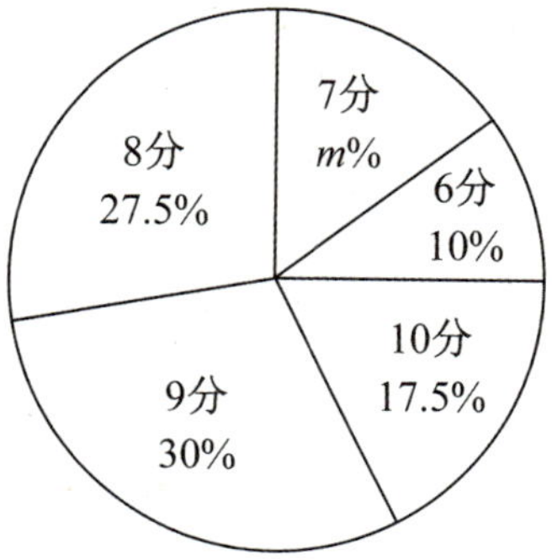

图 6-1-6

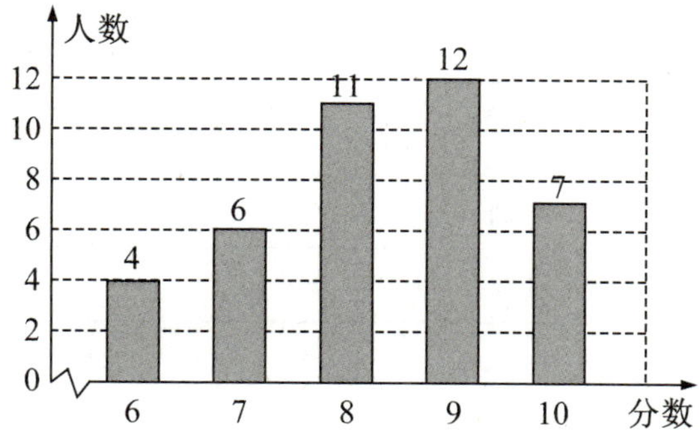

图 6-1-7

请根据相关信息,解答下列问题:

(1)填空:a 的值为________,图 6-1-6 中 m 的值为________;

(2)求统计的这组学生实验操作得分数据的平均数、众数和中位数;

(3)根据统计的这组九年级学生的理化生实验操作得分的样本数据,若该校九年级共有 800 名学生,估计该校九年级学生的理化生实验操作得分不低于 9 分的人数.

【答案】(1)40,15;(2)这组数据的平均数是 8.3,众数是 9,中位数是 8;(3)该校 800 名九年级学生中,得分不低于 9 分的学生人数为 380

【解析】(1)$a=4\div10\%=40$.

$m\%=6\div40\times100\%=15\%$,得 $m=15$.

(2)$\overline{x}=\frac{1}{40}\times(6\times4+7\times6+8\times11+9\times12+10\times7)=8.3$(分).

在这组数据中,9 出现了 12 次,次数最多,即众数是 9 分.

将这组数据从小到大依次排列,处于最中间的第 20,21 名学生的分数都是 8 分,即中位数是 8 分.

故这 40 个样本数据的平均数、众数、中位数分别是 8.3 分、9 分、8 分.

(3)$800\times\frac{19}{40}=380$(名).

即该校九年级学生的理化生实验操作得分不低于 9 分的学生人数为 380.

三、真题演练

1.小黄对学校所提供午餐中的主食、荤菜、蔬菜和汤开展了一次满意度调查. 他利用中午休息时间,随机对学校中 50 名学生做了问卷调查,汇总数据如下表. 如果学校共有 1 400 名学生,那么全校对午餐中主食满意的学生有________名.

类别	主食	荤菜	蔬菜	汤
满意人数	16	5	20	8

【答案】448

【解析】根据题意,得 $1\ 400\times\frac{16}{50}=448$(名).

2.在一次数学测试中,随机抽查了部分同学某道题(满分 5 分)的得分情况,并绘制了如图 6-1-8 所示的扇形统计图,请由此估计全年级 500 名学生中得分不低于 3 分的有________名.

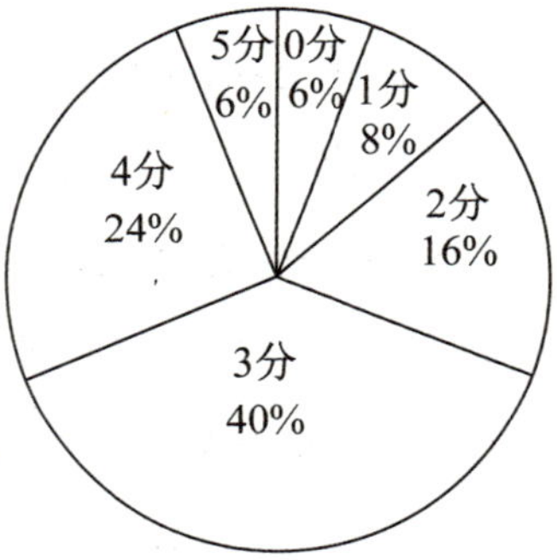

图 6-1-8

【答案】350

【解析】由题意,得 $500\times(6\%+24\%+40\%)=350$(名).

第二讲 数据分析

一、技巧讲解

【技巧 1】数据的集中趋势

1.平均数的概念

(1)平均数:一般地,如果有 n 个数 $x_1,x_2,\cdots,x_n$,那么 $\overline{x}=\frac{1}{n}(x_1+x_2+\cdots+x_n)$叫作这 n 个数的平均数,$\overline{x}$ 读作“x 拔”.

(2)加权平均数:如果 n 个数中,x_1 出现 f_1 次,x_2 出现 f_2 次,$\cdots$,x_k 出现 f_k 次(这里 $f_1+f_2+\cdots+f_k=n$),那么,根据平均数的定义,这 n 个数的平均

数可以表示为 $\overline{x}=\frac{x_1f_1+x_2f_2+\cdots+x_kf_k}{n}$，这样求得的平均数 $\overline{x}$ 叫作加权平均数，其中 $f_1,f_2,\cdots,f_k$ 叫作权.

2.平均数的计算方法

(1)定义法：当所给数据 $x_1,x_2,\cdots,x_n$ 比较分散时，一般选用定义公式 $\overline{x}=\frac{1}{n}(x_1+x_2+\cdots+x_n)$ 计算平均数.

(2)加权平均数法：当所给数据重复出现时，一般选用加权平均数公式 $\overline{x}=\frac{x_1f_1+x_2f_2+\cdots+x_kf_k}{n}$ 计算平均数，其中 $f_1+f_2+\cdots+f_k=n$.

(3)新数据法：当所给数据都在某一常数 a 的上下波动时，一般选用简化公式 $\overline{x}=\overline{x'}+a$ 计算平均数. 其中，常数 a 通常取接近这组数据平均数的较“整”的数，$x_1'=x_1-a$，$x_2'=x_2-a$，$\cdots$，$x_n'=x_n-a$，$\overline{x'}=\frac{1}{n}(x_1'+x_2'+\cdots+x_n')$ 是新数据的平均数(通常把 $x_1,x_2,\cdots,x_n$ 叫作原数据，$x'_1,x'_2,\cdots,x'_n$ 叫作新数据).

3.众数

(1)定义：一组数据中出现次数最多的数据称为这组数据的众数，如 1，2，3，3，3，2 的众数为 3.

(2)求一组数据的众数的方法：找出出现频数最大的那个数据，若几个数据的频数都是最多的且相同，则这几个数据都是众数.

4.中位数

将一组数据按照由小到大(或由大到小)的顺序排列，如果数据的个数是奇数，则称处于中间位置的数为这组数据的中位数；如果数据的个数是偶数，则称中间两个数据的平均数为这组数据的中位数.

例 1　引体向上是某市初中毕业生体育学业考试男生自主选考科目之一. 现有 10 位九年级男生成绩如下：7，3，11，11，8，8，2，8，9，3(单位：个)，则 10 位男生引体向上的平均成绩为(　　).

A. 9 个　　　B. 8 个　　　C. 7 个　　　D. 11 个

【答案】C

【解析】10位男生引体向上的平均成绩为7个.

例 2 某校举办了以“展礼仪风采，树文明形象”为主题的比赛. 已知某位选手的礼仪服装、语言表达、举止形态这三项的得分分别为90分、80分、80分，若依次按照30%，45%，25%的百分比确定成绩，则该选手的成绩是(　　).

A. 86分　　B. 85分　　C. 84分　　D. 83分

【答案】D

【解析】根据题意，得该选手的成绩是$90\times30\%+80\times45\%+80\times25\%=83$(分).

例 3 若数据a_1, a_2, a_3的平均数是3，则数据$1+2a_1, 1+2a_2, 1+2a_3$的平均数是________.

【答案】7

【解析】∵数据a_1, a_2, a_3的平均数是3，

$\therefore a_1+a_2+a_3=9$,

$\therefore (1+2a_1+1+2a_2+1+2a_3)\div3=(2\times9+3)\div3=7$.

例 4 在市中学生田径运动会上，参加男子跳高项目的14名运动员的成绩如表所示.

成绩/m	1.50	1.60	1.65	1.70	1.75	1.80
人数	1	3	2	3	4	1

则这些运动员成绩的中位数和众数分别为(　　).

A. 1.70，1.75　　B. 1.65，1.75　　C. 1.65，1.70　　D. 1.70，1.70

【答案】A

【解析】将这14名运动员的成绩从小到大排列，则中位数是1.70.

∵1.75出现了4次，出现的次数最多，

∴这些运动员成绩的众数是1.75.

例 5 图6-2-1是描述某校篮球队员年龄的条形统计图，则该校篮球队员年龄的众数和中位数分别为(　　).

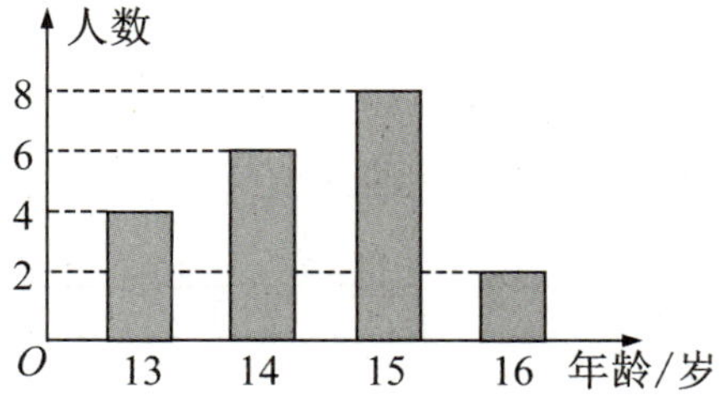

图 6-2-1

A. 14 岁、15 岁　　B. 15 岁、14 岁　　C. 15 岁、15 岁　　D. 15 岁、14.5 岁

【答案】D

【解析】这 20 名篮球队员的年龄出现次数最多的是 15 岁，共出现 8 次，因此众数是 15 岁；将这 20 名篮球队员的年龄从小到大排列，处在中间位置的 2 个数是14 岁和 15 岁，因此中位数是 14.5 岁.

例 6　六名同学的数学成绩分别为 83，91，91，78，94，89. 这组数据的众数和中位数分别是(　　).

A. 91，89　　B. 94，90　　C. 91，90　　D. 91，91

【答案】C

【解析】将这组数据重新排列为 78，83，89，91，91，94，则这组数据的众数为 91，中位数为 $\frac{89+91}{2}=90$.

例 7　每年的 4 月 15 日是我国全民国家安全教育日. 某中学在全校七、八年级共 600 名学生中开展“国家安全法”知识竞赛，并从七、八年级学生中各随机抽取 20 名学生，统计这部分学生竞赛成绩(竞赛成绩均为整数，满分 10 分，6 分及以上为合格)的相关数据，整理如下.

抽取的七年级学生的竞赛成绩条形统计图如图 6-2-2 所示.

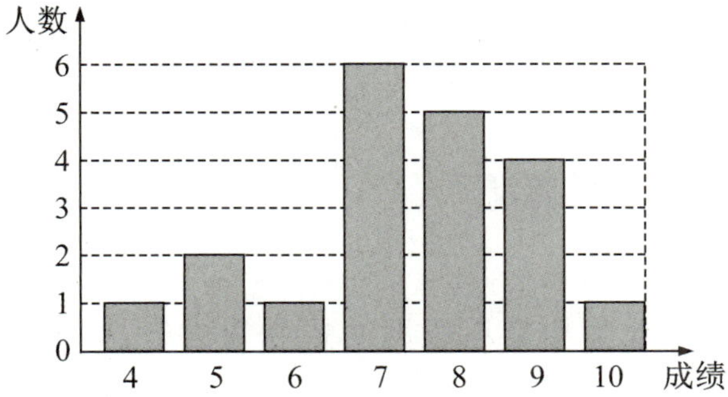

图 6-2-2

抽取的八年级学生的竞赛成绩如下：

4,4,6,6,6,6,7,7,7,8,8,8,8,8,8,9,9,9,10,10.

抽取的七、八年级学生的竞赛成绩统计表如下：

年级	平均数	中位数	众数	合格率
七年级	a	b	d	85%
八年级	7.4	c	8	90%

根据以上信息，解答下列问题：

(1)填空：$a=$________，$b=$________，$c=$________，$d=$________；

(2)估计该校七、八年级共600名学生中竞赛成绩达到9分及以上的人数；

(3)从中位数和众数中任选其一，说明其在本题中的实际意义.

【答案】(1)7.4,7.5,8,7;(2)150;(3)见解析

【解析】(1)七年级学生成绩的平均数 $a=(4\times1+5\times2+6\times1+7\times6+8\times5+9\times4+10\times1)\div20=7.4$.

七年级学生成绩的中位数 $b=\dfrac{7+8}{2}=7.5$.

七年级学生成绩的众数 $d=7$.

八年级学生成绩的中位数 $c=\dfrac{8+8}{2}=8$.

(2)估计该校七、八年级共600名学生中竞赛成绩达到9分及以上的有 $(5+5)\div(20+20)\times600=150$(人).

(3)众数在本题中表示被调查学生的竞赛成绩出现次数最多的数；中位数在本题中表示被调查学生的竞赛成绩处于中间位置的数，反映学生成绩的一般水平.

【技巧2】数据的波动程度

1.极差

一组数据中最大数据与最小数据的差称为极差，即极差=最大数据－最小数据.

2.方差

(1)定义:在一组数据 $x_1,x_2,\cdots,x_n$ 中,各数据与它们的平均数 $\overline{x}$ 的差的平方的平均数,叫作这组数据的方差,通常用“s^2”表示.

(2)计算公式:$s^2=\frac{1}{n}[(x_1-\overline{x})^2+(x_2-\overline{x})^2+\cdots+(x_n-\overline{x})^2]$.

(3)意义:方差反映的是一组数据偏离平均值的情况.方差越大,数据的波动越大;方差越小,数据的波动越小.

(4)求方差的步骤:

①一均:求原始数据的平均数;

②二差:求原始数据与平均数的差;

③三方:求所得的各个差的平方;

④四均:求所得的各平方数的平均数.

(5)用样本方差估计总体方差:在考察总体方差时,有时所要考察的总体包含很多个体或者考察本身带有破坏性,就常用样本方差来估计总体方差.

(6)拓展:

①若一组数据 $x_1,x_2,\cdots,x_n$ 的平均数是 $\overline{x}$,则:

Ⅰ.数据 $ax_1,ax_2,\cdots,ax_n$ 的平均数为 $a\overline{x}$;

Ⅱ.数据 $x_1+b,x_2+b,\cdots,x_n+b$ 的平均数为 $\overline{x}+b$;

Ⅲ.数据 $ax_1+b,ax_2+b,\cdots,ax_n+b$ 的平均数为 $a\overline{x}+b$.

②一组数据的每一个数都加上(或减去)同一个常数,所得的一组新数据的方差不变.即若一组数据 $x_1,x_2,\cdots,x_n$ 的方差为 s^2,则数据 $x_1+b,x_2+b,\cdots,x_n+b$ 的方差也是 s^2.

③一组数据的每一个数据都变为原来的 k 倍,则所得的一组新数据的方差变为原来的 k^2 倍.即若一组数据 $x_1,x_2,\cdots,x_n$ 的方差为 s^2,则数据 $kx_1+b,kx_2+b,\cdots,kx_n+b$ 的方差是 k^2s^2.

3.标准差

方差的算术平方根叫作这组数据的标准差,用符号 S 表示,即

$$S=\sqrt{\frac{1}{n}[(x_1-\overline{x})^2+(x_2-\overline{x})^2+\cdots+(x_n-\overline{x})^2]}$$

标准差的数量单位与原数据一致.

例 8　一组数据 1，-1，2，5，3 的极差是（　　）.

A. 6　　B. 5　　C. 4　　D. 3

【答案】A

【解析】该组数据的极差是 $5-(-1)=6$.

例 9　为了了解某种小麦的长势，从中抽取了5 株麦苗，测得苗高（单位：cm）为 10，16，9，17，19，则这组数据的极差是（　　）.

A. 8　　B. 9　　C. 10　　D. 11

【答案】C

【解析】这组数据的最大值是 19，最小值是 9，则这组数据的极差为 $19-9=10$.

例 10　若一组数据 -1，0，2，4，x 的极差为 6，则 x 的值是（　　）.

A. -2　　B. 2 或 -5　　C. 5　　D. 5 或 -2

【答案】D

【解析】当 x 为最大值时，$x-(-1)=6$，解得 $x=5$.

当 x 为最小值时，$4-x=6$，解得 $x=-2$.

例 11　某校从春季运动会中抽取了甲、乙、丙三位同学的跳远成绩进行分析，这三位同学的三次跳远平均成绩大致相同，他们的方差分别是 $s_{甲}^2=2.5$，$s_{乙}^2=1.0$，$s_{丙}^2=4.5$，则这三位同学三次跳远成绩发挥最稳定的是（　　）.

A. 甲　　B. 乙　　C. 丙　　D. 无法确定

【答案】B

【解析】$\because s_{甲}^2=2.5$，$s_{乙}^2=1.0$，$s_{丙}^2=4.5$，$s_{乙}^2<s_{甲}^2<s_{丙}^2$，

∴这三位同学三次跳远成绩发挥最稳定的是乙.

例 12　已知数据 x_1，x_2，…x_n 的方差是 4，则一组新数据 $2x_1+1$，$2x_2+1$，…，$2x_n+1$ 的方差是（　　）.

A. 4　　B. 5　　C. 8　　D. 16

【答案】D

【解析】∵数据 x_1，x_2，…，x_n 的方差是 4，

∴数据 $2x_1+1$，$2x_2+1$，…，$2x_n+1$ 的方差是 $2^2\times4=16$.

例 13　若一组数据 3，-2，x，-2，3 的众数是 3，则这组数据的方差

为 ________.

【答案】6

【解析】∵数据 3，−2，x，−2，3 的众数是 3，

∴$x=3$，则数据为 3，−2，3，−2，3.

∴这组数据的平均数为 $\frac{-2-2+3+3+3}{5}=1$，

∴这组数据的方差为 $\frac{1}{5}\times[2\times(-2-1)^2+3\times(3-1)^2]=6$.

二、真题演练

1.测试五位学生的“一分钟跳绳”成绩，得到五个各不相同的数据，在数据整理时，出现了一处错误，将最高成绩写得更高了，统计过程中不受影响的是（　　）.

A. 平均数　　B. 众数　　C. 中位数　　D. 方差

【答案】C

【解析】由于五个数据各不相同，统计时出现了一处错误，将最高成绩写得更高了，则计算结果不受影响的是中位数.

2.某中学规定，学生的学期体育成绩满分为 100 分，其中体育课外活动占 20%，期中考试成绩占 30%，期末考试成绩占 50%. 若某同学的三项成绩（百分制）依次是 96 分、92 分、97 分，则该同学这学期的体育成绩是（　　）.

A. 95 分　　B. 95.1 分　　C. 95.2 分　　D. 95.3 分

【答案】D

【解析】依题意，得 $96\times20\%+92\times30\%+97\times50\%=95.3$（分），则该同学这学期的体育成绩是 95.3 分.

第三讲　概　率

一、技巧讲解

【技巧 1】必然事件、不可能事件和随机事件

(1)必然事件：在一定条件下重复进行试验时，在每次试验中必然会发生

的事件,叫作必然事件.

(2)不可能事件:在每次试验中都不会发生的事件叫作不可能事件.

(3)随机事件:在一定条件下,可能发生也可能不发生的事件称为随机事件.

(4)特别提醒:

①必然发生的事件和不可能发生的事件均为"确定事件",随机事件又称为"不确定事件".

②要知道事件发生的可能性大小首先要确定事件是什么类型. 一般地,必然发生的事件发生的可能性最大,不可能发生的事件发生的可能性最小,随机事件发生的可能性有大有小,不同的随机事件发生的可能性的大小有可能不同.

【技巧 2】概率的意义

概率是从数量上刻画一个随机事件发生的可能性的大小. 一般地,在大量重复试验中,如果事件 A 发生的频率$\frac{m}{n}$会稳定在某个常数 P 附近,那么这个常数 P 就叫作事件 A 的概率,记为 $P(A)=P$.

特别提醒:

(1)概率是频率的稳定值,而频率是概率的近似值.

(2)概率反映了随机事件发生的可能性的大小.

(3)事件 A 的概率是一个不小于 0 且不大于 1 的数,即$0\leqslant P(A)\leqslant 1$,其中 P(必然事件)$=1$,P(不可能事件)$=0$,$0<P$(随机事件)<1.

例 1 布袋中装有 2 个红球、3 个白球、5 个黑球,它们除颜色外均相同,则从袋中任意摸出一个球,是白球的概率是(　　).

A. $\frac{3}{10}$　　B. $\frac{1}{2}$　　C. $\frac{1}{5}$　　D. $\frac{1}{6}$

【答案】A

【解析】∵布袋中装有 2 个红球、3 个白球、5 个黑球,共 10 个球,从袋中任意摸出一个球共有 10 种结果,其中出现白球的情况有 3 种,

∴是白球的概率是$\frac{3}{10}$.

例 2　某学校组织学生到社区开展公益宣传活动，成立了“文明交通”“垃圾分类”两个宣传队．若小明和小亮每人随机选择参加其中一个宣传队，则他们恰好选到同一个宣传队的概率是（　　）．

A. $\frac{1}{4}$　　B. $\frac{1}{3}$　　C. $\frac{1}{2}$　　D. $\frac{3}{4}$

【答案】C

【解析】将“文明交通”“垃圾分类”两个宣传队分别记为 A，B，列表如下：

	A	B
A	(A,A)	(A,B)
B	(B,A)	(B,B)

由表可知，共有 4 种等可能的结果，其中他们恰好选到同一个宣传队的结果有 2 种．

∴他们恰好选到同一个宣传队的概率为 $\frac{2}{4}=\frac{1}{2}$．

例 3　不透明的袋子中有红、黄、绿三个小球，这三个小球除颜色外无其他差别．从中随机摸出一个小球，放回并摇匀，再从中随机摸出一个小球，则两次摸出的小球颜色相同的概率是（　　）．

A. $\frac{1}{9}$　　B. $\frac{1}{3}$　　C. $\frac{1}{2}$　　D. $\frac{2}{3}$

【答案】B

【解析】根据题意画出如图 6-3-1 所示的树状图．

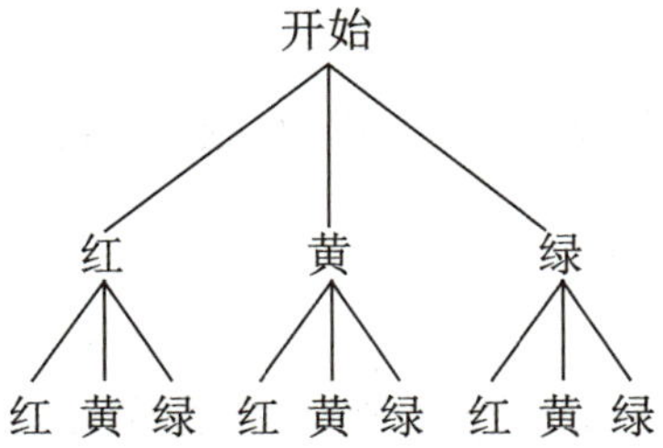

图 6-3-1

由图可知，共有 9 种等可能的情况，其中两次摸出的小球的颜色相同的情况有 3 种，则两次摸出的小球的颜色相同的概率是 $\frac{3}{9}=\frac{1}{3}$.

例 4 某小组做“用频率估计概率”的试验时，统计了某一结果出现的频率，绘制了如图 6-3-2 所示的折线统计图，则最符合这一结果的试验是(　　).

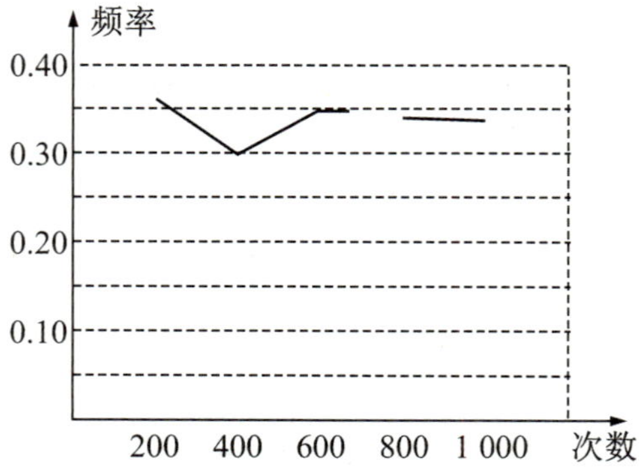

图 6-3-2

A. 在“石头、剪刀、布”的游戏中，随机出的是“剪刀”

B. 掷一枚质地均匀的正六面体骰子，向上的面点数是 4

C. 一副去掉大小王的普通扑克牌洗匀后，从中随机抽取一张牌的花色是红桃

D. 不透明的袋子中有红球和黄球各一个，它们除颜色外无其他差别，从中随机摸出一个球是黄球

【答案】A

【解析】对于 A，在“石头、剪刀、布”的游戏中，随机出的是“剪刀”的概率是 $\frac{1}{3}$，符合题意.

对于 B，掷一枚质地均匀的正六面体骰子，向上的面点数是 4 的概率为 $\frac{1}{6}$，不符合题意.

对于 C，一副去掉大小王的普通扑克牌洗匀后，从中随机抽取一张牌的花色是红桃的概率为 $\frac{13}{52}=\frac{1}{4}$，不符合题意.

对于 D,不透明的袋子中有红球和黄球各一个,它们除颜色外无其他差别,从中随机摸出一个球是黄球的概率为 $\frac{1}{2}$,不符合题意.

例 5　小夏同学从家到学校有 A,B 两条不同的公交线路. 为了解早高峰期间这两条线路上的公交车从甲地到乙地的用时情况,在每条线路上随机选取了 500 个班次的公交车,收集了这些班次的公交车用时 t(单位:min)的数据,统计如下表:

公交车线路	公交车用时频数				
	$25\leqslant t\leqslant 30$	$30<t\leqslant 35$	$35<t\leqslant 40$	$40<t\leqslant 45$	总计
A	59	151	166	124	500
B	43	57	149	251	500

据此估计,早高峰期间,乘坐 B 线路"用时不超过 35 min"的概率为________,若要在 40 min 之内到达学校,应尽量选择乘坐________(填 A 或 B)线路.

【答案】 $\frac{1}{5}$;A

【解析】 ∵乘坐 B 线路"用时不超过 35 min"的有 $43+57=100$(人),

∴乘坐 B 线路"用时不超过 35 min"的概率为 $\frac{100}{500}=\frac{1}{5}$.

∵乘坐 A 线路"用时不超过 40 min"的有 $59+151+166=376$(人),

乘坐 B 线路"用时不超过 40 min"的有 $43+57+149=249$(人),

∴选择 A 线路.

例 6　某校数学兴趣小组设计了一份"你最喜欢的支付方式"调查问卷(每人必选且只能选一种支付方式),在某商场随机调查了部分顾客,并将统计结果绘制成如图 6-3-3 所示的两幅不完整的统计图,请结合图中所给的信息解答下列问题:

(1)随机调查的顾客有________人;计算在扇形统计图中,表示"现金"支付的扇形圆心角的度数;

(2)将条形统计图补充完整；

(3)若该商场有 1 800 名顾客，请你根据抽样调查结果估计该商场有多少名顾客最喜欢“支付宝”支付；

(4)在一次购物中，嘉嘉和琪琪随机从“微信”“支付宝”“银行卡”三种支付方式中选一种方式进行支付，请用画树状图的方法，求出两人恰好选择同一种支付方式的概率.

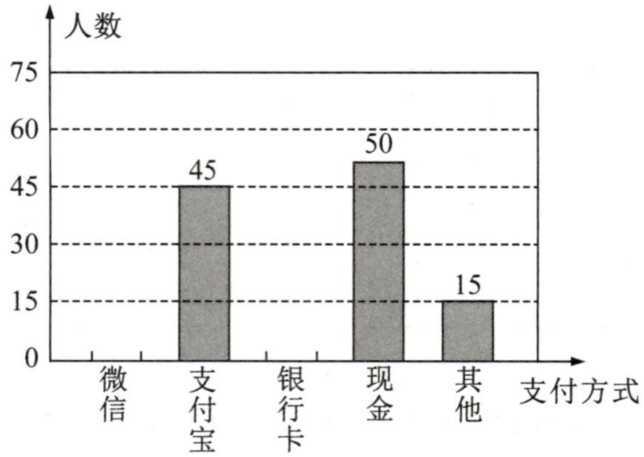

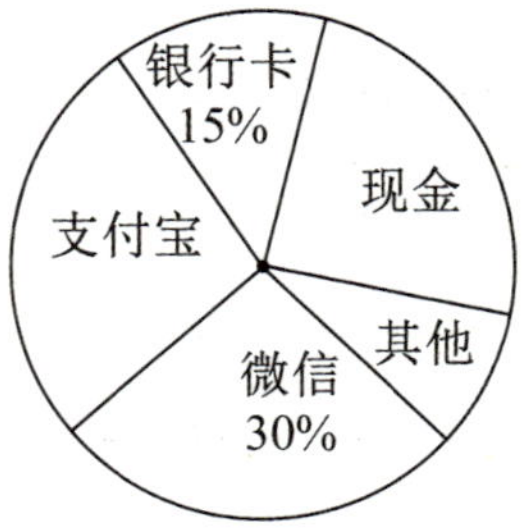

图 6-3-3

【答案】(1)200，90°；(2)见解析；(3)405 名；(4)$\frac{1}{3}$

【解析】(1)这次活动共调查了$(45+50+15)\div(1-15\%-30\%)=200$(人).

在扇形统计图中，表示“现金”支付的扇形圆心角的度数为$360^\circ\times\frac{50}{200}=90^\circ$.

(2)使用“微信”支付的人数为$200\times30\%=60$，使用“银行卡”支付的人数为$200\times15\%=30$.

补全的图形如图 6-3-4.

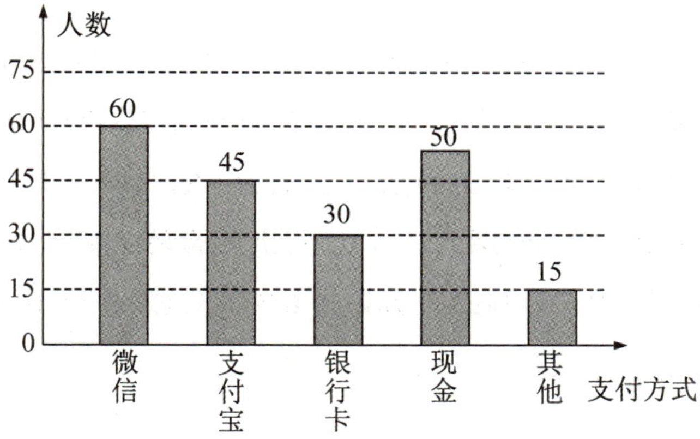

图 6-3-4

(3)选择“支付宝”支付的顾客有 $1\,800\times\frac{45}{200}=405$(名).

(4)将使用“微信”支付记为 A,使用“支付宝”支付记为 B,使用“银行卡”支付记为 C,画出的树状图如图 6-3-5.

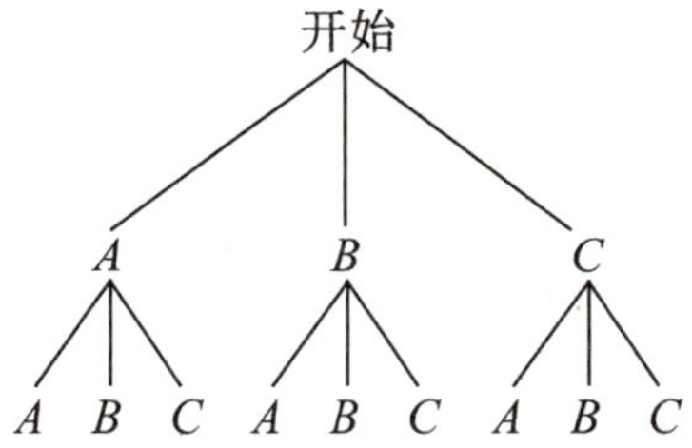

图 6-3-5

∵共有 9 种等可能的结果,其中两人恰好选择同一种支付方式的情况有 3 种,

∴两人恰好选择同一种支付方式的概率为 $\frac{3}{9}=\frac{1}{3}$.

二、真题演练

某种型号的变速自行车的主动轴上有三个齿轮,齿数分别是 48,36,24;后轴上有四个齿轮,齿数分别是 32,24,16,12. 当链条卡在主动轴上的齿轮齿数大于卡在后轴上的齿轮齿数时,自行车处于加速状态,则自行车处于加速状态的概率是(　　).

A. $\frac{1}{2}$　　B. $\frac{2}{3}$　　C. $\frac{3}{4}$　　D. $\frac{5}{6}$

【答案】D

【解析】由题知，主动轴上的齿轮齿数 48，36，24 和后轴上的齿轮齿数 32，24，16，12 可构成 12 种组合情况. 加速的前提是主动轴上的齿轮齿数大于后轴上的齿轮齿数，即主动轴上的齿轮齿数为 48，后轴上的齿轮齿数为 32，24，16，12；主动轴上的齿轮齿数为 36，后轴上的齿轮齿数为 32，24，16，12；主动轴上的齿轮齿数为 24，后轴上的齿轮齿数为 16，12，共计 10 种情况. 故自行车处于加速状态的概率是$\frac{10}{12}=\frac{5}{6}$.